빠세클럽
부동산 파이널
투자 전략

김학렬 (빠숑)

스마트튜브 부동산조사연구소장이자 대한민국 대표 부동산 채널 〈빠숑의 세상 답사기〉 운영자. 국토교통부, LH공사 등 유수의 공공기관, 현대, 삼성, 대우, GS, 피데스 등 국내 대표 건설사들과 1000여 개의 국내외 부동산 리서치 프로젝트를 진행했다. 지은 책으로 《대한민국 부동산 사용설명서》 《수도권 알짜 부동산 답사기》 《서울 부동산의 미래》 등이 있다.

정지영 (아임해피)

국내 최고 청약 전문가이자 아이원 대표. 네이버 블로그, 인터넷 카페, 유튜브, 팟캐스트 등 다양한 채널을 통해 실질적이고 유용한 부동산 정보를 공유하고 있으며, 내 집 마련 멘토로서 특강과 정규 강의를 진행하고 있다. 지은 책으로 《대한민국 청약 지도》 《똑똑한 부동산 투자》 등이 있다.

신현강 (부룡)

네이버 카페 '부와 지식의 배움터(부지런)' 대표. 금융업계 근무와 실전 투자 경험을 바탕으로 신세계, 애경백화점, ABL생명, 동국대학교 교육원 등 국내 유수의 기업과 기관에서 부동산 투자 강연을 진행했다. 유튜브, 블로그 등 온라인 칼럼니스트로 활동하고 있으며, 지은 책으로 《부동산 투자 이렇게 쉬웠어?》가 있다.

이주현 (월천대사)

네이버 월천재테크 대표. 《매일경제》 《조선일보》 등에서 부동산 자문을 하고 있으며, 직방 TV 〈직터뷰〉 그리고 아시아경제TV 〈대국민부동산 토크쇼, 살家말家〉를 진행했다. 엄마이기에 부동산 공부를 시작했으며, 학군을 투자와 접목시킨 국내 최초 강사다. 지은 책으로 《나는 부동산으로 아이 학비 번다》 《불황이지만 돈을 불리고 있습니다》(공저) 등이 있다.

빠세클럽 부동산 파이널 투자 전략

2020년 4월 20일 초판 1쇄 발행 | 2020년 5월 18일 초판 4쇄 발행

지은이 김학렬, 정지영, 신현강, 이주현 | 펴낸곳 부키(주) | 펴낸이 박윤우
등록일 2012년 9월 27일 | 등록번호 제312-2012-000045호
주소 03785 서울 서대문구 신촌로3길 15 산성빌딩 6층 | 전화 02)325-0846 | 팩스 02)3141-4066
홈페이지 www.bookie.co.kr | 이메일 webmaster@bookie.co.kr
제작대행 올인피앤비 bobys1@nate.com

ISBN 978-89-6051-782-0 03320

이 도서의 국립중앙도서관 출판예정도서목록(CIP)은 서지정보유통지원시스템 홈페이지(http://seoji.nl.go.kr)와 국가자료공동목록시스템(http://www.nl.go.kr/kolisnet)에서 이용하실 수 있습니다.(CIP제어번호: CIP2020010608)

baoc는 부키(주)의 출판 브랜드입니다.
Always **B-Side** You.

최강 부동산 어벤져스의
프리미엄 가이드

빠세클럽

김학렬 · 정지영 · 신현강 · 이주현 지음

부동산 파이널
투자 전략

※ㅂ

대한민국 부동산 시장에서 스마트하게 살아남기

2020년 현재, 서울 부동산 시장을 어떻게 정의할 수 있을까요? 비유하자면 서울로 들어오려는 잠재 수요층을 막기 위해 담을 쌓아 올리는 것과 같은 정부의 부동산 정책과 수요자들 간의 전쟁(?)이 계속된다고 볼 수 있겠습니다. 하지만 마냥 담을 높게 쌓는다고 잠재 수요층이 결국 서울 진입을 포기할까요?

경제 논리인지 정치 논리인지 판단이 쉽지 않은 정책입니다. 초등학교 사회 교과서를 통해 배운 것처럼 수요가 많을 때 공급을 하면 시장은 안정될 것입니다. 하지만 현재까지의 부동산 정책들은, 특정 지역의 수요가 많은 것은 잘못된 일이라며 현금이 부족하고 세금이 감당 안 되는 사람들은 그저 수요가 적은 곳에 가서 살라고 합니다. 수요가 많은 곳에 살기 위해서는 높은 매매가를 지불하는 것 외에도 대출 규제와 세금 중과를 감당해야 합니다.

문제는 이러한 정책이 앞으로 더 강화될 거라는 데 있습니다. 그런데 아무리 생각해 봐도 이는 경제 논리가 아닌 것 같습니다. 서울 강남구에 20억 원이 넘는 주택을 소유한 사람은 불로소득자라며 비판받아 마땅하니 각종 규제도 받아야 한답니다. 이러한 사회적 비난은 경제적인 능력이 부족한 세대들로 하여금 시세보다 낮은 가격에 팔고 더 저렴한 지역으로 옮겨 가라는 것과 마찬가지입니다.

하지만 우리는 이미 여러 번의 경험을 통해 잘 알고 있습니다. 그 지역에서 한번 밀려나게 되면 다시는 그곳으로 돌아갈 수 없다는 것을 말이죠. 그래서 더 버티려고 합니다. 그들뿐 아니라 그들의 자녀까지 말입니다.

역대 정부가 부동산 문제를 해결하지 못한 이유

과연 서울 부동산 시세가 서울 부동산을 가지지 못한 이들의 기대처럼(?) 폭락할 수 있을까요? 아마도 폭락을 기대하는 사람이 많아지면 많아질수록 폭락할 확률은 더 낮아질 겁니다. 왜냐하면 그 수요가 대기 수요층으로 바뀌면서 수요는 오히려 더 증가할 테니까요.

서울 부동산 시장은 현재 이런 상황이기 때문에 많은 사람이 늘 그랬듯이 지금 집을 사야 할지 말아야 할지 고민할 것입니다. 자금의 여유가 되는 분들은 언제 어떤 주택을 사야 할지, 자금의 여유가 안 되는 분들은 어떻게 구입해야 할지를 말이죠. 그리고 다주택자들 또한 앞으로 어떻게 해야 할지 궁금할 겁니다.

> 앞으로의 주택 정책은 지금까지의 1가구 1주택 소유의 의식 구조를 1가구 1주택 거주 개념으로 전환해 나가는 방향으로 시책을 해 나가고자 합니다. 주택 구입 능력이 없는 저소득층에 대해서는 임대 주택을, 중산층을 위해서는 분양 주택을 건설·공급해 나가고자 합니다.

과연 이 이야기는 누가 한 말일까요? 문재인 대통령의 취임사? 김현미 국토교통부 장관의 기자 간담회? 홍남기 경제부총리의 부동산 대책 발표?

놀랍게도 1982년 2월 26일, 당시 국무총리였던 유창순 씨가 국회 임시회의에 출석해서 이야기한 내용입니다. 1982년은 전두환 전 대통령이 취임한 지 2년째가 되는 해로, 서슬 퍼런 군사 정권 시절이었지요. 그런데 이 이야기를 약 40년 동안 거의 모든 정부에서 활용하고 있습니다.

우리나라 역대 정부 중에서 부동산 문제를 완벽하게 해결한 정부는 없습니다. 유창순 전 국무총리의 이 이야기 이후 대한민국은 40년 동안, 집이 필요한 곳은 늘 집이 부족했고, 집이 필요하지 않은 곳에는 늘 집이 남았습니다. 놀랍게도 이 문제는 지속적으로 반복되고 있습니다.

왜 그럴까요? 주택은 부동산이기 때문입니다. 부동산은 유형 그대로 운반하거나 움직일 수 없는 성질, '부동성'이라는 특징이 있습니다. 그리고 양이 증가하지 않는 성질, 즉 '부증성'이라는 특징도 있습니다. 사람들이 필요로 하는 입지는 정해져 있고, 그 입지를 필요로 하는 수요만큼 물리적으로 증가시킬 수 없기 때문입니다. 결국 주택은 늘 부족할 수밖에 없습니다. 여기에 인플레이션과 시장 유동성이 더해져서 집값의 양극화가 계속적으로 발생해 온 것입니다.

이 문제는 앞으로도 계속될 것입니다. 부동산의 특성상 해결

할 방법이 없기 때문입니다. 결국 우리는 이런 문제가 반복적으로 발생하는 대한민국 부동산 시장에서 어떻게 하면 제대로 살아남을 수 있을지 고민하고 대비해야 합니다.

무주택자, 1주택자, 다주택자가 부동산 시장에서 살아남는 법

20년긴 대힌민국 부동신 시장을 꾸준히 연구해 온 부동산조사연구소 연구원으로서 여러분에게 대한민국 부동산 시장에서 살아남을 수 있는 가장 좋은 방법들을 알려 드리겠습니다. 여러분이 꼭 이대로 하면 좋겠습니다.

먼저 무주택자 여러분은 가능한 한 가장 빠른 시기에 집을 사기 바랍니다. 저는 주택 구입을 주저하는 이들에게 이렇게 이야기하겠습니다. 자기가 희망하는 입지에 있는 주택을 목표로 삼고 본인이 감당할 수 있는 수준, 혹은 다소 높은 레버리지를 가지고 접근하는 것이 가장 좋은 방법이라고 말이죠.

일단! 집을 투자 목적, 시세 차익의 목적으로 접근하지 마십시오. 그저 자신의 거주 목적으로 합리적인 결정을 한다고 생각하면 마음의 부담이 덜할 것입니다. 시세가 오르든 떨어지든 그냥 내버려 두세요. 만약 떨어진다면 어차피 내가 살 집에 대한 집세라고 여기면 되고, 오른다면 기대하지 못한 선물이 될 테니까요. 조금만 기대치를 낮추고 욕심을 버리면 마음은 훨씬 편해집니다.

다음으로 1주택자 여러분은 다음번 이사를 갈 때에는 지금 살고 있는 곳보다 조금 더 좋은 입지로, 조금 더 좋은 주택으로 옮기십시오. 거꾸로 가는 것은 무조건 반대하고 싶습니다. 20년 동안 주택 관련 소비자 조사를 진행하면서 더 안 좋은 곳으로 이주한 사람들을 여럿 인터뷰했습니다. 거꾸로 이사한 10세대 중 9세대는 후회를 했습니다. 심지어 분당처럼 입지가 좋은 지역으로 이사를 했어도 아쉬움을 표하기는 마찬가지였습니다. 이전 거주지가 강남권이었기 때문이죠. 무조건 상급 입지, 상급 상품을 목표로 이주합시다. 1주택자의 이주에 대해서는 규제도, 제약도 적습니다.

마지막으로 가장 답답해하고 있을 다주택자 여러분에게 조언하겠습니다. 이제 과거처럼 '묻지 마' 부동산 투자로 돈 버는 시대는 끝났습니다. 이제 제대로 공부하고 투자해야 합니다. 특히 세금 공부를 이전보다 더 많이 해야 합니다. 발생하는 세금에 유의하고 감안하여 투자를 해야 합니다. 소득이 발생하는 곳에는 항상 세금이 기다리고 있다는 것을 잊지 말아야 합니다. 3주택자 이상은 양도소득세를 62% 이상 내야 합니다. 1억 원의 시세 차익이 발생했다면 6200만 원의 세금이 부과되는 것입니다. 이때 깔끔하게 낼 수 있어야 합니다. 그래도 3800만 원의 수익이 생겼다는 마음가짐으로 부동산 투자를 하십시오. 조금이라도 세금을 더 줄이고 싶다면 불법과 탈세가 아닌 절세를 해야 합니다. 결국 절세 공부가 필요한 것입니다. 예를 들면 부부 공동명의나 법인투자 같은 방법 말이죠.

이 책은 이런 고민들에 대한 시원하고 확실한 답변을 주기 위해 기획되었습니다. 대한민국 최고의 부동산 콘텐츠 〈빠숑의 세상 답사기〉에 출연해 준 최고 전문가 4인의 진심 어린 제안을 독자 여러분에게 선사합니다. 이 책에 담긴 한 단어, 한 글자 모두 알차게 활용하셨으면 좋겠습니다. 그리하여 대한민국 부동산 시장에서 행복한 주거 라이프를 누리시길 바랍니다. 더불어 이 책이 나오는 데 많은 도움을 준 〈풋풋 아카데미〉에도 감사의 말씀을 전합니다.

시장이 혼란할수록 본질에 집중하자

최근 WHO가 신종 코로나바이러스 감염증(코로나19) 팬데믹을 선언했습니다. 세계적으로 확산되고 있는 이 질환으로 인해 아마도 많은 분이 무척 어려운 시기를 겪게 될 것입니다. 수개월에 걸

친 위기 상황 때문에 심리가 무너지는 분도 많아질 듯합니다. 물론 주식이든 부동산이든 시장이 폭락할 수도 있습니다. 혹은 언제 그랬냐는 듯이 정상화될 수도 있겠고요.

하지만 세 분의 전문가와 함께 쓴 이 책을 통해 강조하고 싶은 점은 1~2개월의 단기가 아닌, 최소 5~10년 후의 미래 가치를 바라보자는 것입니다. 우리가 주목하고 집중해야 할 것은 지금 당장의 가격 등락이 아닙니다. 이번 사태로 인해 우리가 관심을 가지는 부동산의 본질적인 가치가 흔들렸는지 아닌지 살펴야 합니다. 저는 빠세클럽과 함께 이 본질 가치에만 집중하며, 어려울 때나 즐거울 때나 늘 여러분과 함께하겠습니다.

감사합니다.

2020년 4월

스마트튜브 부동산조사연구소장 · 〈빠숑의 세상 답사기〉 운영자
김학렬

차례

Lesson
1

오르는 아파트
어떻게 알아볼 것인가

빠숑 김학렬

Lesson

2

똘똘한 신축을 잡는
가장 확실한 방법

아임해피 정지영

Lesson
3

투자 패러다임이 바뀌면
투자 전략도 달라져야 한다

부룡 신현강

Lesson
4

부동산 투자의 미래
학세권이 답이다

월천대사 이주현

김학렬(빠숑)

스마트튜브 부동산조사연구소장. 대한민국 최고의 입지 분석가이자 대한민국 대표 부동산 채널 〈빠숑의 세상 답사기〉 운영자. 국내 최고의 시장 조사 기관인 한국갤럽조사연구소에서 부동산 조사본부 팀장으로 일했다. 지난 20년간 국토교통부, LH공사 등 유수의 공공기관, 현대, 삼성, 대우, GS, 피데스 등 국내 대표 건설사들과 1000여 개의 국내외 부동산 리서치 프로젝트를 진행했으며 《조선일보》《동아일보》《한국경제신문》《매일경제신문》 등에서 칼럼니스트와 부동산 자문위원으로 활동했다. 지은 책으로 《대한민국 부동산 사용설명서》《수도권 알짜 부동산 답사기》《지금도 사야 할 아파트는 있다》《서울이 아니어도 오를 곳은 오른다》《서울 부동산의 미래》《대한민국 부동산 투자》《부자의 지도, 다시 쓰는 택리지》《흔들리지 마라 집 살 기회 온다》 등이 있다.

블로그 blog.naver.com/ppassong (빠숑의 세상 답사기)
카페 cafe.naver.com/ppassong (스마트튜브 부동산조사연구소)

Lesson 1
오르는 아파트 어떻게 알아볼 것인가

_빠숑 김학렬

투자 마인드를 바꾸면 보는 눈이 달라진다

시장 트렌드의 예측 불가능성

실거주 목적이든 투자 목적이든 사람들이 가장 많이 관심을 가지는 대상은 역시 아파트입니다. 그리고 아파트를 고를 때에는 여러 사항을 고려해야 하지요. 물론 비싼 아파트가 저렴한 아파트보다 더 좋다는 것은 누구나 아는 사실입니다. 하지만 문제는 모두가 비싼 아파트를 구입할 수 없다는 거지요. 그래서 다양한 아파트를 비교해 보고 어느 부분이 얼마나 좋은지 가려야 내게 적합한 아파트를 선택하거나 성공적인 투자를 결정할 수 있는 것입니다. 이 장에서는 고가 아파트부터 저렴한 아파트까지 두루 살피면서 아파트 구입을 고민하는 사람이라면 무엇을 중점으로 알아보아야 할지 이야기해 보겠습니다.

종종 청약 가점이 높은데도 신청을 하지 않는 분들이 있습니다. 왜냐하면 당첨이 된다 하더라도 당장 중도금을 낼 자금이 부족하기 때문이죠. 소위 말하는 강남 3구, 마용성(마포·용산·성동)의 신축 아파트의 경우는 계약금만 있다면 이후는 크게 걱정할 필요가 없습니다. 왜냐하면 현재 전세가와 분양가가 똑같기 때문입니다. 중개업소와 상의하여 미리 전세 계약을 체결하면 되니까요. 싼 아파트는 오히려 돈이 들어가지만 비싼 아파트는 돈이 들지 않을 수 있는 것입니다. 비싼 신축 아파트라면 내가 감당할 여력이 될지 고민할 필요가 없는 것이지요.

20대인 제 지인의 경우가 이랬습니다. 분양가 6억 4000만 원의 신촌 그랑자이를 분양받았는데 중개업자로부터 그 아파트를 팔겠냐고 연락을 받았습니다. 그가 제시한 금액은 14억 8000만 원이었죠. 어쨌든 지인은 자신이 이 아파트에 들어가 살지 못한다는 것을 알았습니다. 그 아파트에 들어가서 살려면 대출을 받아야 하는데, 부동산 규제 때문에 대출도 안 되는 상황이었습니다. 그렇다고 당장 팔 수도 없었지요. 결국 전세를 놓을 수밖에 없었지만 결과적으로 비싼 신축 아파트를 소유하는 데 돈이 들지 않았습니다. 그러므로 좋은 아파트는 분양 당첨이 될까 봐 걱정하기보다 당첨이 된 이후에 고민하는 것이 낫습니다. 당첨도 되기 전에 고민하는 사람은 부동산 투자를 할 자격이 없다고 봅니다.

부동산 투자는 곧 가치를 측정하는 것입니다. 하지만 시장은 복잡계와 같고 인간의 능력은 한계가 있지요. 트렌드와 미래를 정확하게 예측하는 것은 너무도 어려운 일입니다. 부동산 시장은 셀 수 없이 많은 요인으로 움직이기 때문이지요. 그러므로 다양한 부동산 공식과 이론은 어디까지나 참고용이어야 합니다. 대신 지금의 현실을 분석하고 최선의 전략을 선택해야 합니다. 입주 물량이 많은 곳은 반드시 피해야 한다? 가격이 많이 오른 곳은 피해야 한다? 이런 일련의 규칙들은 맞을 때도 있고 틀릴 때도 있습니다. 하지만 그때그때의 상황과 입지를 고려해서 판단해야 합니다. 이것들을 공식화하면 아파트 구매를 고민하는 사람들은 더 큰 혼란에 빠질 수 있습니다.

가장 중요한 부분은 수요입니다. 수요가 있는 곳은 약간의 조정이 있다 해도 결국 다시 오릅니다. 이러한 판단 기준은 어떤 투자든 마찬가지일 것입니다. 경기 전망과 시장 예측은 참고 수치일 뿐입니다. 왜냐하면 경기가 나빠도 오르는 아파트는 있기 마련이고 서울이라도 미분양이 나올 수 있기 때문입니다. 또한 시장을 살폈어도 사야 할 물건의 가치를 제대로 짚지 못했다면 그 투자는 성공적이라고 말할 수 없습니다.

단적인 예가 2008년도에 있었던 서울 서초구의 래미안 퍼스티지와 반포 자이의 분양입니다. 이들의 분양가는 평당 3300만 원이었는데 당시 반포의 시세는 평당 2000만 원대였습니다. 미분양은 당연한 결과였죠. 하지만 미분양 상황은 결코 오래가지 않았습니다.

입지가 좋고 수요가 많은 새 아파트에 대한 욕망은 모두에게 있습니다. 새 단지에는 지금까지 보지 못했던 커뮤니티와 편의시설이 갖춰져 있는데요. 이런 부분들은 수요 조사, 시장 예측, 경기 전망으로 알 수 있는 부분이 아닙니다. 어디까지나 직접 눈으로 확인했을 때에야 비로소 실감할 수 있는 매력이지요.

어떤 아파트를 고를 것인가? 다양한 고민이 필요하지만 SNS에서 의도적으로 언급되는 상품은 되도록 피하는 것이 좋습니다. 사람이 많이 몰리면 거품이 생기기 때문이죠. 실거주자라면 그나마 괜찮지만 투자를 목적으로 한 일반 수요자들은 더욱 조심해야 합니다. 부동산은 정치와 비슷합니다. 정치에 진보, 보수, 중도가 있는 것처럼 부동산 연구와 투자에도 연구, 강의, 컨설팅 등 각각의 전문가가 있습니다. 또한 거품이 낀 악성 상품을 처리하거나 투기를 조장하는 이들도 있지요. 이들을 알아보기 위해서 저마다의 공부와 가치 판단이 필요한 것입니다.

부동산 투자에는 크게 두 가지, 바텀업Bottom Up과 톱다운 Top Down 방식이 있습니다. 통상적으로 데이터 분석 전문가들은 톱다운 방식을 선호합니다. 시장, 금리, 세계정세 등 거시 경제를

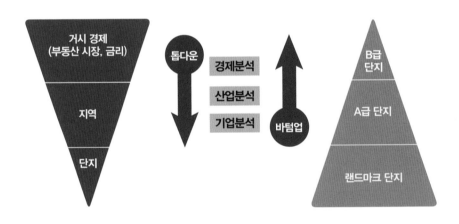

바텀업과 톱다운

흔히 바텀업 방식은 상향식, 톱다운 방식은 하향식이라고 한다. 톱다운의 시각은 점점 좁혀 들지만 바텀업은 점점 넓혀 간다는 차이가 있다.

분석한 뒤 알맞은 지역을 선정한 후 다시 세부적으로 들어가서 단지를 고릅니다. 이는 갭투자에 적합한 방식입니다. 저는 반대로 바텀업 방식을 추천합니다. 먼저 해야 할 것은 원하는 지역에서 랜드마크 아파트 단지를 찾는 일입니다. 물론 랜드마크 아파트처럼 A급은 비싸죠. 이 단지에 투자를 하면 가장 좋지만 그게 여의치 않다면 인근 지역의 A급 아파트를 찾습니다. 이것도 비싸다면 다시 주변 지역으로 눈을 넓혀 A급을 찾아야 합니다. A급이 어렵다면 B급으로 넘어갑니다. 하지만 결코 잊지 말아야 할 요소는 바로 랜드마크 단지에서 출발해야 한다는 점입니다.

랜드마크 아파트는 가격이 잘 오르지 않는다는 특징이 있습니다. 비싼 대신에 변동 폭은 크지 않지요. 또 다른 특징으로 전세가와 매매가의 갭이 엄청나게 큽니다. 왜일까요? 랜드마크 아파트의 매매가에는 미래 가치가 반영되어 있기 때문입니다. 전세가와 매매가의 차이가 크지 않은 단지들은 현재 가치가 매우 높다는 의미인 동시에 미래 가치는 떨어진다는 의미입니다. 미래 가치가 없다는 것은 미래에도 수요가 없다는 뜻이지요. 그러므로 랜드마크 아파트는 미래에도 폭락하거나 투자가 실패할 가능성이 적습니다. 그만큼 리스크 없이 안전하기 때문에 가격도 비쌀 수밖에 없습니다.

압구정 현대를 예로 들어 볼까요? 제일 작은 평형대인 35평형의 시세는 약 27억 원입니다. 반면 전세가는 6억 원이지요. 무려 21억 원의 갭이 있습니다. 과연 이렇게 비싼 아파트를 누가 살까요? 대표적인 수요자는 바로 그 단지 입주민들입니다. 이 아파트에서 44년을 살고 지켜보면서 절대적인 신뢰가 생겼기 때문입니다. 과거 IMF 외환 위기나 금융 위기 때 시세가 주춤했을 뿐, 매물은 곧바로 거래됩니다. 심지어 거래량도 많지 않지요.

실제로 거주하려는, 혹은 쉽게 팔지 않으려는 수요를 실수요라고 합니다. 랜드마크 아파트는 실수요가 많다는 특징이 있습니다. 그리고 A, B급 단지와 가격 차이가 좀 나죠. 단기 투자자는 이 단지들을 주목해야 합니다. 랜드마크와 A, B급 단지의 가격 차이는 작지만 꾸준히 벌어집니다. 그런데 어느 순간 급격하게 벌어질 때가 발생합니다. 이때 A, B급 아파트를 구매하면 됩니다. 시간이 지나면 A, B급 단지의 가격이 오르면서 랜드마크와의 차이를 좁히게 되는데 이때 매매하면 그 차익을 얻을 수 있는 것입니다. 이것이 바로 바텀업 방식입니다.

가치 투자란 무엇일까요? 한 아파트의 가치는 명확하고 일정합니다. 하지만 가격은 오르락내리락 요동을 치지요. 가치보다 가격이 높으면 고평가, 낮으면 저평가라고 합니다. 일반적으

가격

가치

안전 마진이 있는 구간

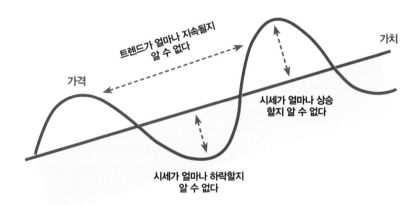

트렌드가 얼마나 지속될지
알 수 없다

가치

가격

시세가 얼마나 상승
할지 알 수 없다

시세가 얼마나 하락할지
알 수 없다

미래 가치 그래프

가치는 비교적 꾸준하고 일정하게 상승한다. 반면 가격과 트렌드는 다양한 원인
에 의해 영향을 받고 요동친다. 그래서 그 폭과 기간을 정확히 알기 힘들다.

로 사람들은 저평가 아파트를 찾고 싶어 하는데 그 이유는 안전 마진을 확보할 수 있기 때문입니다. 실패하지 않는 투자가 되는 것이지요. 문제는 가치의 기준과 정도를 명확하게 설정하기 어렵다는 것입니다. 유심히 살펴보는 아파트가 있는데 이것의 가치가 과연 어느 정도인지 기준이 있어야 비교하고 판단할 수 있을 테니까요. 그런 의미에서 랜드마크 아파트는 훌륭한 기준이 되는 것입니다. 시장 트렌드가 어떻게 진행될지, 그래서 가격이 언제 다시 오를지 혹은 내릴지, 얼마나 고평가를 받고 저평가를 받는지에 연연하지 않아도 됩니다. 고평가된 아파트를 단기 고점에서 비싸게 구매했더라도 괜찮습니다. 정말 좋은 아파트라면 가치는 꾸준히 오를 것이고 결국 단기 고점을 역전할 것이니까요.

2007년은 전국 부동산 시장의 단기 고점이었습니다. 하지만 2008년 세계 금융 위기를 지나오면서 현재 분당의 대형 아파트들은 당시의 시세를 아직까지 회복하지 못했고, 서울 강남구 재건축도 마찬가지입니다. 하지만 중소형 아파트들은 이미 모두 회복함으로써 실거주 수요가 늘어났고 그만큼 가치도 높아졌음을 증명하고 있습니다.

그래도
오를 곳은 오른다

가치 투자는 무엇을 지향해야 할까요? 시간이 지날수록 가치는 높아지고 덩달아 수익률도 높아져야 합니다. 사 두고 잊어버리면 언젠가 크게 오를 아파트를 찾아야 하는 이유이지요. 앞에서 이야기한 랜드마크 아파트가 바로 여기에 해당합니다. 순수 거주 목적은 시간과 수익률의 영향을 크게 받지 않지만 갭투자는 다릅니다. 수익률보다 더 중요한 요소가 바로 시간이지요. 시간이 오래 걸린다면 갭투자를 할 수 없습니다. 만약 그런 상품이라면 빨리 손절하는 것이 좋겠지요. 우리가 부동산, 특히 입지를 공부해야 하는 이유가 여기에 있습니다. 적은 시간과 노력으로 최대한의 이익을 내기 위해서입니다.

가장 좋은 공부 중 하나는 매일매일 시세를 파악하는 일입니다. 이 아파트가 싼지 비싼지, 급매인지 아닌지를 판단하기 위해서는 시세에 대한 감이 생겨야 하니까요. 2019년 1월, 저는 아는 동생으로부터 한 통의 전화를 받았습니다. 압구정 현대아파트 35평형이 21억 원에 급매로 나왔다는 소식이었습니다. 평소 시세는 25억 원이었습니다. 하지만 급매도 여전히 비싼 물건임에 틀림없었습니다. 하지만 물건은 오후에 바로 매매되었습니다. 그 주인공은 바로 같은 단지 사람이었습니다. 그 아파트에 살고 있었기 때문에 시세를 정확히 알고 있었고, 여전히 비싼 가격이지만 4억이나 싼 급매임을 한눈에 알아본 것입니다. 단기 갭투자의 노하우가 여기에 있습니다. 투자할 대상들을 추려서 리스트로 만든 후 항상 시세를 확인해야 합니다. 그러면 가격이 조정된 것인지 아닌지 단번에 파악할 수 있습니다.

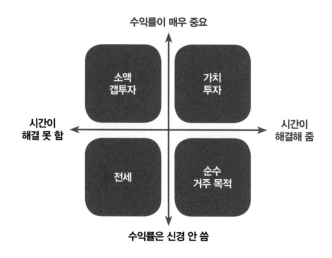

투자와 실거주의 도식

투자와 거주를 가르는 기준은 수익률이다. 그리고 필요한 시간에 따라 장단기 투자가 구분된다. 거주의 경우 전세는 시간이 지나도 전세일 뿐이다.

아파트 투자는 기간별로 구분할 수 있습니다. 앞에서 설명한 것처럼 2년 미만의 단기 갭투자라면 수익률을 우선해야 합니다. 5년 미만의 중기 투자자들은 수익률보다 호재에 집중해야 합니다. 입지가 좋아지고 그에 따라 수요가 늘어나는 곳을 주목해야 한다는 것입니다. 예전에는 아무도 살지 않은 곳인데 새 아파트가 들어서서 많은 사람이 이사를 오게 되면 수요가 증가한다고 볼 수 있습니다. 이때 사람들이 왜 이 아파트로 이사를 오는지 고민해야 합니다. 단순히 보금자리로만 여겨서는 안 됩니다. 새 아파트가 들어섰다는 것은 두 가지를 의미하니까요. 그 지역에 일자리가 많아졌거나 혹은 출퇴근이 용이해졌거나. 그러면 수요는 증가합니다.

하지만 전국적으로 일자리가 증가할 예정인 곳은 파악하기가 쉽지 않습니다. 가까운 예로 착공 예정인 삼성동 현대자동차 그룹 GBC(글로벌 비즈니스 센터)를 들 수 있습니다. 약 1만 명이 근무하는 롯데월드타워 연면적의 3배 규모이기 때문에 산술적으로 3배 이상의 사람이 근무하게 될 것입니다. 또한 영동 지하도로 건설로 광역 교통망이 확충되면서 오피스들이 들어서고, 탄천 건너편 잠실운동장 부지에 마이스 산업단지가 들어서면 각각 약 1만 5000명이 근무하게 될 것입니다. 즉 한 블록에 6만 개의 일자리가 늘어나게 되는 것이죠. 지방의 군 인구가 약 2만 명이므로 3개 군의 인구수와 맞먹을 정도로 어마어마한 규모입니다.

누구나 생각할 수 있는 가장 좋은 투자는 삼성동 물건을 구입하는 겁니다. 하지만 삼성동에는 다세대 주택, 오피스텔, 아파트 등 모든 형태의 주택이 부족합니다. 추가로 공급될 물건도 없습니다. 그러므로 삼성동으로 출퇴근이 용이한 지역들, 압구정동, 역삼동, 도곡동, 대치동, 잠실동의 집값이 오를 가능성이 높습니다. 물론 이곳들은 지금도 비쌉니다. 하지만 교통망이 확충되고 일자리가 늘어나는 지역과 연결되는 호재로 인해 이곳들의 가치는 더욱 향상될 것입니다. 특히 문재인 정부의 핵심 사업 중 하나는 신속한 광역 교통망의 확충입니다. 중기 투자자라면 반드시 주목하고 있어야 할 사항입니다.

마지막으로 장기 투자는 수요가 있는 곳을 구입한 후 그냥 잊어버리는 겁니다. 부동산 투자의 가장 명쾌한 부분은 바로 가장 비싼 지역이 가장 수요가 많다는 점입니다. 자금은 충분히 있는데 어디를 사야 할지 모르겠다면 가장 비싼 곳을 구입하면 되는 것이죠.

삼원법은 산수화를 그리거나 감상하는 세 가지 투시법을 말합니다. 자연 경관을 바라보는 시선의 각도에 따라 밑에서 위로

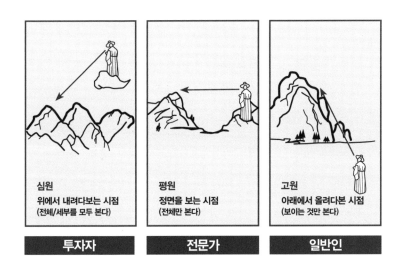

심원	평원	고원
위에서 내려다보는 시점 (전체/세부를 모두 본다)	정면을 보는 시점 (전체만 본다)	아래에서 올려다본 시점 (보이는 것만 본다)
투자자	**전문가**	**일반인**

올려다보는 고원, 같은 높이에서 바라보는 평원, 위에서 아래로 내려다보는 심원이 있지요. 부동산 투자를 바라보는 일반인의 시각은 고원과 같습니다. 나와는 먼 일처럼 그저 올려다보기만 할 뿐이지요. 전문가는 평원으로 바라봅니다. 객관적이고 냉철한 시각으로 살펴야 하니까요. 투자자는 심원의 시각을 가져야 합니다. 그래야 더 현명하고 긍정적인 투자 결정을 할 수 있기 때문입니다. 위에서 속속들이 내려다보면 사람의 움직임, 수요의 움직임이 보입니다. 그래야 부동산 판세를 정확하게 읽어 낼 수 있습니다. 한 곳에만, 한 지역에만 집중하면 주변의 움직임이 보이지 않습니다. 더군다나 돈이 없어 들어가지 못하는 지역을 주시하는

일은 더욱 비효율적이죠. 그보다는 그 주변 지역으로 눈을 돌려야 합니다. 넓게, 깊이 봐야 합니다.

부동산 시장이 무조건 우상향으로 오를 것이라고 주장하는 '묻지 마' 투자자들은 그래프의 상승하는 구간에만 집중합니다. 반대로 폭락론자들은 하락하는 구간에만 집중하고요. 우리의 시야도 이와 같습니다. 저는 2017~2019년 전국 아파트 시세 전수 조사를 실시했고, 실제로 값이 오른 아파트보다 오르지 않은

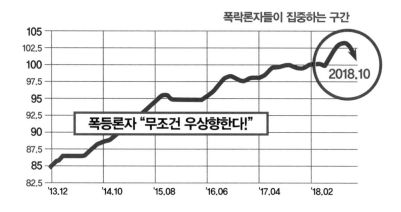

전국 아파트 실거래가 지수(한국감정원)

2013년 11월부터 2018년 12월까지 아파트 실거래가 그래프. 가격이 오르기도 하고 떨어지기도 하는 상황이 모두 담겨 있지만 일부 사람들은 보고 싶은 부분에만 집중한다.

아파트가 훨씬 많다는 것을 알게 되었습니다. 하지만 우리의 시야는 엄청나게 가격이 오른 아파트, 강남 3구와 마용성, 재건축과 재개발 지역, 2년 미만의 신축 아파트, 10억 원씩 올랐다는 뉴스와 기사들에만 집중했습니다. 만약 전국의 모든 아파트 가격이 오르기만 했다면 그래프는 우상향이 아닌 수직 상승을 기록해야 합니다. 그래프가 완만한 우상향을 그렸다는 것은 오른 아파트뿐 아니라 내린 아파트도 충분히 많다는 것을 의미합니다. 우리의 슬기로운 아파트 투자는 이 의미를 깨닫는 데에서 시작해야 할 것입니다.

수요를 파악하면
투자 가치가 보인다

인구는 일자리를 따라
움직인다

2019년 한 해 동안 부산에서 전출한 세대수는 1만 9755세대입니다. 3인 가족으로 계산하면 약 6만 명의 사람이 부산을 떠난 것이고, 그만큼 부산 인구가 줄었다는 의미입니다. 이들은 어디로 갔을까요? 대부분 서울, 경기, 인천으로 향했습니다. 일자리를 찾아서 말이죠. 대한민국 전체 인구는 몇 년 동안 증가할 텐데, 인구 증가는 곧 수요 증가를 뜻합니다. 하지만 우리나라의

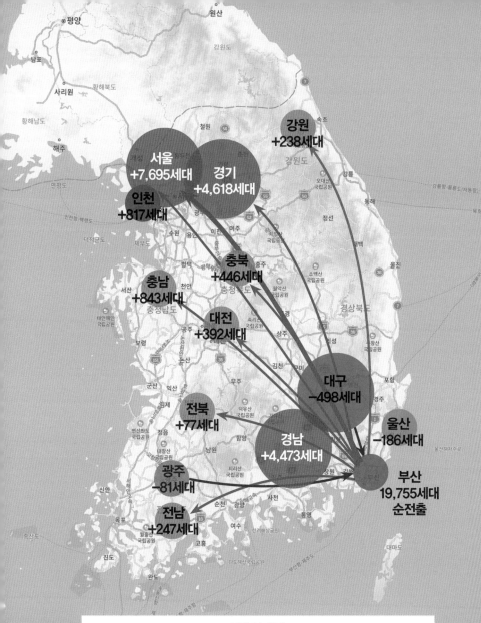

강원
+238세대

서울
+7,695세대

경기
+4,618세대

인천
+817세대

충북
+446세대

충남
+843세대

대전
+392세대

대구
−498세대

전북
+77세대

경남
+4,473세대

울산
−186세대

광주
−81세대

부산
19,755세대
순전출

전남
+247세대

전출입 세대

2018년 11월부터 2019년 11월까지 전국에서 전출입한 세대를 알 수 있다. 부산, 대구, 울산을 비롯한 경남 지역 세대 전출 움직임이 눈에 띈다.

모든 지역 인구가 증가하는 것은 아닙니다. 인구가 늘어나는 곳은 일부 지역일 뿐이고 이곳은 일자리가 많이 있거나 새로 생기는 입지입니다.

현재 농축수산업 기반 1차 산업 인구는 급격히 줄고 있습니다. 시골의 인구 구성을 살펴보면 알 수 있죠. 경상도와 전라도의 생활 기반은 제조업 관련 2차 산업입니다. 하지만 이곳에서도 제조업 인구는 크게 줄고 있습니다. 자동화라는 변화의 바람과 중국, 베트남과의 경쟁으로 경기가 나빠지고 있기 때문입니다. 대신 3, 4차 산업이 집중되어 있는 지역의 인구는 계속 증가하고 있습니다. 바로 서울, 경기, 인천이지요.

광주도 사정은 부산과 마찬가지입니다. 예를 들어 2018년 군산 GM대우가 문을 닫고 2500여 명의 근로자가 하루아침에 실업자가 되었습니다. 그들이 군산에 그대로 남았을까요? 아닙니다. 자동차 산업 일자리가 있는 경기도 등지로 이동했습니다. 또 다른 에피소드로 SK하이닉스가 반도체 청주 공장을 확장하려다가 주춤했던 적이 있습니다. 이때 전국에서 수십 곳의 지자체가 공장 유치를 신청했습니다. 그중 가장 적극적인 곳이 구미였지요. 구미에는 이미 산업단지가 많았지만 구미 시장은 공장부지 100만 평을 무상으로 제공하겠다고까지 했습니다. 그럼에도 불구하고 SK하이닉스는 땅값이 가장 비쌌던 용인을 선택했습니다. 심지어 SK는 비용을 치르고 부지를 구입했지요. 그 이유는 크게 두 가지가 있습니다. 첫째, 구미와 청주를 비롯해 다른 지방에서는 인력을 구할 수 없다는 판단을 했던 것입니다. 둘째, 땅값이 많이 오를 곳이기 때문입니다. 기업체는 공장 부지를 단순히 제품을 만드는 곳으로 바라보지 않습니다. 부동산 가치로, 그것도 상승해야 할 가치로 인식하고 있지요. 그만큼 기업체도 꼼꼼하게 수요 조사를 실시하고, 공장 부지라 해도 허투루 결정하지 않습니다. 미래 가치를 고려하지요. 그렇다면 아파트 투자도 마찬가지여야 하지 않을까요?

더 자세히 살펴볼까요? 뒤의 표는 2010년부터 2019년까지, 서울에서 제주까지 전국 17개 광역 지자체의 인구 증감을 나타냅니다. **결론적으로 전국의 인구는 증가하고 있습니다.** 하지만 그중에서도 인구가 증가하는 지역이 있고, 감소하는 지역이 있습니다. 그렇다면 우리는 어디에 관심을 기울여야 할까요? **인천, 세종, 경기, 충청북도와 충청남도, 제주도를 제외하면 모두 인구가 감소하는 추세입니다.** 중요한 것은 서울 인구도 감소하고 있다는 것인데요. 지난 10년간 부동산 폭락을 주장하는 사람들이 드는 근거가 바로 서울의 인구 감소입니다. 인구가 감소하고 있기

행정구역	2010년	2011년	2012년	2013년
전국	50,515,666	50,734,284	50,948,272	51,141,463
서울특별시	10,312,545	10,249,679	10,195,318	10,143,645
부산광역시	3,567,910	3,550,963	3,538,484	3,527,635
대구광역시	2,511,676	2,507,271	2,505,644	2,501,588
인천광역시	2,758,296	2,801,274	2,843,981	2,879,782
광주광역시	1,454,636	1,463,464	1,469,216	1,472,910
대전광역시	1,503,664	1,515,603	1,524,583	1,532,811
울산광역시	1,126,298	1,135,494	1,147,256	1,156,480
세종특별자치시	–	–	113,117	122,153
경기도	11,786,622	11,937,415	12,093,299	12,234,630
강원도	1,529,818	1,536,448	1,538,630	1,542,263
충청북도	1,549,528	1,562,903	1,565,628	1,572,732
충청남도	2,075,514	2,101,284	2,028,777	2,047,631
전라북도	1,868,963	1,874,031	1,873,341	1,872,965
전라남도	1,918,485	1,914,339	1,909,618	1,907,172
경상북도	2,689,920	2,699,195	2,698,353	2,699,440
경상남도	3,290,536	3,308,765	3,319,314	3,333,820
제주특별자치도	571,255	576,156	583,713	593,806

최근 10년 인구 증감

2010년부터 2019년까지 전국 지자체의 인구 증감을 살펴보면 서울 인구 감소와 경기 인구 증가세가 확연하다. 서울에서 밀려난 인구가 경기도로 유입됨을 알 수 있다. (빨강: 숫자 커짐 / 초록: 숫자 작아짐)

2014년	2015년	2016년	2017년	2018년	2019년
51,327,916	51,529,338	51,696,216	51,778,544	51,826,059	51,849,861
10,103,233	10,022,181	9,930,616	9,857,426	9,765,623	9,729,107
3,519,401	3,513,777	3,498,529	3,470,653	3,441,453	3,413,841
2,493,264	2,487,829	2,484,557	2,475,231	2,461,769	2,438,031
2,902,608	2,925,815	2,943,069	2,948,542	2,954,642	2,957,026
1,475,884	1,472,199	1,469,214	1,463,770	1,459,336	1,456,468
1,531,809	1,518,775	1,514,370	1,502,227	1,489,936	1,474,870
1,166,377	1,173,534	1,172,304	1,165,132	1,155,623	1,148,019
156,125	210,884	243,048	280,100	314,126	340,575
12,357,830	12,522,606	12,716,780	12,873,895	13,077,153	13,239,666
1,544,442	1,549,507	1,550,806	1,550,142	1,543,052	1,541,502
1,578,933	1,583,952	1,591,625	1,594,432	1,599,252	1,600,007
2,062,273	2,077,649	2,096,727	2,116,770	2,126,282	2,123,709
1,871,560	1,869,711	1,864,791	1,854,607	1,836,832	1,818,917
1,905,780	1,908,996	1,903,914	1,896,424	1,882,970	1,868,745
2,700,794	2,702,826	2,700,398	2,691,706	2,676,831	2,665,836
3,350,257	3,364,702	3,373,871	3,380,404	3,373,988	3,362,553
607,346	624,395	641,597	657,083	667,191	670,989

때문에 서울의 주택 가격도 폭락할 것이라는 논리죠. 하지만 이들의 예상과는 반대로 서울 주택 가격은 10년 내내 오르기만 했습니다.

이 통계를 새롭게 바라봅시다. 서울 인구는 줄고 있는데 주택 가격은 더 비싸진다면 이런 현상은 누군가 더 비싼 비용을 치르고 있다는 의미입니다. 자식들이 자라서 독립하거나 결혼을 하면서 세대는 분화되는데 한 주택이 2, 3채로 늘어나지는 않으니까요. 재건축으로 인한 증가율도 한계가 있어 3~5%에 불과하고, 재개발의 경우에는 오히려 주택 수가 줄어듭니다. 즉 서울은 늘 집이 부족한 상황이지요. 그러므로 서울에 집이 없는 사람은 더 많은 비용을 치르고 서울에 거주하거나 아니면 경기도와 인천으로 주거지를 옮깁니다. 경기도와 인천의 인구가 증가하는 이유가 이 때문입니다. 직장은 서울로 다니지만 서울에서는 살 수 없는 사람들이 경기도와 인천으로 이동합니다. 이들은 경기 도민, 인천 시민이자 동시에 서울의 잠재 수요층입니다. 서울의 인구가 줄어들면 그만큼 서울의 잠재 수요층은 증가하게 됩니다. 투자자라면 잠재 수요층을 곧 프리미엄, 가격 상승 요인으로 바라봐야 합니다. 원하는 사람이 많아지면 가격이 오르는 것은 당연한 이치입니다.

서울과 경기, 인천의 출퇴근 관계에서 유추할 수 있는 지점이 있습니다. 바로 교통망의 중요성입니다. 안정적인 교통망이 자리를 잡고 있다면 그 지역은 서울 생활권이라고 봐야 합니다. 분당, 과천, 고양, 구리, 광명, 하남이 대표적이죠. 연천과 같은 지역과는 분명 느낌이 다릅니다. 그러므로 교통망만 살펴도 어디가 더 좋아질지, 비싸질지, 어디에 투자를 해야 할지 가늠할 수 있습니다.

부산, 대전, 대구, 광주와 서울의 차이도 여기서 비롯됩니다. 서울의 인구가 줄수록 대기 수요는 증가합니다. 왜냐하면 경기도와 인천에서 서울로 출퇴근하는 사람이 많아진다는 의미니까요. 하지만 경상남도 각지와 김해, 양산, 창원에서 부산으로 출퇴근하는 사람은 많지 않습니다. 모두 다른 생활권이지요. 오히려 각각의 지역 일자리가 더 많은 경우도 있습니다. 다른 광역시도 마찬가지입니다. 이런 지역에서 역세권 프리미엄은 큰 의미가 없습니다. 왜냐하면 출퇴근 수단이 전철이 아니니까요. 그러므로 지방 아파트의 입지를 살필 때 가장 중요한 부분은 교통보다 일자리가 됩니다. 그다음은 교육, 즉 학세권입니다.

GTX A노선과 C노선, 위례신사선이 삼성역을 지나야 하는 이유는 자명합니다. 사람들이 삼성동에서 살 수 없기 때문이지요. 그러므로 파주와 동탄, 양주와 산본, 송도와 남양주에서 삼성동으로 출퇴근이 가능해야 합니다. 물론 삼성동의 아파트를 구입하면 가장 좋겠지요. 하지만 너무 비싸다고요? 그렇기 때문에 그 옆 지역, 옆옆 지역을 살펴봐야 합니다.

시장은 수요자를 따라 움직인다

부동산 투자를 결정할 때에는 시장, 수요, 가격, 상품, 입지, 정책을 모두 살펴야 합니다. 출퇴근 수요, 교육 수요도 따져야 하고 지금은 비싸지만 훗날에는 더 비싸질, 미래 가치도 따져야 하지요. 하지만 저렴하다고 무조건 구입해야 하는 것은 아닙니다. 서울 아파트의 가격이 모두 오르는 것은 아니라는 사실을 앞에서 확인했는데, 오르는 아파트는 정해져 있다고 봐야 할 겁니다. 새 아파트 혹은 새 아파트가 될 물건들, 상품 경쟁력을 갖춘 물건들이지요.

제가 어렸을 때만 해도 많은 이가 다세대 빌라에서 살았습니다. 흙바닥 집에서 말이죠. 하지만 점점 주거 환경이 개선됐습니다. 아파트도 늘어났습니다. 신축이든 구축이든 상관이 없었습니다. 다세대 빌라보다 쾌적한 것은 확실했으니까요. 아파트에서 살아 보니 빌라에서 살 때 생각하지 못했던 장점이 많았습니다. 그런데 아파트도 마찬가지입니다. 2010년 전후 신축 아파트 단지의 주거 환경은 한층 더 발전했습니다. 지하 주차장, 커뮤니티 시설, 안전과 보안, 여러 공공 활동 등 다양한 서비스가 마련되었습니다. 이런 서비스를 경험하게 되면 복도식이고 지하 주차장도 없는 구축 아파트로 돌아갈 수가 없습니다. 바로 이 부분에서 상품 경쟁력의 차이가 발생합니다.

흔히 미국, 유럽, 일본과 우리의 주택 문화를 비교하곤 하는데요. 다른 나라에 비해 우리나라는 땅과 입지가 좁기 때문에 단독 주택 문화가 널리 퍼질 수가 없습니다. 제한된 땅에 집을 지으면 그 땅을 이용해 먹고살 수 없게 되니까요. 그래서 생겨난 것이 공동 주택 문화입니다. 저는 공동 주택이 대한민국의 가장 위대한 발명품 중 하나라고 생각합니다.

제한된 토지를 이용하는 또 다른 방법으로 나쁜 입지를 좋게 만드는 활동이 있습니다.

입지 개선 활동은 우리에게 새로운 기회를 제공합니다. 그리고 정부 정책과 밀접한 관련을 맺고 있지요. 그래서 정책에 항상 관심을 기울이고 주시하되 '정부는 집을 거저 주지 않는다'라는 생각을 품고 있어야 합니다. 즉 '어떻게든 해결해 주겠지' 하는 마음으로 기다리기만 해서는 안 된다는 것입니다. 예를 들면 이명박 정부 때 시행했던 보금자리주택은 몇 만 세대가 공급되는 데 그쳤습니다. 주거 문제를 해결하기에는 턱도 없이 부족했죠. 박근혜 정부의 뉴스테이, 공공지원 민간임대주택 사업도 마찬가지였습니다. 문재인 정부에서도 주거 문제를 해결하기 위해 많은 노력을 기울이고 있지만 확실한 것은 그럼에도 불구하고 우리나라의 특성상 집, 부동산, 아파트의 자산 가치는 높아질 수밖에 없다는 것입니다.

시장에는 세 부류의 수요자가 있습니다. 무주택자, 1주택자, 다주택자가 그것이죠. 시장에서 차지하는 각각의 비율은 약 30%, 60%, 10%입니다. 그리고 주택 거래 비율 또한 이 비율을 따라가게 됩니다. 그런데 투자가 목적인 사람들은 자꾸만 단기 다주택자를 따라갑니다. 하지만 단기 다주택자의 투자 방식은 단기 갭투자라서 입지나 상품이 나쁜 물건도 다수 있습니다. 그럼에도 불구하고 평범한 사람들은 이 물건이 상대적으로 싸고 사고파는 것도 쉬워 보이기 때문에 이쪽으로 치우치게 되지요. 하지만 단기 갭투자자들은 일종의 선수들입니다. 일반인들은 쉬이 따라갈 수 없는 부분들이 존재합니다. 이들과 차별화하면서도 보다 수월하고 확실하게 투자하기 위해서는 앞으로 무주택자와 1주택자가 좋아할 만한 입지의 부동산을 주목해야 합니다. 10%를 대상으로 하기보다는 90%를 대상으로 해야 투자 성공 가능성이 더 높아지기 때문이지요.

하지만 무주택자와 1주택자 사이에도 차이는 존재합니다. 주택 가치에 대한 이해도라고 할 수 있는데요. 무주택자는 부동산 관련 의사 결정이 매우 보수적입니다. 쉽게 말해 당장 내일 중개업소를 찾아가 아무 집이나 당장 구입하라고 조언해 주어도 쉽게 듣지 않습니다. 왜냐하면 내가 보는 집이 싼지 비싼지 판단은커녕 시세가 무엇인지 개념조차 서지 않기 때문에 구입을 망설일 수밖에 없습니다. 하지만 1주택자는 최소한 자기 집의 시세는 알고 있습니다.

이와 관련해서 제가 지켜본 이야기를 할까 합니다. 25년 동안 친하게 지낸 대학교 후배가 한 명 있습니다. 직업은 공무원이고 미혼인 친구인데 골수 운동권입니다. 평소에도 저는 그 친구에게 자기 집 한 채는 꼭 구입하라고 추천하곤 했습니다. 하지만 그 친구는 저를 비롯해서 부동산 연구나 투자를 하는 사람들을 두고 적폐, 불로소득자, 사회악이라고 스스럼없이 평가했지요. 물론 저와 무척 친했기 때문에 더욱 편하게 이야기할 수 있었겠지만요. 그렇게 관사에서만 살다가 5년 전에 전세를 얻어서 두번 재계약을 했습니다. 그런데 전세 생활을 해 보니 녹록지 않다는 것을 알게 되었지요. 결국 2019년에 역세권 소형 아파트를 구입하기에 이르렀습니다. 그런데 자기 집을 갖게 된 이후 그에게는 아침저녁으로 시세를 확인하는 버릇이 생겼습니다. 자기 집뿐 아니라 주변 시세까지 말이죠. 그러면서 제게도 종종 이런 이야기를 합니다.

"옆 단지가 우리 단지보다 조금 더 비싸진 걸 보니 여기 수요가 더 몰리는 것 같아."

앞에서 소개한 압구정 현대아파트 주민과 비슷합니다. 기본적으로 자기 아파트에 살게 되면 누구보다 그 단지의 시세는 물론이고 장단점을 정확하게 알게 됩니다.

과연 어떤 입지를 봐야 할까요? 출퇴근이 가능한 지역이어야 하겠죠. 역세권이면 더 좋겠고요. 자녀를 키우고 있다면 학교와 학원가도 고려해야 될 겁니다. 동네 보습 학원이 줄면서 학원들이 모여 있는 입지가 고정되었기 때문입니다. 그래서 요즘은 초중고 학교보다 학원가가 위치한 입지를 학군, 학세권이라고 합니다.

성공적인 투자를 위해서는 입지를 봐야 하지만 실상 투자자의 성향에 따라 그 방식은 전혀 다릅니다. 예를 들어 초보 투자자는 괜히 막 지릅니다. 그리고 주변의 술렁임에 많은 영향을 받습니다. 단적인 예가 단체 임장입니다. 주변 사람들이 사겠다고 이야기하면 덩달아 가슴이 두근대지요. 입지가 좋은지 나쁜지 판단하기 전에 싼지 비싼지 시세부터 파악해야 합니다. 2019년 12월, 김해에 위치한 한 단지에서 100세대 미분양이 발생했습니다. 그런데 유명 유튜버가 이 아파트 단지를 대상으로 영상을 제작해 업로드한 후 순식간에 팔려 나갔다고 합니다. 그 아파트 입지가 어떤지, 장단점은 어떤지 알아보지도 않고 투자가 몰린 것이죠. 제가 가장 우려하는 부분, 우리가 가장 지양해야 할 투자가 바로 이런 형태입니다.

2019년 발표된 KB국민은행 부자 리포트를 살펴봅시다. 부동산 자산을 제외하고 10억 원 이상의 금융 자산을 가진, 부자라고 지칭할 수 있는 사람이 전국에 32만 3000명으로 집계되었습니다. 이때 10억 원이라는 기준은 서울 집값보다 낮기 때문에 많은 것처럼 보이지 않는 효과가 있습니다. 하지만 부동산 자산 비중을 살펴보면 큰 금액이라는 것을 단번에 확인할 수 있습니다. 중산층의 경우 부동산 자산은 총 재산의 90% 비중을 차지합

한국 부자 수
(단위 : 명)

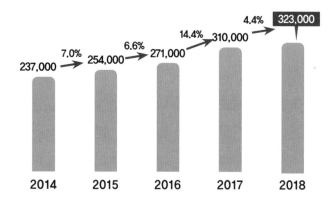

총자산 구성비
(단위 : %)

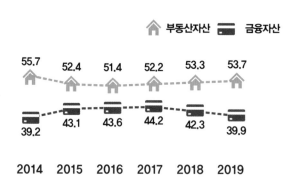

2019년 KB 부자 리포트

부동산을 제외한 10억 원 이상 자산을 보유한 부자의 수는 꾸준히 증가하고 있다.

니다. 하지만 부자들은 60~70%에 불과하죠. 부자들 중에서 가장 많은 구성을 차지하는 재산 규모가 30~70억 원대라고 합니다. 그런데 여기에 부동산 자산까지 포함하면 어떻게 될까요? 수백억 대 부자의 수가 생각보다 훨씬 많다는 의미입니다.

그런데 이 부자들의 대다수는 특별하지 않습니다. 삼성동에 위치한 3~4층짜리 상가 건물, 꼬마 빌딩, 다세대 주택들의 시세가 50억 원 전후입니다. 예전에는 10억 원도 하지 않았을 물건들의 시세가 많이 오른 것이죠. 이 건물의 건물주들이 바로 앞에서 설명한 부자들입니다. 이런 건물 두세 채만 소유하고 있으면 100~200억대 자산가인 것입니다. 중요한 점은 이들은 한 푼의 대출도 없이 평당 1억 원짜리 집을 구입할 수 있다는 것, 그리고 이들 또한 단독 주택보다는 아파트를, 그것도 고급 아파트를 선호한다는 사실입니다. 그런데 이런 아파트의 물량은 많지 않습니다. 강남 3구와 마용성을 포함해 몇 만 세대가 되지 않습니다. 수요는 많은데 물량이 부족하면 가격은 내려갈 수가 없습니다. 부자들은 굳이 싼 물건을 찾지 않으니까요.

결국 현재의 부동산 투자는 과거와 많이 달라졌습니다. 예전처럼 싼 물건을 찾는 활동은 큰 의미가 없어졌습니다. 그보다는 비싸더라도 수요가 많고 미래 가치가 높은 물건을 찾아야 합니다. 물론 저렴하면 더욱 좋습니다. 하지만 중요한 것은 가격보다 가치입니다. 그리고 이를 판단할 수 있는 시야입니다. 그러므로 부동산 투자는 언제나 입지와 상품을 이해하고 분석하는 데서 시작해야 합니다. 그리고 이 분석을 바탕으로 가치를 추정해야 합니다. 이 과정이 완료되어야 비로소 부동산 구입으로 이어질 수 있습니다.

돈이 되는
최고의 핵심 입지 포인트

일자리와 신규 교통망 지역은
언제나 옳다

입지의 중요성은 아무리 강조해도 모자라지 않습니다. 하지만 우리는 구체적으로 어떤 입지를 두고 봐야 할까요? 고려해야 할 키워드는 크게 네 가지로 분류할 수 있습니다. 바로 신규 교통망, 환경 쾌적성 회복 지역, 대형 학원가, 실버 프리미엄입니다.

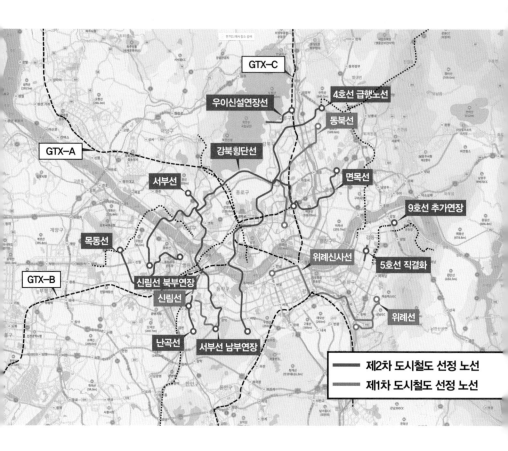

향후 서울 교통망 계획

신규 확충 교통망 중에서도 집중해야 할 부분은 역시 기존 노선의 연장 이슈다.
더 멀리서, 더 많은 인구가 출퇴근이 가능해지기 때문이다.

새로 신설되는 교통망 중에서도 확정된 사업에만 집중해 볼까요? 신규 교통망의 가장 큰 특징은 일자리 지역과 관련이 크다는 것입니다. 경전철 우이선을 제외한 모든 신설 노선이 강남권으로 향하고 있습니다. 앞에서도 설명한 것처럼 서울에서 가장 일자리가 많은 강남구, 종로구, 중구, 여의도를 지난다면 곧 일자리 노선이라고 말할 수 있습니다.

대표적으로 GTX, 신안산선, 신분당선이 있는데 그중에서 가장 빛을 발할 노선은 신분당선입니다. 현재 신사역까지 공사 중이고 앞으로 용산역까지 이어질 전망인데요. 신사역은 3호선, 논현역은 7호선, 신논현역은 9호선, 강남역은 2호선이 각각 지나고 있습니다. 즉 강남권을 향하는 노선이 4개인 것이지요. 신분당선은 이 2, 3, 7, 9호선을 모두 만나는 유일한 광역 철도라는 점을 반드시 주목해야 합니다. 수원시 호매실동까지 연장이 확정되어 있고, 고양시 삼송까지 이어질지는 2020년 총선 이후에 그 결과가 나온다고 하니 기대하면 좋을 것 같습니다.

2022년 개통 예정인 신림선은 2, 7, 9호선 이용객들이 환승하는 노선입니다. 그러므로 신림선 주변의 새 아파트들을 모두 주시할 필요가 있습니다. 특히 2020년 입주 예정인 신길뉴타운의 입지가 높아졌습니다. 지금도 시세가 많이 올랐지만 한 번 더 오를 가능성이 많은 곳이지요. 전세 시세 또한 입주 초기에는 낮겠지만 곧 많이 오를 것입니다.

2019년 착공 예정이었으나 2020년으로 연기된 경전철 동

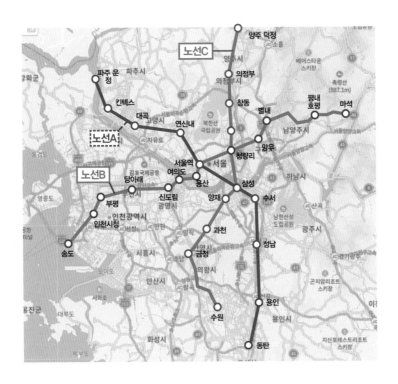

GTX 노선도

A, B, C 3개 노선 개발이 확정된 GTX. 이어서 네 번째 D노선에 대한 전망과 논의가 활발하다.

북선 또한 환승 노선으로써 괜찮을 것 같습니다. 이 노선의 키는 중계동 학원가를 관통하고 있는 은행사거리역입니다. 중계동 학원가의 영향력이 커지고 있기 때문에 이 노선을 타고 학원가를 갈 수 있는 주거 지역들, 즉 이 노선의 역세권들의 시세가 오를 수 있다고 예측할 수 있지요. 아직 착공에 들어가지 않은 4호선과 9호선 연장 구간, 2020년에 개통이 예정된 5호선 연장 구간

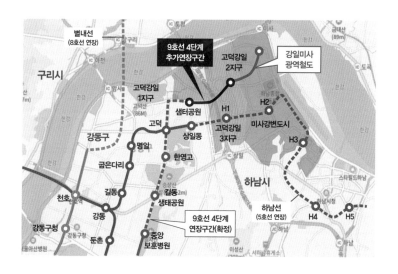

9호선 연장 구간

강동구와 경기도 구리, 하남은 5호선, 8호선, 9호선의 연장 구간을 주목해야 한다.

도 가능성이 큰 지역입니다. 3호선 연장 구간 또한 현재는 오금역까지만 계획되어 있지만 하남 교산신도시가 들어오게 되면 여기까지 이어질 수 있습니다. 그러므로 어느 지역에 지하철역이 생기는지, 어떤 새 아파트들이 있는지 크로스로 살펴보면 더 좋을 것 같습니다.

7호선 연장 뉴스도 꼭 체크해야 할 사항입니다. 2022년에 석남역까지 개통 예정이고, 이후에는 석남을 지나 인천 공항철도까지 연결될 예정이니까요. 그리고 현재 공사 중인 별내선도 중요합니다. 별내선은 8호선의 연장 라인인데, 이 8호선은 현재 강동구 암사동까지 뚫려 있지요. 별내선은 여기를 지나 구리, 다산신도시, 별내신도시까지 이어질 것입니다. 당연히 서울 쪽에 가까운 곳이 더 각광을 받을 것이고요. 현재는 별내가 가장 비싸지만 실제로는 구리, 다산, 별내 순으로 좋다고 볼 수 있습니다. 같은 가격이면 더 좋은 입지를 사야 하는 게 당연하겠죠?

4호선 연장 라인은 진접지구까지 연결됩니다. 하지만 앞에서 설명한 것처럼 노선이 새로 생긴다고 모두 중요한 것이 아니라, 강남까지 가느냐 아니냐가 중요한 것입니다. 그런데 4호선 연장라인은 강남에 미치지 않습니다. 출퇴근이 가능한 범위는 동대문구 정도입니다. 그 이상은 출퇴근 시간이 너무 많이 걸리니까요.

그러므로 진접지구는 4호선이 연결되면 시세가 반짝 오를 수는 있겠지만 그 폭은 크지 않을 것으로 예상됩니다.

마지막으로 강북횡단선 개발을 살펴봐야 합니다. 국책 사업으로서 시간이 많이 걸릴 테지만 교통 취약 지역을 연결하기 때문에 환승역 부근은 충분히 각광을 받을 만합니다.

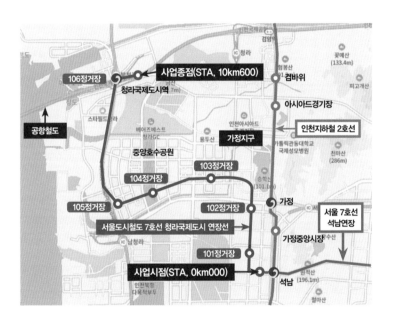

7호선 연장 구간

7호선 연장선은 석남역을 지나 청라국제도시를 관통하고 공항철도와도 연결된다. 이는 인천 지역의 호재가 되고 있다.

4호선 연장 구간

4호선은 당고개를 지나 진접지구까지 이어진다. 덕분에 남양주의 입지는 더욱
좋아질 전망이다.

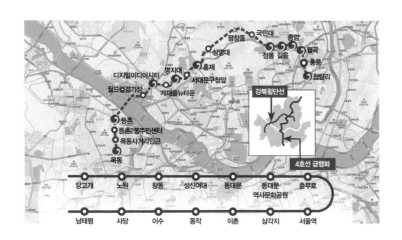

강북횡단선

서울 강북횡단선과 4호선의 급행열차 계획은 강북 지역의 분명한 교통 호재이지
만 단기간에 실현되기는 어려울 전망이다.

대세 트렌드,
환경 쾌적성 회복 지역

서울의 경우 입지 조건은 더 좋아질 수가 없습니다. 그럼 어떻게 해야 할까요? 입지를 개선할 수 없다면 환경이 개선되는 곳을 찾아야 합니다. 즉 비선호 시설이 없어지는 곳을 찾아야 한다는 말이지요.

대표적인 비선호 시설로 군대, 철로, 차량 기지, 송전탑, 발전소, 외국인 집단 거주지, 집창촌, 유흥업소 밀집 지역 등을 들 수 있습니다. 그런데 이런 비선호 시설이 없어지는 입지들이 있습니다. 아이를 키워야 할 부모의 입장에서는 집창촌만 기피해야 할 곳이 아닙니다. 되도록 호프집이나 노래방 같은 유흥업소도, 피시방도 없는 지역에서 살고 싶겠지요.

특히 집창촌은 개인적으로 큰 관심이 있는 곳 중 하나입니다. '청량리 588'을 예로 들어 볼까요? 이곳이 없어진 후에 청량리 주변과 동대문구 전체가 축제 분위기가 되었습니다. 왜냐하면 시세가 2배 이상 올랐거든요. 아마 더 오를 겁니다. 그 이유는 '청량리 588'이 사라지고 동네가 깨끗해졌기 때문입니다. 예전에는 이곳을 자녀들과 함께 지나다닐 수 없었지만 지금은 다릅니다. 아이를 키우며 살기 좋은 곳으로 바뀐 것이지요.

또 다른 예로 용산역 근처 주상복합 주택 '푸르지오 써밋'을 들 수 있습니다. 이 자리도 예전에는 집창촌 부지였습니다. 그래서 예전에는 그쪽으로 사람들이 잘 다니지 않았지요. 하지만 현재는 동네가 활성화되었고, 심지어 근처에 BTS의 소속사로 유명한 빅히트 엔터테인먼트의 사옥이 들어올 예정이라고 합니다.

하지만 아직 서울에는 몇몇 유명한 집창촌들이 남아 있습니

천호·성내재정비촉진지구

강동구에서 강남과 가장 인접한 지역이 바로 천호동이다. 그래서 '천호동 텍사스' 부지에 들어설 고층 주거 지역에 대한 관심과 기대도 크다.

다. 영등포 타임스퀘어 밑 쪽방촌은 박원순 서울 시장이 개발과 함께 활성화시키겠다고 했고, 종암동 '미아리 텍사스'에서는 2개의 조합이 형성되어 굉장히 빠른 속도로 개발이 진행 중입니다. 천호뉴타운에 위치한 '천호동 텍사스'도 모두 없어질 겁니다.

일반적으로 사람들은 이런 입지에 투자하길 꺼립니다. 왜냐하면 집창촌 포주들에게 월세를 받는 상황이 껄끄럽기 때문입니다. 하지만 발 빠른 사람이라면 역 근처 부지나 혹은 아예 메인 입지에 들어갑니다. 다른 사람들이 사지 않는 곳들에 과감하게 투자하는 것도 좋은 투자 방법 중 하나입니다.

그 지역의 환경을 따져 볼 때 백화점 유무 체크는 필수입니다. 최근 롯데가 슈퍼마켓을 포함해 200곳의 마트를 없앤다고 발표했습니다. 그만큼 현재 마트가 줄어들고 있는 추세입니다. 하지만 서울에 위치한 백화점은 결코 없어지지 않습니다. 왜냐하면 백화점 매출은 점점 증가하고 있기 때문이지요. 신세계백화점 강남점의 경우 2019년 매출액은 무려 약 2조 400억 원을 기록하며 국내 1위를 차지했습니다. 왜 이렇게 백화점의 매출이 증가할까요? 마트의 물건들은 인터넷에서 구매가 가능하지만 명품들은 오직 백화점에서만 구매가 가능하기 때문입니다. 즉 사람들이 몰리는 백화점 근처 입지는 인기가 높을 수밖에 없습니다.

순위	점포명	매출(억 원)	순위	점포명	매출(억 원)
1	신세계 강남점	20,373	30	신세계 의정부점	3,570
2	롯데 본점	17,338	31	현대 충청점	3,380
3	롯데 잠실점	15,210	32	롯데 창원점	3,273
4	신세계 센텀시티점	11,460	33	현대 킨텍스점	3,237
5	롯데 부산본점	10,073	34	갤러리아 센텀시티점	3,164
6	현대 판교점	9,204	35	롯데 광주점	3,158
7	현대 무역점	8,921	36	롯데 울산점	2,945
8	현대 본점	8,520	37	롯데 대구점	2,925
9	신세계 대구점	7,970	38	롯데 청량리점	2,875
10	신세계 본점	7,788	39	신세계 충청점	2,801
11	갤러리아 명품관	7,465	40	롯데 전주점	2,786
12	현대 목동점	6,734	41	롯데 수원점	2,739
13	갤러리아 타임월드점	6,502	42	롯데 강남점	2,686
14	현대 대구점	6,404	43	현대 디큐브시티점	2,592
15	신세계 광주점	6,188	44	롯데 중동점	2,537
16	신세계 경기점	5,808	45	롯데 대전점	2,522
17	롯데 인천터미널점	5,553	46	롯데 동래점	2,301
18	AK 수원점	5,390	47	롯데 구리점	2,272
19	현대 중동점	4,925	48	롯데 일산점	2,218
20	롯데 영등포점	4,671	49	롯데 분당점	2,014
21	롯데 노원점	4,641	50	신세계 하남점	1,985
22	AK 분당점	4,610	51	롯데 센텀시티점	1,965
23	신세계 영등포점	4,569	52	롯데 김포공항점	1,936
24	현대 신촌점	4,292	53	갤러리아 수원점	1,921
25	롯데 광복점	4,240	54	AK 평택점	1,919
26	롯데 평촌점	4,156	55	롯데 미아점	1,876
27	현대 울산점	4,015	56	롯데 안산점	1,793
28	현대 천호점	3,976	57	신세계 김해점	1,727
29	현대 미아점	3,701	58	롯데 포항점	1,714

59	현대 부산점	1,707	64	AK 원주점	1,435
60	롯데 건대스타시티점	1,704	65	롯데 관악점	1,353
61	갤러리아 진주점	1,596	66	현대 동구점	1,117
62	롯데 상인점	1,573	67	롯데 마산점	915
63	신세계 마산점	1,476			

전국 백화점 매출액 상위 67개점(2019년)

대형 마트의 매출은 점점 줄지만 백화점의 매출은 반대로 증가하는 추세다. 백화점 인근 지역에 사람과 수요가 몰린다는 것을 알 수 있다.

교육·실버 프리미엄이
시장을 흔든다

가격이 오르는 입지의 또 다른 조건은 바로 교육 프리미엄입니다. 한 신문 기사에서 64쪽의 자료를 소개했는데요. 현재 초등학교 2학년 학생 수에서 6학년 학생 수를 뺀 수치를 제시하면서 이 수치가 높은 지역이 '좋은' 지역이라고 해석했습니다. '전체 아이들의 수는 점점 줄어드는데 이 지역들은 저학년의 수가 많아지고 있으니 인구가 증가하는 지역이다'라는 논리였죠. 물론 맞을 수도, 틀릴 수도 있습니다. 분명한 것은 그 기사의 해석은 단편적

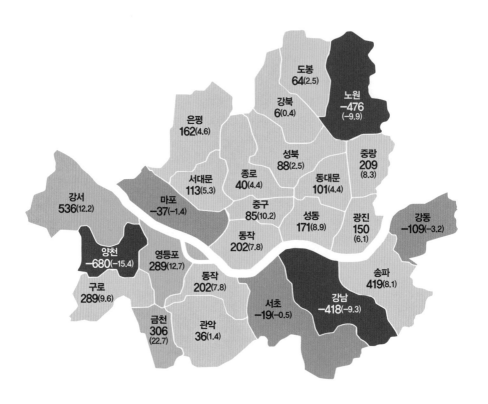

4년 후 초6 학생 수 변화

2019년 초등학교 2학년 학생 수에서 초등학교 6학년 학생 수를 뺀 수치. 괄호 안의 숫자는 증감률(%)을 나타낸다. (출처: 종로학원하늘교육)

이라는 사실입니다. 실제로는 저학년 아이들의 수가 줄어든 노원구, 양천구, 강남구가 더 좋은 지역으로 평가받으니까요.

그렇다면 왜 노원구, 양천구, 강남구의 저학년 학생 수가 마이너스가 되었을까요? 초등학교 고학년이 되었을 때 원하는 중학교와 고등학교, 학군이 좋은 지역의 학교에 배정받기 위해서는 그 지역에 거주해야 합니다. 그러므로 저학년 때는 주로 다른 지역에서 살다가 고학년이 되면 학군이 좋은 지역으로 이사를 오게 되는 겁니다. 그러므로 현재에는 저학년 학생 수가 적지만 나중에 고학년 학생 수가 많아지는 지역이 더 좋은 학군 입지인 것이죠.

결국 교육 프리미엄도 부동산 시장의 가장 중요한 핵심 요소 중 하나입니다. 하지만 사실 그 프리미엄은 조금씩 줄어들고 있는 상황입니다. 그 이유 역시 출생률과 관련이 있습니다. 1970년대에는 매해 출생아 수가 100만 명을 넘었습니다. 하지만 그 수치는 점점 줄어들었고 2019년에는 약 27만 명, 1970년대의 4분의 1을 기록했습니다. 교육을 받을 인구가 줄어드니 자연스레 교육 프리미엄의 중요도도 떨어질 수밖에 없습니다.

이렇게 줄어드는 세대가 있는가 하면 반대로 늘어나는 세대도 있습니다. 바로 은퇴하는 사람들, 실버 세대죠. 이들은 어떤 입지를 선호하게 될까요? 아마도 늙어 죽을 때까지 살고 싶은 곳이나 주택이지 않을까요?

　시니어 레지던스 중 하나인 더클래식500의 입지를 살펴보겠습니다. 건대입구역은 2호선과 7호선이 지나는 더블 역세권입니다. 근처에는 건국대학교를 비롯해 2곳의 종합 병원, 롯데백화점, 이마트, 스타시티몰, 롯데시네마가 위치하고 있지요. 또한 재래시장이 있고 한강과 녹지 공원이 가깝습니다. 물론 초중고교

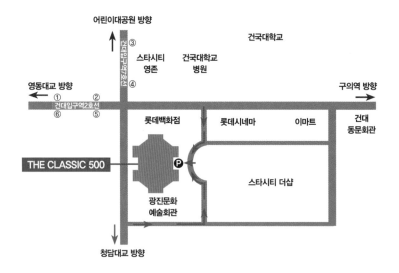

더클래식500 입지

건대입구역은 전통적으로 젊음의 거리이기도 했지만 앞으로는 실버타운으로 각광을 받을 예정이다.

는 없지만 아마 학군 때문에 건대입구역 근처로 이사를 가는 사람은 없을 겁니다.

더클래식500의 주거 시설은 44평 단일 평형대입니다. 방도 하나뿐인 일종의 임대 아파트입니다. 하지만 실버 세대를 위한 최적의 입지 조건을 갖추고, 이들을 위한 맞춤형 메디컬, 커뮤니티, 문화생활 서비스를 제공하고 있습니다. 보증금 8~12억 원, 월세는 300~500만 원인데도 이미 만실이고 대기자만 50명이 넘습니다. 그만큼 금전적인 여유가 되는 실버 세대, 그리고 경제력이 있는 사람들끼리 모여 살고 싶은 수요가 많다는 뜻입니다. 이런 실버 프리미엄 트렌드, 늙어 죽을 때까지 머물고 싶은 곳에 대한 수요는 앞으로도 계속 이어질 것입니다. 지하철, 대형 병원, 즐길 거리, 쇼핑 거리가 가까운 입지에 대한 수요 말이죠.

실버 트렌드의 연장선에서 전국의 대형 병원이 위치한 입지를 살펴보는 것도 투자에 큰 도움이 됩니다. 대형 병원의 기준은 500개 이상의 병상을 보유한 규모입니다. 이런 대형 병원이 위치한 곳 주변은 양질의 주거 환경이 됩니다. 여기에 지하철역까지 가까우면 아주 좋죠. 대표적인 예로 서울 송파구의 아산병원, 서대문구의 세브란스병원, 강남구의 삼성서울병원, 양천구의 이대목동병원, 강동구의 중앙보훈병원 등을 참고하면 좋겠습니다.

더클래식500

나이가 들수록 비슷한 처지의 이웃과 어울려 살고 싶은 욕구가 높아진다. 실버
세대의 이러한 욕구는 부동산 수요에 그대로 반영될 것이다. (출처: 더클래식500
홈페이지)

주상복합에 대한 수요 증가도 실버 트렌드와 깊은 관련이 있습니다. 사실 일반 아파트와 주상복합을 비교하면 일반 아파트의 인기가 압도적입니다. 비율로 따지면 85 대 15 정도로 볼 수 있는데, 주상복합의 인기 비중은 30까지 오를 것으로 전망됩니다. 서울 송파구 가락동에 위치한 9510세대 대규모 단지인 헬리오시티를 살펴볼까요? 부지가 얼마나 넓은지 맨 끝 동에서 단지 입구까지 빠른 걸음으로 약 15분가량 걸립니다. 젊은 세대에게는 이 광활한 부지가 자랑이 될 수도 있겠지만 80대 노인들에게는 전혀 그렇지 않습니다. 이들은 엘리베이터로 모든 것이 해결되는 주거지를 선호할 수밖에 없습니다. 실버 세대가 늘수록 주상복합의 인기와 수요도 커질 수밖에 없는 상황이 된 것입니다. 심지어 병원, 쇼핑, 지하철 등 편의 시설이 가깝다면 이보다 더 좋을 수가 없겠지요.

병원명	총 병상 수	입원실 수
서울아산병원	2,818	2,422
연세대세브란스병원	2,531	2,184
삼성서울병원	2,066	1,729
서울대병원	1,813	1,571
가천길병원	1,440	1,213
서울성모병원	1,327	1,114
분당서울대병원	1,319	1,103
아주대병원	1,168	927
고대구로병원	1,074	939
인하대병원	917	780
건국대병원	916	782
고대안암병원	915	777
경희대병원	878	762
강남세브란스병원	873	735
한림대성심병원	872	734
이대목동병원	855	716
한양대병원	855	744
중앙대병원	848	732
순천향대서울병원	748	644
강북삼성병원	720	638
인제대상계백병원	710	589

전국 대형 병원 순위

실버 세대에게는 주거 환경도 중요하지만 의료 환경도 매우 중요하다. 그래서 거
주지를 선택할 때 병원과의 접근성을 고려하게 된다.

10년 후
어디가 오를 것인가

좋은 입지와 덜한 입지를 구분하는 또 다른 기준으로 정부의 지침을 들 수 있습니다. 서울시와 세종시에 지정한 투기지역이 대표적인 예가 되겠습니다. 이 지역들은 실수요가 많기 때문에 투기꾼들이 들어오지 못하도록 제재를 가한 곳입니다. 하지만 실수요가 많으면 가격은 상승합니다. 비싸지죠. 그리고 전세가와 매매가의 갭이 커집니다. 투자자들이 좋아할 수 없는 조건이 됩니다. 그럼에도 불구하고 실수요는 항상 많고 꾸준히 증가합니다. 비싼 지역, 투기지역이 점점 더 비싸지는 이유가 여기에 있습니다.

서울시 전 지역을 비롯해 경기 일부와 대구 수성구, 세종시를 아우르는 투기과열지구도 투기지역처럼 정부가 좋은 입지라고 인정한 곳이나 다름없습니다. 다만 투기지역과 다른 점은 신축 위주로 수요가 몰린다는 것입니다. 마지막으로 조정대상지역은 투자 수요의 증감에 따라 가격이 변동합니다. 투자 수요는 규제지역 지정 유무에 따라 달라집니다. 조정대상지역은 앞서 설명한 투기과열지구에 더해 고양, 남양주, 수원, 용인, 부산 일부 등을 아우르는데 이 지역들은 규제지역으로 지정되었다가 해제되기를 반복합니다. 그래서 수요는 늘었다가 줄었다가 합니다. 단기 갭투자를 고려하는 투자자라면 이 부분이 중요합니다. 수요가

고분양가 관리지역	집값 상승 선도지역

• 서울 27개 자치구
• 경기 과천시, 광명시, 성남 분당구, 하남시
• 부산 동래구, 수영구, 해운대구
• 대구 수성구, 중구
• 광주 광산구, 남구, 서구
• 대전 서구, 유성구
• 세종시
	• 서울: 강남, 서초, 송파, 강동, 영등포,
	  마포, 성동, 동작, 양천, 용산, 중구,
	  광진, 서대문(13개 구)
	• 광명: 광명, 소하, 철산, 하안
	• 하남: 창우, 신장, 덕풍, 풍산
	• 과천: 별양, 부림, 원문, 주암, 중앙

고분양가 관리지역과 집값 상승 선도지역
고분양가 관리지역의 신규 아파트 분양가는 인접 아파트의 분양가보다 일정 비율 이상 비싸게 책정하지 못한다.

몰리기 전에 좋은 아파트를 골라 구입했다가 수요가 몰리면 매도하는 것이지요.

좋은 아파트를 선택하는 또 다른 기준은 고분양가 관리지역을 보면 알 수 있습니다. 높은 분양가가 예상되는 지역을 관리하기 위한 정부의 리스트인데요. 서울 전 자치구를 비롯해 경기 과천, 광명, 성남, 하남, 부산의 동래구, 수영구, 해운대구, 대구 수성구, 세종시가 여기에 포함되어 있었습니다. 그런데 광주, 대전 일부 자치구가 추가되었지요. 이 지역에 위치한 새 아파트들은 가격이 많이 오를 것이라고 보면 되겠습니다.

2019년 12월 16일, 정부에서 다시 한 번 좋은 입지를 정리해 주었습니다. 바로 '집값 상승 선도지역'이라는 이름으로 말이죠. 서울의 강남, 서초, 송파, 마포, 동작 등 13개 자치구와 경기 광명, 하남, 과천은 아무리 규제를 하더라도 결국 가격이 오를 것이라는 해석이 가능합니다. 물론 비싸도 실거주 수요자들은 구매하겠지요. 그런데 성남은 여기에 들지 못했습니다. 성남 중에서도 중원구와 수정구의 입지 조건이 상대적으로 약간 아쉽기 때문입니다. 만약 이 지역에 신규 아파트가 들어서게 된다면 성남도 충분히 집값 상승 선도지역의 한자리를 차지하게 될 것입니다.

집값 상승 선도지역에 비해 정비사업지역은 아직까지 입지가 좋지 못합니다. 당연히 현재 가격도 상승 선도지역에 비해 저렴합니다. 하지만 정부에서 정비사업을 하고, 기반 시설을 확충하게 되면 입지는 개선됩니다. 즉 싼데 좋아질 곳이기 때문에 수익률 측면에서는 가성비가 높은 곳이라고 할 수 있습니다. 이런 맥락에서 관심을 가져야 할 지역이 바로 서울 강서, 노원, 동대문, 성북, 은평입니다. 이처럼 일자리 확대, 신규 교통망 확충, 환경 복원, 학원가와 실버타운뿐 아니라 정부의 규제지역 지정과 정비 소식은 분명 호재임에 틀림없습니다.

얼마나 많은 수도권 인구가 하루 동안 서울로 통행할까요? 단연 성남시와 고양시에서 서울로 출퇴근하는 사람이 가장 많습니다. 고양시는 52만 명, 성남시는 53만 명을 넘습니다. 직장은 서울에, 거주지는 고양과 성남인 사람이 무려 100만 명을 넘습니다. 이들은 모두 서울의 잠재 수요층이라고 할 수 있고, 더 나아가 이 두 지역은 사실상 서울이라고 봐도 무방할 정도입니다. 서울에 대한 수요, 잠재 수요가 몰린 만큼 이 두 지역의 부동산 시세는 계속 상승할 것입니다. 그렇다면 이 외에 10년 후에도 시세가 평균 이상으로 상승할 만한 지역은 어느 곳일까요?

서울 압구정, 한남, 여의도, 목동의 아파트는 평당 1억 원 이상을 고려해야 할 것입니다. 지금도 그리고 앞으로도 비쌀 지역

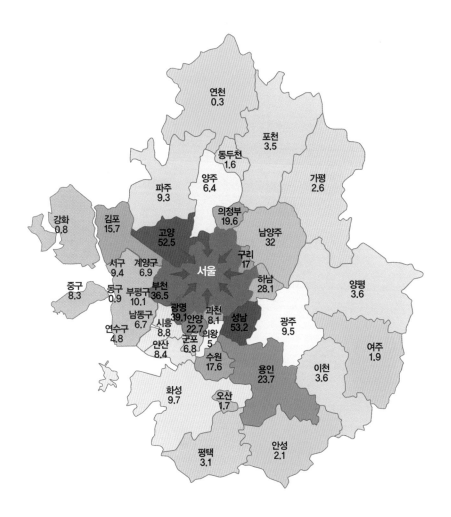

수도권 출퇴근 · 등하교 이동 인구수

당연하지만 서울과 인접한 지역일수록 서울로 통행하는 사람이 많고, 멀수록 적다. 부동산 시세도 이와 비례해 가까울수록 비싸고, 멀수록 싼 경향을 보인다. (단위: 만 명)

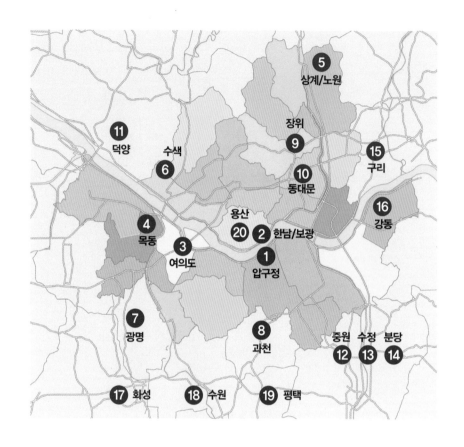

10년 후 부동산 가치 상승 지역

10년 후 부동산 가치가 평균 이상으로 상승할 것으로 예상되는 지역 20곳이다.
말 그대로 상대적으로 더 많이 오를 곳이다.

이니까요. 서울 상계, 노원, 수색, 장위, 동대문과 경기 광명, 과천은 상대적으로 낮은 시세로 투자를 할 수 있습니다. 경기도에 속하면서도 서울이나 다름없는 지역은 수요와 시세가 상승할 것입니다. 고양시 덕양구와 성남시 중원구, 수정구, 분당구가 대표적입니다. 입지도 점점 좋아지고 있지요. 개인적으로 일산 서구, 동구 킨텍스 일대를 제외하면 덕양구의 가치가 더 크게 상승할 것으로 예상됩니다. 8호선이 연장되어 별내선이 지나게 될 구리시는 사실상 서울의 역할을 할 것입니다. 서울 내에서는 강동구의 약진이 기대됩니다. 3만 세대에 육박하는 새 아파트 단지가 들어설 테니까요. 입주 물량의 증가 덕분에 입지도 좋아지게 될 것입니다. 서울 내에서도 흔치 않은 기회이기도 합니다.

경기도 화성, 수원, 평택도 꾸준히 일자리, 교통망, 새 아파트가 늘고 있는 지역입니다. 평택과 수원에 위치한 단지 중에서 미분양은 좋지 못한 선택입니다. 대신 프리미엄이 붙은 아파트를 고르는 것이 좋습니다. 미분양이 되거나 프리미엄이 붙는 데에는 다 그만한 이유가 있으니까요. 중장기 투자를 고려하고 있다면 프리미엄을 주더라도 나쁘지 않은 선택입니다. 오히려 프리미엄이 높게 책정되지 않았을 때 결정하는 것이 효과적일 수 있지요.

마지막 추천 지역은 용산입니다. 용산은 사실상 주거 지역이 아닙니다. 하지만 일자리가 급격하게 증가할 것으로 예상되기 때문에 주목해야 합니다. 지금까지는 미군 용산 기지 특별 관리 구역이었기 때문에 어떤 건물도 짓지 못하고 특별한 개발도 불가능했습니다. 하지만 용산 국제업무지구 개발 사업이 본격화되면 지금의 테헤란로처럼 변모할 것입니다. 그렇게 되면 어마어마한 수의 일자리가 마련될 텐데요. 용산 주변으로 여의도, 마포, 종로, 중구, 은평, 서대문, 동작, 관악, 성동 모두 용산이라는 메인 일자리 지역으로 출퇴근할 수 있는 입지가 됩니다.

결국 부동산, 아파트 투자의 시작과 끝은 입지와 수요입니다. 이 둘은 서로 떼어 놓고 생각할 수 없는 관계입니다. 앞에서 살펴본 것처럼 일자리, 교통, 교육과 노후처럼 저마다의 상황에 따른 욕망은 수요를 부르고 수요는 시세와 가격에 반영됩니다. 좋은 입지가 오르고, 수요가 많아지는 곳이 오릅니다. 앞으로 더 나아질 곳을 살필 수 있다면 여러분의 투자는 언제나 성공할 것입니다.

아파트 소유가
곧 신분인 시대가 온다

풋풋 ◦ 빠숑

최근 어떤 활동을 하고 계신가요?

언제나처럼 열심히 부동산 연구를 합니다. 또 2020년 1월에 '스마트튜브'라는 새 회사를 설립했어요. 그간 '리서치그룹'의 부동산 조사소장으로 소속되어 있었는데, 이제 완전 독립하게 된 거죠.

기존에 하던 일과는 어떤 차이가 있나요?

예전부터 해 온 아파트 수요 조사, 상품 조사 등의 일은 그대로 해요. 리서치업이 마진율이 낮아요. 완전 3D 업종이거든요. 지금까지는 외부 의뢰 용역을 위주로 진행했었는데, 이제는 연구소 자체 연구 용역을 많이 늘리고자 해요. 이렇게 개발한 콘텐츠를 유료로 판매할 계획도 있어요.

긴 시간 동안 조사 회사 소속으로 일하시다가 독립을 생각하게 된 이유는 무엇인지요?

20년 정도 리서치 업무를 하다 보니까 정보가 너무 많다는 생각이 들었습니다. 오히려 일반인들의 판단에 도움이 안 되겠더라고요. 그래서 실질적인 도움이 되는 분석으로 꼭 필요한 분들께만 정보를 공유하는 쪽으로 가고 싶어요.

2018년 〈PD 수첩〉에 의해 적폐로 몰리셨는데…… 실제로 그런 사람들도 있겠죠?

찍어 주기 강의하는 나쁜 사람이 없지는 않죠. 그렇지만 제가 그런 사람하고 같은 분류로 묶이는 게 너무 싫었어요. 저는 단 한 번도 유료 컨설팅을 한 적이 없고, 세금도 규정대로 다 냅니다. 제 연구 결과를 비판하는 건 얼마든지 있을 수 있죠. 그런데 찍어 준 물건을 중개하는 것처럼, 저와 전혀 관계도 없는 일로 가짜 뉴스를 만드는 방송이 안타까울 뿐입니다.

15억 이상 아파트,
현금 넘치는 부유층의 세상이니 신경을 끄자

2019년 12월 16일, 새로운 부동산 정책 발표가 굉장히 시끄럽던데 어떻게 생각하셨습니까?

다들 강력한 정책 아니냐 하는데, 우선 다주택자들에게는 이전 2019년 9·13 대책과 큰 차이는 없다고 봅니다. 다만 그전까지는 투자층만 규제했었는데 이제 실수요층까지 규제를 강화한 것만 다를 뿐이죠. 결국 '돈 있는 사람들만 서울에 양질의 아파트를 사고, 현찰이 충분하지 않으면 서울 밖으로 나가라'는 겁니다. 그럼 정부의 목적은 뭐냐? 집값을 내리는 게 아니라, 세금을 안정적으로 낼 수 있는 사람들만 세금을 많이 내는 곳에 살게 하고 싶은 것이죠.

돈 있는 사람들만 서울 아파트를 사면 정부에 좋을 게 뭐죠?

세금은 늘고 조세 저항은 사라집니다. 부자들도 세금 많이 내는 것에 불만이야 있지만, 어차피 돈이 많아서 큰 상관은 없습니다. 반면 중산층과 서민층은 세금이 조금만 올라가도 불만이 증가합니다. 바로 정부를 욕하고 여당 쪽에 투표를 안 하겠죠.

지방도 시세는 오르지 않습니까?

그렇죠. 어차피 서울은 돈 많은 실수요 사람들만으로도 오르게 되니까요. 반면 지방은 투자자들이 들어가야 가격이 오릅니다. 서울이든 지방이든 세금을 더 걷겠다는 목적에는 부합되는 거죠.

그래도 이 정부의 숙원 중 하나가 집값 안정화 아닌가요?

부동산 시세 하락은 문재인 정부뿐 아니라 어느 정부도 원하지 않을 겁니다. 국가 예산을 만드는 세금을 줄이고 싶어 하는 정부가 어디 있겠어요. 다만 중산층과 서민의 불만이 폭발하지 않아야 하니 서서히 오르길 원하겠죠.

현재 집값 상승이 정부의 책임이라 보는지요?

대세와는 무관하지만 단기 영향은 있습니다. 이번 정부의 최대 실책은 공급을 줄인 것이죠. 미래에 공급이 없다는 불안 심리가 생기면 비싼 걸 알면서도 사게 됩니다. 서울 아파트는 가격이 너무 올라서 어차피 투자자들이 놀 수 있는 시장이 아니에요.

그럼 서울 아파트는 누가 삽니까?

현찰 많은 사람이 사는 겁니다. 어차피 다주택자는 대출이 안 나와요. 돈 많은 사람이 실거주 목적으로 사는 거죠. 그럼 이 사람들이 왜 2~3채를 사는가? 자식한테 증여해 주려는 겁니다. 양도소득세가 많이 올랐는데 증여세는 여전히 세율이 낮지요. 그렇게 서울의 좋은 아파트는 세금을 충분히 낼 만큼의 경제력이 있는 자들의 세계가 될 겁니다.

9억에서 15억, 당분간 1주택자들의 이사 수요로 남을 것

이번에 대출 기준선이 9억 원이 된 것에 대해서는 어떻게 생각하세요?

역시 아무 의미 없다고 봅니다. 옛날에 6억 원일 때도 마찬가지였죠. 그냥 9억은 세금을 많이 부과해도 기꺼이 낼 수 있는 사람들까지만 규제하겠다는 거죠. 3년 전 김민규(구피생이) 님이 《돈이 없을수록 서울의 아파트를 사라》라는 책을 썼잖아요. 그땐 그게 가능했어요. 악착같이 1~2억 모아서 대출 잔뜩 받아서 살 수 있었죠. 1~2억이 작은 돈은 아니지만 못 모을 돈도 아닙니다. 그런데 지금은 '돈이 없는 사람들은 서울에 아파트를 살 수 없는' 시대로 바뀐 겁니다.

그렇다면 돈이 없음의 기준이 얼마일까요?

정확히 말하면 15억 이하는 서울의 양질의 주택을 살 수가 없습니다. 정부가 15억 이상부터는 대출이 안 나온다고 기준을 정해 줬잖아요. 8억짜리 아파트를 사려고 할 때 대출이 40%까지 나오죠? 그럼 5억은 가지고 있어야 해요. 무주택자가 5억 원 모으려면 대기업에 다니는 맞벌이 부부도 쉽지 않을 겁니다. 그러니까 15억 원 이상은 상류층의 세계로 끝났고, 9억 원 이상도 어지간한 중산층은 쉽지 않을 겁니다.

좀 저렴한 아파트를 사서 '존버'할 수도 있지 않을까요?

이미 강북의 새 아파트들은 기본이 15억 원이라 봐야 합니다. 청량리 새 아파트들 분양가가 평당 2800만 원인데, 아직 공사 중이니 준공될 때 즈음이면 100% 15억 원을 넘습니다. 마용성 새 아파트도 다 15억 넘었잖아요. 입지가 좋은 아파트도 아니에요. 그냥 새 아파트는 다 이렇습니다. 서울 아파트의 양극화라는 흐름 자체는 이전부터 있었지만, 저도 이렇게 빠른 초양극화로 갈 줄은 몰랐죠.

그러면 9~15억 원 아파트 시장은 누가 바라봐야 합니까?

1주택자의 이사 수요가 상당수인 시장이라고 봅니다. 그들은 항상 조금 더 좋은 집으로 가고자 하니까요. 저는 항상 지금 사는 집보다 조금 더 좋은 입지, 조금 더 좋은 아파트로 가라고 이야기합니다. 단순히 투자가 아니라, 그래야 다음 미래 가치가 확보되는 곳으로 갈 수 있어요.

이미 그럭저럭 좋은 아파트에 올라탄 분들은 여전히 주목할 만하군요.

그런데 매물도 없고 대출이 안 나와서 이 시장도 당분간 좋지 않을 겁니다. 지금 구성비가 1주택자 60%, 무주택자 30%, 다주택자 10%입니다. 그런데 10% 막으려고 1주택자와 무주택자 90%의 시장을 막아 놓은 게 지금의 시장인 셈이죠.

양도세를 조절해서 거래를 더 촉진할 수도 있지 않을까요?

이번에 완화책이라고 나왔는데 사기에 가까워요. 10년 동안 소유한 사람만 한시적으로 양도세를 완화하는데, 10년 동안 소유한 사람들은 투자자가 아니에요. 비자발적으로 어쩔 수 없이 잡은 아파트죠. 재건축 때문에 평생 갖고 갈 주택이거나, 결국 안 팔 아파트와 내놔도 안 팔리는 아파트만 남아요. 그런 건 시장에 나와도 아무 영향이 없습니다.

다수 실수요자가 원하는 아파트는 투자자들, 선수들이 단기적으로 샀던 아파트입니다. 그 아파트에 대한 규제를 한시적으로라도 풀어 줘야 해요. 6개월 동안 풀고 다시 묶으면 되잖아요. 결국 풀어 줄 생각이 전혀 없었던 거죠.

그래도 되도록 좋은 아파트를 사야 하는 이유

그러면 무주택자나 그다지 좋지 않은 1주택자는 어떤 아파트를 사야 합니까?

많은 분이 그렇게 물으시는데 답변은 정해져 있습니다. 가능한 한 제일 좋은 걸 사면 됩니다. 그러면 시간과 정부가 시세를 올려 줄 겁니다. 막말로 평당 1억인 아크로리버파크를 살 수 있다면 그걸 사는 게 제일 이익이죠.

조금만 더 현실적으로 이야기해 주십시오.

사실 아직 대안은 많습니다. 서울 안에서 경제력이 되는 한 가장 좋은 입지를 찾아야지요. 우선 서울의 개념을 분명히 해야 할 것 같은데, 행정구역상 서울뿐 아니라 서울 도심 근접성도 고려해야 합니다. 용산에서 컴퍼스로 원을 쫙 그려 봐요. 광명, 과천, 성남, 하남, 다산신도시, 고양시 덕양구는 이 원 안에 들어가요. 그런 곳을 이야기한 거죠. 과천은 이미 가격이 서초구급이에요.

집값이 급등했으니 실수요자 입장에서는 정부의 대출 규제가 풀리길 기대하는 게 맞지 않나요?

그사이 집값이 또 올라 있겠죠. 좋은 곳일수록 더 오를 거고요. 그런데 책임지는 사람이 없어요. 정부는 만능이 아니에요. 주택 가격을 하락시킬 수 없어요. 지금 정책으로 할 수 있는 건 다주택자에게 부담 주는 거예요. 그런데 정부가 해야 할 일은 안 해요. 무주택자들, 실수요자들에게 지금이라도 아파트를 사라고 해야죠.

그러려면 대출을 많이 해 줘야 하는데 규제로 묶여 있지 않습니까?

무주택자들 같은 경우는 그래도 대출 여건이 그렇게까지 까다롭진 않아요. 그런데 그런 혜택들을 적극적으로 홍보도 안 해요. 김현미 장관이든 문재인 대통령이든 홍남기 경제부총리든 공식 석

상에서는 집 사란 얘기는 단 한 번도 안 했어요. 가급적이면 사지 말라는 신호만 줬죠.

뭐, 이제 와서 사는 것도 보통 힘든 게 아니지 않습니까?
저는 힘들게 살아가더라도, 좀 더 좋은 아파트를 찾기 위해 노력하는 게 현명하다고 봅니다. 부동산 비싸다고 못 산다는 사람들이 있는데, 사실 지금 중소기업에 다니는 사람들은 특공이 되거든요. 이런 걸 모르시는 게 너무 안타까워요.

특공이라니요?
특별공급, 즉 0순위로 청약에 당첨될 수 있어요. 그런데 그런 것들조차 몰라서 시도를 안 해요. 가구 합산 소득 7000만 원 이하면 특공이 돼요. 신규 아파트면 입지가 안 좋아도 어지간하면 가격이 올라요. 그래서 저는 정부가 잘못됐다 생각하는 부분이 있어요. 이렇게 고생하며 돈 모으는 분들도 집 살 수 있다고 홍보해야 하잖아요. 그런데 이런 이야기를 안 하니까 여유 있는 사람들만 주워 가지요.

아무리 그래도 서울 집값이 이렇게 올랐는데 살 수 있는 게 있나 싶긴 한데……

이게 숫자의 착시도 있습니다. 2019년 서울 아파트 가격이 3.29% 정도 상승했어요. 그런데 강남의 어지간한 아파트는 10억씩 올랐거든요. 다들 50% 이상 오른 거죠. 그러니까 오른 아파트는 엄청 올랐지만, 오르지 않는 것들은 빠졌단 거예요. 오래된 '나홀로' 아파트는 다 빠졌고 입지 좀 별로다 싶은 곳도 빠졌어요. 10억짜리 아파트 1채가 10억 원 오르고, 3억짜리 아파트 10채가 3000만 원 빠지면 7억 원 오른 걸로 돼요. 생각보다 빠진 아파트가 엄청 많아요.

급하다고 아무 아파트나 사지 않아야 하는 이유

그럼 언젠가 서울 아파트는 재건축될 테니 낡은 아파트 사서 존버하는 건 어떨까요?

입지 좋은 곳이면 가능합니다. 입지 나쁜 데는 불가능해요. 강북 사는 중산층과 서민들은 추가 분담금을 낼 돈이 없으니까요. 그러니까 더 많은 사람이 들어오게끔 정부가 용적률을 높여서 사업성을 높이는 수밖에 없어요. 대신 이익이 남으면 세금으로 가져가면 되지요. 실수요자는 공급이 늘고 국가는 세금이 늘고, '윈윈'입니다.

경기도는 어떻게 보시는지요?

3기 신도시를 서울과 1기 신도시 사이에 만드는데 그러면 2기 신도시는 죽습니다. 2기 신도시가 김포, 파주, 운정, 양주, 옥정 등인데 아직 활성화가 안 됐어요. 전철까지 뚫린 김포가 아직 평당 1000만 원 수준이에요. 그런데 3기 신도시가 서울에 더 가깝다? 2기 신도시는 못 버티죠. 장기적으로 3기는 괜찮다고 봅니다.

그럼 2기 신도시는 어떻게 되는 거죠?

이미 기반 시설이 찬 2기 신도시들, 판교, 광교, 동탄2신도시는 좋습니다. 그 외의 2기 신도시는 잘 모르겠습니다. 2020년 3기 신도시 토지 보상이 끝나면 5년 안으로 공급을 한다고 하는데, 그렇게 되면 활성화가 안 된 2기 신도시는 100% 죽습니다. 심지어 그 뒤에 있는 1기 신도시, 일산 일부도 죽을 가능성이 있지요.

설마 일산이 죽겠습니까.

고양 창릉, 삼송, 지축, 원흥, 원당, 능곡, 향동, 덕은, 여기까지 15만 세대가 있는데 일산 구축은 데미지가 클 겁니다. GTX 역세권이나 새 아파트를 제외하고 다른 곳들은 영향이 클 겁니다. 이곳들 집값은 지금도 이미 정체되어 있어요. 안 좋은 곳은 계속 안 좋다는 거죠. 이 역시 양극화입니다.

GTX는 구원자가 될 수 있을까요?

조금은 도움이 될 겁니다. 그런데 언제 개통할지 모르겠네요. A노선은 착공했다는데 짓는 속도에 대해선 아무도 몰라요. B와 C는 시작도 안 했는데 벌써 D노선을 이야기하고…… 실질적으로 진행되는 건 하나도 없으면서 말만 많아요. 그리고 노무현 정부 때는 집값이 올랐을 때 사과도 하고 책임도 지고, 그러면서 결국 그다음 정권 초기에 집값을 잡긴 했잖아요. 그런데 현 정부는 사과도 없고 책임도 없어요. 김현미 국토부장관도 결국 그대로 가잖아요.

돈이 없으니 다세대 빌라라도 사자는 생각은 어떻게 보세요?

사면 안 됩니다. 지금 아파트가 없는 게 아니에요. 사람들이 원하는 입지의 주택이 부족한 거죠. 다세대 빌라, 나홀로 아파트는 이미 많습니다. 지방에는 공실도 많아요.

나홀로 아파트도 안 좋게 보시는 건가요?

30년 가까이 된 나홀로 아파트들은 용적률이 다 차서 재건축이 안 돼요. 아파트에 살아 본 사람들은 아파트로만 가고, 새 아파트를 살아 본 사람들은 새 아파트로만 갑니다. 그러면 새 아파트 수요는 계속 늘어나요. 결국 좋은 아파트를 살수록 인플레이션 헤지Hedge도 쉬워지죠.

지방 아파트, 서울과 다른 시각으로 접근해야 한다

지방도 서울과 마찬가지의 논리가 적용되나요?

다릅니다. 서울은 들어오고 싶은 사람이 많은데 집이 부족한 거죠. 서울 인구는 980만이 아니라 경기도권까지 합쳐 2000만이라 봐야 해요. 다들 서울에 들어오고 싶은 대기 수요니까요. 서울은 항상 수요 과잉입니다. 반면 지방은 인구가 딱 수요죠. 부산은 350만 인구에 350만 수요고, 대구는 250만 인구에 250만 수요입니다. 여긴 규제하면 내려가고, 안 하면 올라갑니다.

그러면 지방은 규제가 필요하다고 보세요?

다주택자들, 투기꾼들을 막으려면 지금 규제해야 돼요. 노무현 정부의 부동산 정책과 차이가 뭐냐면, 노무현 정부 때는 전국에 있는 151개 지자체를 모두 투기지역으로 묶었어요. 그때는 진짜 투기가 조정되고 결국 집값이 안정화됐죠. 그런데 지금은 지방 규제를 안 하니까 서울 투기가 지방으로 몰려서 지방 집값도 오르죠.

그럼 지방도 서울과 마찬가지로 좋은 입지, 신축 프리미엄으로 가야 한다는 명제는 같나요?

네. 막말로 지금 일단 가격이 올라가는 아파트들을 보고 따라가도 됩니다. 부산의 동래구, 수영구, 해운대구가 규제지역이었는데 해제되자마자 올랐어요. 그 지역이 부산에서 제일 좋은 입지니까요. 거기에 새 아파트면 천하무적이죠. 다 마찬가지예요. 대구도 수성구는 대기 수요가 많죠. 이런 곳의 새 아파트는 향후 20년 동안 빠질 걱정이 없어요. 광주 같은 경우는 서구, 남구, 대전은 서구, 유성구…… 아무튼 지금 좋은 지역의 가격 방어력이 앞으로도 좋은 건 마찬가지입니다.

지금 지방에서, 예를 들어 대구 수성구가 아닌 동구 신축이면 좋은 건가요?

도심에 있는 거라면 괜찮습니다. 왜냐하면 그 지역에도 신규 아파트는 필요하니까요. 그러면 외부에서 유입되지 않아도 그 지역 내에서 들어오려는 수요가 있습니다. 딱 인구만큼은 수요가 찬다는 거죠. 다만 지방 투자에서 유의할 점이 있다면 택지개발은 여간해서는 안 됩니다.

그건 왜 그렇죠?

택지개발은 인구가 없는 데다가 아파트를 만드는 거잖아요? 도심에서 끌고 와야 하는데, 지방은 인구가 유입되지 않으니 끌고 갈 인구가 없어요. 반면 서울은 달라요. 모두가 서울에 살 수 없으니 택지개발이 성공하는 거지요. 지방은 택지개발하면 안 됩니다.

지방 사람들도 개발 좀 하라고 계속 요구하는데요.

집이 낡으면 재건축, 재개발해야죠. 저는 도심 재생이 바른 방향이라고 봐요. 일본도 쓸데없는 집을 너무 많이 만들어서 공실로 크게 고생했잖아요. 주택 보급률이 130%를 넘어갔었어요. 한국은 그 정도는 아니지만, 장기적으로 신도시 개발보다 도심 재생을 많이 하는 게 맞다고 봐요. 막말로 35층 층고 제한 풀고 70층짜리 아파트를 짓는다고 생각해 봐요. 35층은 민간 수입으로 하고 35층은 국가 수입으로 하면 서로 다 좋아요. 35층은 임대 아파트로 둘 수도 있고요.

결국 공급을 늘리는 것만이 집값 안정책이다

근 2년 동안 소장님께 들었던 이야기 중에 제일 암울한 이야기만 잔뜩 하시는 느낌입니다.

저도 참 찜찜한데 그 이유가, 점점 중산층들한테 해 줄 얘기가 없어지기 때문입니다. 그 밑의 계층에게는 아예 할 말이 없고요. 이제 와서 제가 사회 초년생들 붙잡고 "집을 사십시오" "자가 마련을 하셔야 합니다" "집이 있어야 마음 놓고 다른 일을 할 수 있습니다"라고 말할 수는 없잖아요. 물론 아직 중산층에게 이야기할 수는 있겠죠. 하지만 3년 사이에 시장이 그렇게 바뀌었습니다. 가격도 많이 오르고 대출도 힘들어졌죠. 이건 정책 잘못이라고

봄니다.

서울 집값은 언젠가 이렇게 될 수밖에 없다고 생각은 합니다. 서울만 한 대도시가 세계적으로도 드물잖아요.

맞습니다. 허나 문제는 양극화의 가속입니다. 2017~2019년도에 사상 최대 입주 물량이었어요. 그냥 놔두면 조정이 되는 시장이었거든요. 2020년 올해에도 강동구에 1만 세대가 입주하는데 그러면 전세 시세가 빠져야 해요. 보통 신규 입주가 1만 세대 이상 대량으로 들어올 때는, 전세를 받으려고 서로 전세가 깎아 주기 경쟁을 해요.

그런데 2년 실거주 요건을 강화하고 임대를 못 하게 하니까 집주인들이 그냥 들어가서 사는 거죠. 전세 물량이 줄어들고 전세 시세가 다시 올라가요. 1만 세대가 입주하는데도 시장에 매물이 안 나오니까 공급이 없어서 매매가도 올라가요.

거래 절벽 이야기가 나온 지 1년은 넘은 것 같은데요.

매물이 더 없어졌어요. 미래가 불안하니까 좋은 주택들은 안 팔려고 하죠. 반대로 나쁜 주택들은 미래가 불안하니까 안 사요. 정말 돈 많은 부자만 좋은 아파트를 막 골라 담을 거예요. 반면 중산층들은 대출을 못 받으니 못 사요. 결국은 공급을 늘리는 것만이 집값을 안정화하는 길입니다.

어쨌든 공급을 늘리는 수밖에 없단 거군요.

네. 용적률을 풀어서 도심 재생을 빨리해 주는 게 맞죠. 강남에 용적률을 더 주면 어때요? 돈 많은 사람들에게서 세금 털 기회잖아요. 초과이익환수제 유지하면 그것도 세금이고요. 이렇게 해서 가격이 빠질 것 같으면 이해를 하겠는데, 안 빠져요. 강남 집값은 잡으려 하면 할수록 더 오른다니까요.

그러면 결국 할 수 있는 건 재건축, 재개발밖에 없지 않나요? 그런데 서울의 재건축이나 재개발도 박원순 서울시장이 많이 막고 그러지 않나요?

노골적으로 막죠. 오죽했으면 얼마 전에 상암롯데몰을 빨리 진행시키라고 감사원에서 시정 명령이 내려왔어요. 사직1구역의 스페이스본이 2008년에 입주했어요. 그런데 같은 시기에 시작한 사직2구역은 문화재 보호 명목으로 시작도 못 한 거죠. 그런데 서울시가 소송에서 졌어요. 그런데도 인허가를 지연시키죠.

문화재 보호야 그러려니 하겠지만 잠실 주공5단지도 재건축하려고 서울시가 시키는 대로 다 했어요. 설계도 바꾸고 서울시에 기부채납도 하기로 했어요. 은마아파트도 50층 포기하고 설계를 바꿨어요. 그런데 다 진행을 안 시켜 줘요. 이것들을 전부 합치면 수천 세대예요. 이런 공급을 막고 어떻게 집값을 안정시켜요? 목동에 2만 6000세대를 5만 6000세대로 재건축하는 것도 제대로 시작도 못 했어요. 이런 상황에서 2021년부터는 신규 물량도 없어요. 집값을 안정화할 수 있을까요?

앞으로 아파트는 권력을 넘은 신분, 그럼에도 대안을 모색해야

다른 이야기인데 이명박, 오세훈 전 시장의 정책은 어찌 보십니까?
개인적으로 이명박 대통령은 별로 안 좋아했지만 시장일 때 업적은 인정해요. 버스 전용 차선과 환승은 말할 것도 없고, 뉴타운도 결과적으로 성공적이었죠. 금융 위기 때문에 질퍽거릴 때도 있었지만 지금 뉴타운이 없었으면 어쩔 뻔했어요? 청계천도 환경 이슈가 있긴 했지만 주변 상가와 오피스가 확충되면서 좋아졌잖아요.

오세훈 전 시장은 어떤가요?

제대로 마무리를 짓지는 못했지만 한강 르네상스 계획은 좋았다고 합니다. 그때 비판했던 이들도 지금은 한강 개발하려 하잖아요. 박원순 시장도 용산, 여의도를 개발하려 했는데 이번에는 국토부 장관이 막아요. 그런데 이제는 김현미 장관이 최근에 용산을 개발한다고 했어요. 결국 개발할 건 해야 하는데, 계속 시기를 미루니까 서로 민망해지고 그러는 거죠.

다음 정부에 관해 과감하게 예측해 주신다면?

지금은 양질의 주택이 많이 필요한 상황이에요. 그런데 지금 정부에서 풀린 주택은 이 정부 작품이 아닌 이명박, 박근혜 정부 때 시작한 거죠. 문제는 이 정부에서 시작한 다음 아파트가 없어요. 요즘 제가 하는 부동산 리서치 업황이 정말 안 좋아요. 제가 수요 조사를 아무리 적게 잡아도 1년에 50건 이상은 했어요. 그런데 이제 할 필요가 없어요. 왜? 공급이 너무 줄어서 분양 조사를 할 필요가 없어요.

지금 이 시장 속에서 행복한 사람이 누군가요? 현금 부자인가요?

이미 좋은 아파트, 새 아파트를 쥐었던 사람이지요. 특히 문재인 정부 때 분양받은 사람은 엄청난 시세 차익을 경험했을 겁니다. 부유층이야 원래 돈이 많으니 그렇다 치고, 운 좋은 중산층은 부유층이 될 수 있겠죠. 향후 20년 동안 그 아파트를 팔지만 않으면 그들도 부자가 되겠지요.

이제는 서울 아파트가 권력이 되었군요.
네. 권력을 넘어 신분일 수도 있습니다. 이제 부부가 모두 대기업에 다닌다고 해서 좋은 아파트를 살 기회는 거의 없습니다. 신분 세습처럼 돈 많은 부모가 물려주는 수밖에 없겠죠.

그렇다고 이대로 계속 오르진 않을 것 같은데요.
이미 조금 완화는 됐습니다. 이것은 정책 때문이 아니라 그동안 너무 많이 올랐기 때문이죠. 또 말한 대로 살 사람들은 이미 다 샀습니다. 그러니 한동안은 크게 오르는 일은 없겠지요.

너무 암울한 상황이라 어떻게 이야기하고 글을 써야 할지 모르겠네요.
어차피 저도 부유층 대상 강의를 하진 않습니다. 그들은 돈이 있으니 알아서 하겠죠. 계속 일반, 중산층 이하 사람들을 대상으로

'그럼에도 내 집은 빨리 마련하는 게 좋다'고 이야기하지요. 서울에서 한번 밀려나기 시작하면 다시 서울 진입이 어려워요. 서울에 살고 싶으면 지금이라도 사야 합니다. 그 방법밖에 없습니다.

질문: 이승환(ㅍㅍㅅㅅ 대표)

정지영(아임해피)

청약으로 시작해 경매, 전·월세 투자, 분양권, 재개발·재건축 등으로 투자 영역을 넓힌 11년
차 전업 투자자로 현재 아이원 대표를 맡고 있다. 네이버 블로그 〈부동산 효녀 아임해피의
똑똑한 부동산 투자〉, 인터넷 카페 〈아임해피의 똑똑한 부동산 투자〉, 유튜브 〈아임해피부
동산TV〉, 팟캐스트 〈아임해피의 부동산 라디오〉 등 다양한 채널을 운영하면서 실질적이고
유용한 부동산 정보를 공유하는 데 힘쓰고 있으며, 내 집 마련 멘토로서 특강과 정규 강의를
진행하고 있다. 지은 책으로 《대한민국 청약 지도》《똑똑한 부동산 투자》, 공저로 《그래서
어디를 살까요》《좋은 집 구하는 기술》 등이 있다.

블로그 blog.naver.com/iammentor (부동산 효녀 아임해피의 똑똑한 부동산 투자)
카페 cafe.naver.com/iamhappyschool (아임해피의 똑똑한 부동산 투자)

Lesson 2
똘똘한 신축을 잡는 가장 확실한 방법
_아임해피 정지영

청약, 어떻게 당첨될 것인가?

세 가지를 기억하라: 비선호 타입, 탑상형, 특별공급

청약을 한 번이라도 해 보셨나요? 청약홈(applyhome.co.kr) 또는 아파트투유(www.apt2you.com)에서 신청한 적은 있으신가요? 저는 20번 넘게 신청했는데 딱 한 번 당첨됐습니다. 그래서 얼마나 신청해야 당첨되는지 알아봤더니 평균 10번은 해야 한다고 하네요. 왜 이렇게 당첨되기 어려운 걸까요? 그 이유 중 하나로 주택청약 제도의 잦은 변화를 들 수 있습니다.

주택 청약 제도는 1977년 제정된 '국민주택 우선공급'에 관한 규칙에 따라 '국민주택청약부금' 가입자에게 공공 주택 공급에 우선순위를 부여하면서 시작됐습니다. 2020년 현재까지 40년 넘게 진행되고 있는데 그동안 이 제도는 얼마나 자주 바뀌었을까요? 자그마치 144번입니다. 평균 매년 3~4회 정도 바뀐 셈이죠. 그렇다면 문재인 정부에서는 지난 3년 동안 과연 몇 번이나 바뀌었을까요? 14번입니다. 아시다시피 문재인 정부는 규제 일변도의 부동산 정책을 추진하고 있습니다. 그런데 제가 《대한민국 청약지도》에서 말씀드렸듯이 부동산 규제가 심해질수록 아파트 가격은 올라갑니다.

이런 상황에서 신축 아파트에 입주하려면 어떤 방법이 있을까요? 청약, 분양권, 입주권, 이렇게 세 가지 방법이 있는데요. 우선 청약 당첨에 관한 몇 가지 팁부터 말씀드리겠습니다.

청약 가능 타입이 ABCD, 네 가지가 있을 때 어떤 타입에 신청해야 당첨 가능성을 높일 수 있을까요? 정답은 D타입입니다. 분당의 마지막 금싸라기 땅으로 불렸던 판교 대장지구는 D타입의 경쟁률이 가장 낮았습니다. 청약 가능 타입을 설정할 때 주력 상품인 A타입의 세대수를 가장 많이 모집하는데 이 세대수만 보고 신청자들이 A타입에 몰렸던 것이죠. 경쟁률이 높을수록 당첨률이 낮아지는 건 당연한 이치입니다.

또 다른 사례로 힐스테이트 푸르지오 주안은 ABC타입 중에서 C타입이 모집 가구수를 채우지 못하고 청약 미달이 발생했습니다. 판교 대장지구와 마찬가지로 A타입에 신청자들이 몰렸고요. 이 두 사례는 대표적인 사례일 뿐입니다. 당첨 가능성을 높이려면 세대수가 많아서 신청자가 몰리는 A타입이 아닌, 비교적 선호도가 낮은 타입에 청약을 넣는 게 좋습니다.

판교 대장 A11 판교 더샵 포레스트

주택형	공급세대	접수건수	경쟁률	최저가점	최고가점	평균가점
084.9852A	71	423	5.96	46	65	54.1
084.9950C	77	312	4.05	43	67	51.71
084.9864B	69	271	3.93	42	74	52.3
074.9673D	46	126	2.74	38	65	48.68
평균경쟁률	263	1,132	4.3			

84A 〉 84C 〉 84B 〉 84D

판교 대장 A12 판교 더샵 포레스트

주택형	공급세대	접수건수	경쟁률	최저가점	최고가점	평균가점
084.9864B	92	662	7.2	55	69	61.05
084.9852A	139	990	7.12	52	69	58.46
084.9673D	12	117	9.75	50	66	54.83
084.9950C	51	259	5.08	47	69	53.9
평균경쟁률	294	2,028	6.9			

84B 〉 84A 〉 84D 〉 84C

주택형	공급세대	건수	경쟁률	최저가점	최고가점	평균가점
39.95	28	38	1.36	27	65	33.42
		15	-			
45.97	54	120	2.22	43	62	50.41
		38	-			
059.9600A	467	812	1.74	29	64	40.1
		427	-			
059.7200B	434	286	(△148)	-	-	-
		187	1.26			
059.9800C	184	72	(△112)	-	-	-
		79	(△33)			
64.79	138	124	(△14)	-	-	-
		51	3.64			
074.9700A	95	1,519	15.99	54	69	58.84
		309	-			
074.7800B	237	444	1.87	30	77	39.54
		203	-			
084.9700A	28	566	20.21	56	74	61.17
		202	-			
084.9400B	24	207	8.63	50	64	54.8
		69	-			

힐스테이트 푸르지오 주안 경쟁률

인천 주안에 위치한 힐스테이트 푸르지오 경쟁률을 보면 59㎡ C타입은 미달이었다. 전략적으로 경쟁을 피하면 당첨 가능성을 높일 수 있다.

청약을 넣으려면 아파트 구조도 선택해야 합니다. 탑상형(타워형) 구조와 판상형(복도식) 구조가 있는데 전자는 코어를 중심으로 각 호수를 배치하는 구조이고, 후자는 각 호수를 일자형으로 펼쳐서 배치하는 구조입니다. 일반적으로 선호하는 구조는 판상형이지만 각각 장단점이 있기 때문에 어느 한쪽이 좋다고 딱 잘라 말할 수는 없습니다. 하지만 당첨 가능성만 놓고 보면 탑상형 구조를 선택하는 것이 맞습니다. 전통적으로 많이 찾는 판상형 구조의 경쟁률이 더 높기 때문입니다.

하나만 예를 들면, 수원 하늘채 더퍼스트 1단지는 탑상형 구조인 B타입의 청약 경쟁률이 낮았습니다. 좀 더 익숙하고 일반적인 형태인 판상형 구조에 신청자가 몰렸기 때문입니다. 탑상형 구조가 청약 경쟁률이 낮기 때문에 나중에 가격이 덜 오르지 않을까 걱정하는 분들이 있지만 현실은 그렇지 않습니다. 아파트 가격은 주변 입지의 가치로 결정되는 부분이 많아서 최근에는 판상형 구조나 탑상형 구조나 가격에는 큰 차이가 없습니다.

청약을 넣을 때 특별공급에 대한 내용도 잘 챙겨야 합니다. 주택의 공급 방법은 일반공급, 특별공급으로 구분되는데요. 특별공급은 신혼부부, 다자녀 가구, 노부모 부양 등 정책적 배려가 필요한 사회 계층 중 무주택자의 주택 마련을 지원하기 위하여 주택 공급량의 일정 비율을 특별공급 대상자에게 공급하는 제도입니다. 입시로 따지면 일반공급은 '정시모집'이고 특별공급은 '수

주택형	공급세대	접수건수	경쟁률	최저가점	최고가점	평균가점
059.9600A	15	1,035	69	62	74	66.5
059.9200B	6	243	40.5	62	67	64.33
084.9600A	34	3,183	93.62	61	74	65.14
074.9200A	12	515	42.92	54	65	58.4
084.9400B	65	2,038	31.35	53	69	58.15
074.8800B	13	323	24.85	50	62	55.33
평균경쟁률	145	12,783	88.16			

수원 하늘채 더퍼스트 경쟁률

수원 하늘채 더퍼스트의 경우 모든 평형대에서 탑상형 B타입이 판상형 A타입보다 경쟁률이 낮은 것을 볼 수 있다.

시모집'인 셈입니다. 그런데 최근에는 수시모집의 비중이 정시 못지않게 커졌고, 특히 공공분양에서는 정시보다 수시로 뽑는 경우가 월등히 많습니다.

따라서 특별공급의 종류와 주요 사항 정도는 꼭 한번 짚고 가는 편이 좋습니다. 의외로 자신에게 딱 맞는 조건을 발견할지도 모르기 때문입니다. 결혼 7년 미만 부부라면 신혼부부 특별공급을, 미성년 자녀가 세 명 이상이라면 다자녀 가구 특별공급을, 65세 이상 부모를 3년 이상 계속 부양하고 있다면 노부모 부양 특별공급을 집중적으로 살펴보시기 바랍니다.

2020년
핫플레이스 분양 단지

2020년 7월 28일부터 분양가 상한제가 실시됩니다. 분양가 상한제는 공공 택지 안에서 감정 가격 이하로 땅을 매입해 건설하는 공동 주택의 가격을 국가 법령에 따라 분양 가격 이하로 공급하는 제도입니다. 쉽게 말하면 분양가에 일정 수준 제한선을 걸어 그 이하로 분양하게 하는 제도입니다. 2020년 3월 현재, 강남 4구의 절반 수준인 22개 동(개포동, 대치동, 도곡동, 잠원동, 반포동, 잠실 등)과 마포구(아현동), 용산구(한남동, 보광동), 성동구(성수동 1가), 영등포구(여의도동) 일부 동 등이 민간택지 상한제 지역으로 지정됐습니다.

　다음 페이지에 소개된 수도권 4~5월 주요 분양 예정 단지는 분양가 상한제 대상에서 제외되는 단지입니다. 그만큼 중요한 단지라고 할 수 있습니다. 총 가구수에서 괄호 안 숫자가 일반분양으로 나오는 물량입니다. 예컨대 총 가구수가 가장 많은 둔촌 주공의 일반분양은 1만 2032세대가 아니라 4786세대입니다. 참고로 둔촌 주공의 일반분양은 85㎡ 이하 평형 물량만 대상이며 100% 가점제이기 때문에 추첨제를 생각하는 분들은 반포 원베

일리와 위례 우미린 2차를 주목해야 합니다. 음영 표시 부분은 1
순위 제한 조건이 있기는 하지만 서울 및 인근 지역의 시민도 만
19세 이상이면 청약이 가능한 단지들입니다. 검단신도시, 시흥

	위치	단지명	총 가구수	분양시기
서울	강동구 천호동	힐데스하임 천호	188(156)	4월
	동작구 흑석동	흑석3구역 자이	1772(364)	4월
	강동구 둔촌동	둔촌주공	1만2032(4786)	4월
	서초구 잠원동	신반포13차	330(101)	4월
	은평구 수색동	수색6구역	1223(458)	4월
	은평구 수색동	수색7구역	672(325)	4월
	은평구 증산동	증산2구역	1386(461)	4월
	강동구 성내동	힐스테이트 천호역 젠트리스	160	5월
경기	양주시 옥정지구	제일풍경채	2474	5월
	화성시 동탄2신도시	동탄역 헤리엇	428	5월
	수원시 조원동	광교산 더샵 퍼스트파크	666(475)	5월
	파주시 운정3지구	제일풍경채	1926	5월
	성남시 신흥동	신흥2구역	4774(1962)	5월
	수원시 정자동	대유평지구2블록	665	5월
	오산시 원동	원동 롯데캐슬	2345	5월
인천	송도국제도시	F19블록 더샵	342	5월
	서구 백석동	검암역 로얄파크 푸르지오	4805	5월

2020 수도권 주요 분양 예정(4~5월)

강동구 둔촌 주공은 "단군 이래 최대 재건축"이라 불리며 많은 수요자들의 관심
을 받고 있다.

장현지구, 양주시 옥정지구, 화성시 동탄2신도시, 파주시 운정3 지구는 수도권 택지지구이므로 전매 제한이 3년이고, 송도국제 도시는 전매 제한이 6개월입니다. 성남시 신흥2구역은 공공분양 에 해당되는 분양 단지입니다.

청약이 가능한 단지와 그렇지 않은 단지를 구별하고 미리 준 비해 두는 자세가 필요합니다. 지금 당장 청약을 넣을 수 없는 상황일지라도, 알아 두고 준비를 해 나가야만 꼭 필요한 시점에 유리해집니다. 분양가 상한제 이후에 청약 제도가 또 바뀔 예정 인데요. 그 부분에 대한 확인도 필요합니다.

다음의 표는 모두 부동산 규제지역입니다. 윗부분은 조정대 상지역이고, 아랫부분은 투기과열지구입니다. 이 지역들에서는 주택 담보 대출 시 LTV(주택담보대출비율)와 DTI(총부채상환비율)의 제한을 받습니다. 또한 청약 1순위 자격 제한이 있습니다. 세대 주만 가능하고, 세대원 중에 당첨자가 없어야 하며, 무주택자 또 는 1주택자만 가능합니다. 향후 조정대상지역과 투기과열지구는 청약 당첨 후 각각 7년과 10년 동안 재당첨 제한이 있으므로 이 부분도 꼭 기억해 두셔야 합니다.

비조정대상지역의 아파트 단지들 중에서도 닥터아파트(www. drapt.com)와 호갱노노(hogangnono.com)에서 가장 많은 관심을

	경기도	수원시	매교동	팔달8구역 재건축(대우건설, SK건설)
	경기도	고양시	덕은동	고양덕은 A4블록 자이
	경기도	고양시	덕은동	고양덕은 A6블록 자이
	경기도	구리시	인창동	구리 인창 대원칸타빌
	경기도	성남시	고등동	성남 고등지구 S3블록(공공분양)
	경기도	성남시	고등동	성남고등자이
	경기도	수원시	인계동	수원센트럴아이파크 자이(팔달10구역)
조정 대상지역	경기도	안양시	호계동	안양덕현 코오롱하늘채
	경기도	고양시	덕은동	고양덕은 A7블록 자이
	경기도	화성시	동탄면	동탄2차 대방디엠시티 C2블록
	경기도	수원시	세류동	수원 권선6구역(113-6) 재개발
	경기도	수원시	망포동	영통 아이파크캐슬 망포2차(4,5블록)
	경기도	수원시	영통동	수원 영흥공원 푸르지오
	경기도	성남시	정자동	수원 정자자이(장안1구역 재개발)
	경기도	수원시	망포동	영통자이(망포 5지구)
	경기도	수원시	조원동	광교산 더샵 퍼스트파크(수원111-4구역 재개발)
	서울특별시	강동구	둔촌1동	둔촌주공 재건축(컨소시움)
	서울특별시	강남구	개포동	개포주공1단지 재건축(현대건설, HDC 현대산업개발)
	경기도	과천시	갈현동	과천지식정보타운 S8블록(공공분양)
	서울특별시	강서구	마곡동	마곡지구 9단지(공공분양)
	경기도	과천시	갈현동	과천제이드자이(공공분양)
투기 과열지구	서울특별시	서초구	반포2동	래미안원베일리(신반포3차, 경남아파트 재건축)
	서울특별시	동작구	상도동	상도역세권 롯데캐슬
	경기도	하남시	학암동	위례 중흥 S-클래스(A3-10블록)
	서울특별시	송파구	장지동	위례신도시 A1-12블록(공공분양)
	서울특별시	성북구	장위동	장위4구역 자이
	서울특별시	동작구	흑석동	흑석3구역 자이
	서울특별시	구로구	개봉동	e-푸른

2020 수도권 전체 분양 예정

각각 조정대상지역과 투기과열지구를 구분해서 표시했다.

받는 단지들을 살펴봅시다. 비조정대상지역에서는 분양권 전매 제한 기간이 6개월입니다. 만약 청약 당첨이 되지 않더라도 6개월 후에는 전매가 가능하므로 관심을 가지고 지켜봐야 합니다.

	경기도	광주시	초월읍	광주 초월 쌍용예가
	경기도	남양주시	다산동	도농2구역 반도유보라
	경기도	시흥시	장곡동	시흥 장현지구 영무예다음(B9블록)
	경기도	부천시	소사본동	소새울역 신일 해피트리
	인천광역시	연수구	송도동	힐스테이트 레이크 송도 3차
	인천광역시	부평구	부개동	부평 부개서초교 재개발(SK 컨소시움)
비조정 대상지역	인천광역시	연수구	송도동	인천송도자이(A10블록)
	인천광역시	연수구	송도동	힐스테이트 송도 더스카이
	인천광역시	부평구	청천동	e편한세상 청천2구역 재개발
	인천광역시	서구	검단동	검단 파라곤 센트럴파크
	인천광역시	서구	검단동	검단신도시 우미린2차(AB12블록)
	인천광역시	계양구	방축동	계양 코오롱하늘채
	인천광역시	연수구	송도동	더샵(송도F19블록 공동주택)
	인천광역시	미추홀구	주안동	미추홀파크뷰 자이(주안3구역 재개발)

비조정대상지역

비조정대상지역의 분양권은 6개월 이후 전매가 가능하다. 그러므로 청약에 실패했다고 해도 반년 후 매물로 나오는 분양권을 노려보자.

분양권, 대장 아파트에
주목하라

분양권
대장 아파트 5곳

신축 아파트에 입주하는 두 번째 방법은 분양권입니다. 분양권은 세대당 2개만 가능하므로 규제지역과 비규제지역을 확인하는 습관을 길러야 합니다. 최근에 수용성(수원·용인·성남) 지역의 집값이 과열 국면에 접어들자 이 지역을 규제지역으로 지정했습니다.

아파트에도 랜드마크가 있듯이 분양권에도 랜드마크가 있습니다. 랜드마크 분양권은 주변 지역 분양권의 프리미엄을 좌지우

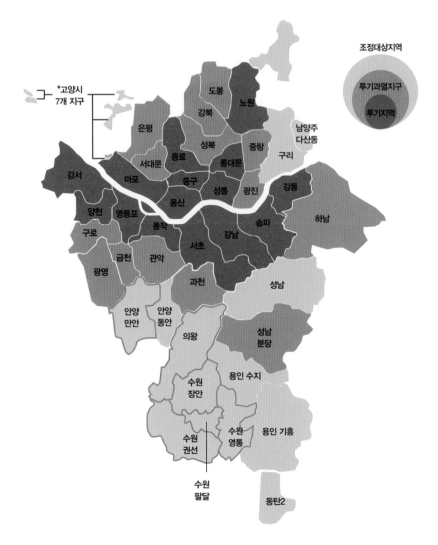

부동산 규제지역

2020년 3월 기준, 부동산 거래 규제 지역 현황은 세종시와 대구 수성구를 포함
해 투기지역 16곳, 투기과열지구 31곳, 조정대상지역 44곳이다.

*고양시 7개 지구: 삼송택지개발지구, 원흥·지축·향동 공공주택지구, 덕은·킨
텍스1단계 도시개발지구, 고양관광문화단지(한류월드)

지하는 힘을 가지고 있습니다. 랜드마크가 될 분양권 대장 아파트 5곳을 차례로 소개하겠습니다.

첫 번째 아파트는 화서역 파크 푸르지오입니다. 이 아파트의 시세에 따라 경기도 남부권의 시세가 들썩일 정도로 중요한 곳입니다. 랜드마크 아파트는 일종의 기준점 역할을 하므로 입주 여부와 상관없이 가격의 추이를 세밀히 관찰해야 합니다. 화서역 파크 푸르지오는 최근 매매 실거래가가 10억 원(116Am²)을 넘었

화서역 파크 푸르지오
화서역 일대에 1호선과 신분당선 환승역이라는 교통 호재가 생겼다.

습니다. '10억 클럽'이라는 말이 있듯이, 10억 원은 이른바 문턱 효과가 발생하는 상징적인 숫자입니다. 가격이 상승한 가장 큰 이유는, 신분당선 광교-호매실 구간이 예비 타당성 조사를 통과해 화서역 일대가 지하철 1호선 및 신분당선 환승역이 됐기 때문입니다. 현재 강남과 광교를 잇는 신분당선은 연장 공사를 마치고 나면 신논현, 논현, 신사, 용산으로 이어지는 황금 노선이 됩니다.

산성역 포레스티아
산성역 인근에는 대규모 재개발 지역이 위치하고 있다.

두 번째 아파트는 산성역 포레스티아입니다. 이 아파트 역시 최근 매매 실거래가 10억 원(85Am²)을 넘었습니다. 역세권 단지이며 강남, 송파, 위례를 잇는 강남생활특구로 편리한 교통을 자랑합니다. 2021년에는 산성역과 복정역 사이에 위례역이 준공될 예정이고, 마천역과 위례역을 잇는 위례선(트램노선) 사업도 추진 중입니다.

세 번째 아파트는 2019년 6월부터 입주를 시작한 성복역 롯데캐슬입니다. 성복역도 신분당선 라인으로 강남역까지 8정거장(28분), 판교까지는 4정거장(10분) 정도 소요됩니다. 아파트 가격은 지하철 노선에 따라 형성되므로 앞으로 성복역 롯데캐슬과 화서역 파크 푸르지오는 아주 밀접하게 가격이 연동될 것입니다. 참고로 성복역 롯데캐슬 옆에는 롯데몰이 입점했고 화서역 파크 푸르지오 옆에는 스타필드가 입점할 예정입니다. 분양권은 아니지만 신축의 가격 변동을 예의주시해야 합니다.

네 번째 아파트는 2019년 11월부터 입주를 시작한 인덕원 푸르지오 엘센트로입니다. 최근 매매 실거래가가 11억 9000만 원(112Am²)인 이 아파트도 역세권을 끼고 있습니다. 현재 지하철 4호선이 지나고 있고 이후 월곡과 판교를 잇는 월곡-판교선과 인덕원과 동탄을 잇는 인동선이 추가될 예정입니다. 참고로 정부

성복역 롯데캐슬

성복역은 신분당선 교통 호재 영향을 그대로 누릴 전망이다.

인덕원 푸르지오 엘센트로

2020년 2월, 의왕시는 수원 영통구, 권선구, 장안구 및 안양 만안구와 함께 조정 대상지역으로 신규 지정되었다.

는 이 아파트가 위치한 의왕시를 2020년 2월에 조정대상지역으로 지정하여 LTV를 기존 60%에서 50%로 낮추고, 시가 9억 원을 초과하는 주택 가격분은 30%로 더 낮추었습니다.

다섯 번째 아파트는 e편한세상 인창 어반포레입니다. 현재 조정대상지역이기는 하지만, 조정대상지역으로 지정되기 전에 분

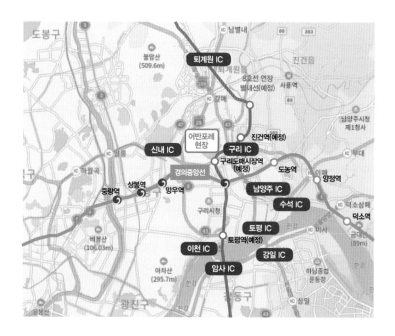

e편한세상 인창 어반포레

e편한세상 인창 어반포레의 가장 큰 매력은 조정대상지역 지정 전 분양으로 인해 전매가 자유롭다는 점이다.

양했기 때문에 전매가 자유로운 단지입니다. 이 아파트도 경의중앙선이 지나는 구리역 도보 역세권에 있습니다. 또한 2022년 지하철 8호선 연장 별내선(복선전철)이 개통하면 구리역을 통해 20분대에 잠실권 접근이 가능한 곳입니다. 2018년 4월 청약을 진행한 이곳의 당시 분양가는 전용 84㎡ 기준 5억 원대였는데 지금은 9억 원을 호가할 정도로 시세가 급등했습니다.

지금까지 살펴본 아파트 5곳의 공통점은 바로 '역세권'입니다. 역세권 신축 아파트는 일시 조정 국면은 있어도 회복이 빠르며 가격이 오를 때는 급상승하는 특징을 보입니다. 예를 들어 경희궁자이, 마포 래미안 푸르지오, 래미안 대치 팰리스 모두 초반에는 가격이 하락했지만 현재는 매매 실거래가가 각각 16억 8000만 원(112B㎡), 14억 9000만 원(112C㎡), 34억 원(125B㎡)에 이릅니다. 역세권, 그중에서도 강남과 연결되는 역 주변의 신축 아파트는 입주 여부와 상관없이 가격을 항상 체크하는 습관을 들여야 합니다.

미래의 분양권
대장 아파트 4곳

지금부터는 미래의 분양권 대장 아파트 4곳을 살펴보겠습니다. 투자의 측면도 있지만 내 집 마련으로도 정말 살기에 좋은 아파트입니다.

첫 번째 아파트는 매교역 푸르지오 SK뷰입니다. 2020년 2월 19일 청약 결과 수원 역대 최고인 15만 6505명이 몰려 평균 145.7대 1의 경쟁률을 기록한 곳입니다. 3.3m²당 분양가는 1810만 원으로 전용 84m²의 총 분양가는 5억 9000만 원에서 6억 5000만 원 선으로 책정됐습니다. 조정대상지역이지만 전매가 가능한 지역으로 전매 가능일은 2020년 8월 27일입니다. 이 아파트는 팔달8구역에 위치하는데 이 구역에 초·중·고등학교가 모두 들어와 있습니다. 초품아(초등학교를 품은 아파트)라는 신조어는 다들 알고 계시죠? 역세권에 초중고를 모두 품고 있는 아파트이니 부동산 분양권 대장 아파트가 될 최상의 조건을 갖추고 있는 셈입니다.

두 번째 아파트는 송도 더샵 센트럴파크 3차입니다. 2019년 9월 청약 결과 경인 지역 최고인 5만 3181명이 몰려 평균

206대 1의 경쟁률을 기록한 곳입니다. 전매 가능일은 2020년 3월 17일입니다. 인천대입구역 근처에 있으며 향후 송도와 마석을 잇는 GTX B노선이 개통되면 더블 역세권이 됩니다. 송도는 최근 가장 핫한 지역이기에 언제 분양이 나오는지 관심의 끈을 놓지 말아야 합니다. 팁을 드리자면, 분양권 당첨을 마냥 기다리지

매교역 푸르지오 SK뷰

수원이 부동산 규제지역이 되면서 매교역 푸르지오 SK뷰는 '막차 분양' 단지로 이목을 끌었다.

말고 발표 전날 그 근처의 분양권을 사는 것도 한 가지 방법입니다. 송도 더샵 센트럴파크 3차는 송도 지역을 좌지우지하는 프리미엄을 가지면서 시세를 주도하게 될 것입니다. 나중에 이 아파트는 랜드마크 아파트가 될 가능성이 상당히 높습니다.

세 번째 아파트는 성남의 e편한세상 금빛 그랑메종, 네 번째 아파트는 신흥역 하늘채 랜더스원입니다. 두 아파트 모두 전

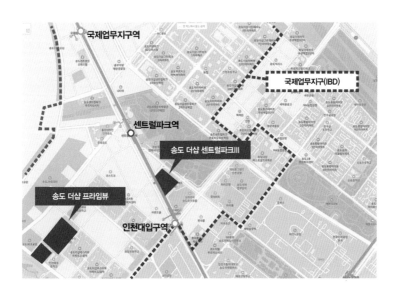

송도 더샵 센트럴파크 3차
더샵 센트럴파크 3차는 인천에서 가장 핫한 송도신도시의 랜드마크가 될 가능성이 크다.

매 가능일은 2020년 11월 30일입니다. 2번과 3번 지역은 조정대상지역이며 앞서 말씀드린 산성역 포레스티아는 4번 지역에 위치합니다. 당연히 산성역 포레스티아의 시세가 이 지역의 시세에 큰 영향을 미칩니다. 구시가지를 신도시로 탈바꿈시키는 성남 원도심 정비사업은 그 규모만큼 세대수도 어마어마해서 1000세대 이하면 소형 단지에 속할 정도입니다. 1번 지역에 위치한 신흥2구역은 분양가가 저렴한 편이며 공공분양이므로 성남에 살고 계신 분은 적극적으로 노려볼 만한 곳입니다.

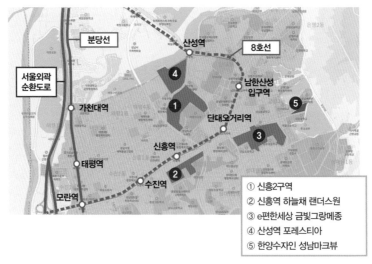

성남 원도심 정비사업

이 정비사업을 통해 성남의 구시가지에는 신도시급 브랜드 타운이 들어설 예정이다.

입주권,
서울의 신축을 여는 열쇠

서울에는 더 이상
분양권이 없다

왜 서울은 분양권 얘기를 안 하는지 궁금한 분이 있을지도 모르 겠습니다. 서울은 분양권을 구할 수 있는 문이 닫혔습니다. 정상 적인 방법으로는 분양권을 매수할 수 없습니다. 소유권 이전 전 매 금지이기 때문입니다. 서울에서 신축 아파트에 입주하려면 사 실상 입주권을 얻는 방법밖에 없습니다. 입주권은 재건축·재개 발 사업장이 관리처분인가를 받으면 해당 사업장의 조합원들이 새로 짓는 아파트에 조합원 자격으로 입주할 수 있는 권리를 말합니다. 청약 신청을 통해 당첨이 되어야 가질 수 있는 분양권과 달리 '100% 당첨이 확실한 권리'라는 의미에서 입주권은 '청약가점 84점의 무적 통장'을 갖는 것과 마찬가지입니다.

물론 입주권 투자는 절차가 복잡한 데다 초기 투자금이 분양가 매매보다 많이 들어갈 수 있습니다. 시간이 더 오래 걸린다는 단점도 있습니다. 하지만 꼭 사고 싶은 아파트가 있을 때 그 아파트를 100% 당첨 확률로 살 수 있는 방법이 바로 입주권입니다. 입주권 거래는 재개발 아파트가 있는 지역의 부동산을 찾아 문의하면 매물 정보를 쉽게 얻을 수 있습니다. 입주권 매물이 있다면 동·호수를 발표했는지 여부와 동·호수에 따른 프리미엄 차이, 일반분양 시기, 일반분양가 등을 물어보고 확인하는 것이 좋습니다.

다음의 지도는 서울시 재정비 촉진지구 현황입니다. 좌측 상단을 보면 시범촉진지구, 2차 촉진지구, 3차 뉴타운, 2차 뉴타운, 시범 뉴타운으로 구별되는데요. 분홍색 동그라미 부분이 입주권을 매매할 수 있는 지역입니다. 지도를 보면 알 수 있듯이, 재개발은 강북 지역이 많고 한강 이남은 별로 없습니다. 그 또한 점점 줄어드는 상황이고요.

시범 촉진지구
2차 촉진지구
3차 뉴타운
2차 뉴타운
시범 뉴타운

노원구(상계)
미아
은평
길음
성북구(장위)
강북 미아
중랑(중화)
청량리
망우
은평구(수색,증산)
홍제
동대문구(이문, 휘경)
서대문(가좌) 종로(교남)
동대문(전농)
종로구
강서(방화)
합정
서대문구(창신, 승인)(북아현)
강동(천호)
양천(신정)
영등포 동작
마포(아현)
왕십리
천호, 성내
영등포구(신길)
(노량진)
용산(한남)
구의, 자양
동작구(흑석)
가리봉
송파구(거여, 마천)
관악구(신림)
금천구(시흥)

서울시 재정비 촉진지구 현황

서울시 재개발 구역 지정 여지가 줄어들고 있기 때문에 공급 물량도 줄어들 수
밖에 없다.

서울에 아파트 공급 물량이 줄고 있다는 것을 어떻게 알 수 있을까요? 입주권은 정비사업을 통해 나오는 일반분양밖에 없습니다. 정비사업은 정비구역을 지정하면서 시작하는데 10년 넘게 중단된 상태입니다. 그래서 공급 물량이 늘어나지 못하는 거죠. 위의 서울 신축밭은 10년 전에 지정됐던 곳입니다. 2019년에 마용성(마포·용산·성동) 지역의 집값이 크게 올랐던 이유는 신축이 많이 공급되었기 때문입니다. 지금 시세에서 평당가를 좌지우지하는 것은 오직 신축 아파트뿐입니다.

금액대별: 재개발 입주권 추천 지역

재개발 입주권 추천 지역을 금액대별로 알려드리겠습니다. 10억 원대부터 2~4억 원대까지 말씀드리려고 하는데, 먼저 짚고 넘어갈 부분은 레버리지(대출)를 적극적으로 생각해야 한다는 것입니다. 종잣돈이 중요하기는 하지만 대출이 뒷받침되지 않으면 내 집 마련도 투자도 불가능하기 때문입니다(시세 조사: 2020년 1월).

한남뉴타운 3구역에 10억 원대 매물이 있습니다. 용산구 한남동 686번지에 해당하는 이 구역은 지하 6층부터 지상 22층, 197개 동, 5816가구에 대한 재개발이 진행됩니다. 총사업비가 7조 원에 육박할 정도로 역대 최대 재개발 사업으로 꼽히고 있습니다. 2020년 3월 현재, 한남1구역만 해제되고 2구역, 4구역, 5구역은 재개발이 진행 중입니다.

한남뉴타운 3구역

용산은 10년 후 서울·경기권 신흥 부촌 지역 1순위로 꼽히는 만큼 한남뉴타운에 대한 관심도 높다.

성수전략정비구역에도 10억 원대 매물이 있습니다. 각각 11억 5000만 원, 9억 1000만 원으로 살 수 있는 곳입니다. 성수2지구도 조합 설립 인가가 났습니다. 이 구역이 중요한 이유는 50층짜리 아파트가 올라가기 때문입니다. 한강 근처에서 유일하게 남은 50층 아파트입니다. 랜드마크 아파트가 될 가능성이 아주 높습니다. 서울 6개 구(강남·서초·송파·강동·마포·성동)에서 신축

성수전략정비구역

성수전략정비구역은 분당선, 2호선, 7호선이 지나는 트리플 역세권을 형성하고 있다.

아파트는 대부분 15억 원이 넘습니다. 그리고 15억 원 이상 아파트는 대출이 불가능합니다. 다시 말씀드리지만 물량이 부족한 재건축을 제외하고 서울에서 신축 아파트를 구하는 방법은 재개발 입주권뿐입니다. 예전에는 비례율, 감정평가 등을 계산했는데 이제는 의미가 없습니다. 가격이 신축 아파트로 수렴하고 있기 때문입니다.

7억 원대에서 추천할 만한 곳은 노량진뉴타운입니다. 실투금 7억 5000만 원으로 살 수 있는 매물이 있습니다. 한강 이남에서는 흑석뉴타운과 신길뉴타운이 성공리에 재개발이 마무리되면서 노량진뉴타운에 대한 기대감도 한층 높아졌습니다. 노량진은 입지가 아주 좋습니다. 서울 중심부에 위치하면서 여의도, 중구, 강남 등 업무지구와 연결됩니다. 지하철 1호선과 7호선이 지나며 향후 새절역과 서울대입구역을 잇는 경전철 서부선과 신림선이 노량진뉴타운을 관통할 예정입니다.

수색증산뉴타운은 수색역, 증산역, 디지털미디어시티역이 있는 트리플 역세권입니다. 여러 구역 중에서 증산2구역이 가장 중요한 지역입니다. 실투금 7억 원 내외로 살 수 있는 곳이 여럿 있습니다. 수색9구역, 수색6구역으로 가면 실투금이 더 낮아집니다. 수색증산뉴타운은 역세권에 강변북로 등으로 진입하기 쉬워

교통 여건이 매우 뛰어납니다. 또한 수색 역세권 개발, 월드컵대교 개통 등 여러 호재가 예정되어 있습니다.

세 번째로 이문휘경뉴타운이 있습니다. 지하철 1호선 회기역과 신이문역 사이에 있습니다. 청량리 역세권이 본격적으로 개발되고 분당선, GTX C노선 등 교통 개선 효과에 힘입어 지역 가

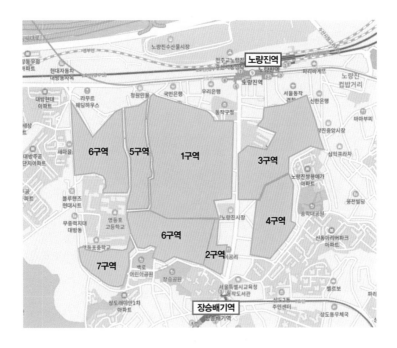

노량진뉴타운

노량진뉴타운 재개발 사업은 2020년 5월에 첫 주민 이주가 시작될 예정이다.

수색증산뉴타운

수색증산뉴타운은 수색 역세권 개발, 상암 롯데복합쇼핑몰 등 호재가 예정되어 있어 더욱 주목받는다.

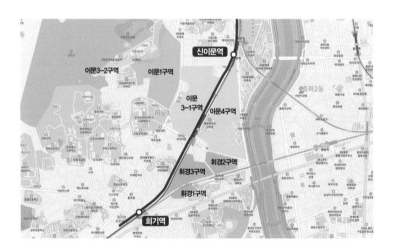

이문휘경뉴타운

이문휘경뉴타운은 청량리 재정비촉진지구, 전농답십리 재정비촉진지구와 함께 동대문구의 대표 재개발 사업지로 꼽힌다.

치도 덩달아 올랐습니다. 총 8개 구역으로 지정됐으나 이문2구역이 정비구역에서 해제됐으며, 2020년 2월, 2개 단지가 입주 및 분양이 완료됐습니다. 2020년 내에 이문1구역이 분양을 계획 중입니다. 이문휘경뉴타운은 조합원들이 많아서 급매가 나올 가능성이 높습니다.

노량진뉴타운, 수색증산뉴타운, 이문휘경뉴타운의 실투금이 모두 같을 때 어디를 선택해야 할까요? 각자 개인의 사정 또는 취향에 따라 선택하면 됩니다. 다니는 회사가 삼성역 근처라면 노량진뉴타운을, 청량리 근처라면 이문휘경뉴타운을 고르는 식이죠. 미래 가치를 심각하게 고민할 필요가 없습니다. 서울 전체가 좋아지고 있으니 어느 뉴타운을 고르든 다 같이 가격이 오를 것입니다.

5억 원대로 장위뉴타운이 있습니다. 이곳은 서울 외곽이라서 접근이 어려웠던 지역입니다. 지하철 6호선에서도 살짝 비켜가는 곳이기도 하고요. 그런데 말 그대로 천지개벽이 일어났습니다. 2015년 장위2구역(꿈의숲 코오롱하늘채)으로 첫 분양이 시작됐는데, 당시 전용 59m² 분양가가 4억 원 수준이었으나 입주 3년 차인 현재 시세는 7억 6000만 원대를 기록하고 있습니다. 동북선, GTX C노선 등 교통 호재와 광운대 역세권 개발 등의 호재로 인

장위뉴타운

장위뉴타운은 북서울꿈의숲, 세 곳의 근린공원으로 둘러싸여 이른바 숲세권을
이루고 있다.

해 뉴타운에 대한 관심이 더욱 증가할 전망입니다.

　마지막으로 2~4억 원대로 상계뉴타운과 신림뉴타운이 있습니다. 이 두 구역은 각각 노원구와 관악구 끝에 있습니다. 구역 모양도 비슷하고 세대수도 비슷합니다. 상계뉴타운은 경전철 동북선, 신림뉴타운은 경전철 신림선이 개통될 예정입니다.

상계뉴타운

경전철 신림선

1구역

2구역

3구역

신림뉴타운

상계뉴타운과 신림뉴타운은 서울 외곽에 위치하고 있지만 예정된 경전철이 개통
되면 서울 중심부 접근이 더욱 용이해질 전망이다.

아직 '무주택자를 위한 부동산'이 남아 있다고 외치는 이유

풋풋 • 아임해피

12·16 대책에 대해 어떻게 생각하세요? 이 정도면 더 이상 서울에 다주택자를 존재하지 않게 만들겠다는 의지의 표명이 아닐까요?

쉽게 말해 다주택자든 1주택자든 무주택자든 '15억 있으면 집 사라. 없으면 사지 마'라는 의미죠. 그동안은 9억 원 이상, 15억 원 이하 아파트를 구매할 경우 대출로 3억 6000만 원을 내줬어요. 그런데 이제는 20%밖에 안 주겠대요. 그리고 투기과열지구의 15억 이상 아파트를 구매할 때는 무조건 대출이 안 돼요. 현금이 없으면 집을 사지 말고, 만약 현금이 있으면 소명을 하라는 거죠. 통장 안에 돈이 있다는 걸 보여 주고, 그게 아니라면 뭘 팔아서라도 현금을 마련해서 구매하라는 겁니다.

정책이 성공할까요?

문제는 그거예요. 지금 서울 아파트를 살 때 사람들이 대출을 얼마나 냈는지 알아보자는 거죠. 많은 사람이 대출 껴서 집을 샀다면 정말 치명적인 정책이에요. 그런데 현금을 든 사람이 많다면 목적한 바를 달성할 수 있을지 확실하지 않다는 거죠.

현금을 가진 사람이 그렇게 많나요?

공부하러 오시는 분들은 대개 돈이 없어요. 하지만 9억 이상의 고가 청약을 하신 분들은 대출이 아예 안 나오거든요? 그러면 그분들은 자기 돈, 현금으로 꼬박꼬박 중도금 대출을 갚아요. 지금 15억에 500세대를 뽑는 아파트가 있는데 1만 명이 청약을 신청했어요. 그러면 15억을 가진 사람이 1만 명은 된다는 뜻이죠. 그런 현상을 보면 이게 잘 먹히는 게 맞나, 의아하게 되죠. 그래도 한 번씩 정책이 나오면 스톱이 되기는 합니다. 앞으로 장이 진행되더라도, 한 번씩 정리해 가며 가겠죠.

어쨌든 지금 분위기가 부동산으로 집중되면서도, 모두들 버블이 붕괴할 조짐을 이야기하죠. 지금이 거의 끝물이 아닌가 해서요.

부동산 이야기가 '핫'하긴 합니다. 하지만 이익 실현은 또 안 됐잖아요. 거의 사이버 머니인 셈이에요. 막상 돈을 빼서 쓸 수는 없어요. 종부세로 더 나가지, 누구도 돈을 벌지 못한 시장인 거예요.

30대 '큰손'들이 부동산 시장으로 몰려온다

30대 무주택자들이 몰리고 있죠?

한국 부동산에서 큰돈을 벌어 본 사람들은 50~60대 베이비부머 세대예요. 저 같은 40대는 어느 지역에 내 집 마련을 했느냐에 따라 부의 격차가 벌어졌어요. 소위 낀 세대죠. 그런데 30대는 돈을 벌어 본 부모를 보고 자랐어요. 부동산을 하면 돈을 번다는 것도, 어디를 사면 좋을지도 알아요. 그래서 부동산에 집중하기 시작했어요.

그렇지 않아도 요즘 부동산 강의나 수업에 30대가 많이 오잖아요?

진짜 많아요. 심지어 20대, 결혼 안 한 싱글남과 싱글녀도 와요. 예전에는 결혼하고 나서 내 집 마련을 하려고 공부하는 케이스가 많았어요. 그런데 요새 강의에 오는 30대는 두 가지 경우예요.

선배가 공부하라고 조언했든지, 아니면 같은 사회 초년생이 비트코인이나 주식이 아닌 부동산으로 돈을 벌었다는 이야기를 들었든지. 그분들은 보다 빨리 정보를 습득하기 위해 검색이나 유튜브를 이용해 강의를 접한 뒤에 직접 들으러 와요. 실행력도 장난이 아닙니다.

게다가 무주택자라서 더 적극적이지 않을까요?

그렇죠. 그래서 제 수업은 청약에 관심 있는 분들이 많이 와요. 하지만 수업을 듣고 깨닫죠. 아, 나는 청약 당첨이 안 되는구나. 그러면 두 가지 시장으로 나가게 됩니다. 첫째는 분양권이나 입주권을 살 수 있는 분양권 시장. 둘째는 신축 아파트를 직접 매수하는 시장. 요즘 뉴스에서 30대 매수자가 많다는 건 주로 청약 당첨이 안 되니까 아예 매수를 한 케이스예요.

가점이 안 채워져서 청약을 포기하는 건가요?

맞아요, 가점이 부족해요. 만 45세 3인 가족의 최대 점수가 64점이고 4인 가족이 69점이에요. 그런데 지금 서울의 핫한 로또 단지나 강남의 당첨 가능 가점이 딱 69점이에요. 64점도 될까 말까 한 거예요. 30대가 그 점수를 채우기는 매우 어렵죠.

가족 수가 가점에 영향을 미치나요?

네, 가점은 두 가지 요소가 좌우합니다. 가족 수와 시간이죠. 1년마다 3점씩 늘어나게 되어 있어요. 요새는 사람들이 자기 가점을 다 계산해서 와요. 심지어 "가점을 높게 받아야 하니까 아기를 낳을까요?"라고 묻는 분도 있어요.

'역세권 신축, 신축, 역세권 구축' 순으로 봐라

아임해피 님은 신축 투자, 분양권, 입주권 전문가시잖아요. 그런데 입주권은 '줍줍(싸게 나온 매물을 '줍고 줍는다'는 말을 재미있게 이르는 신조어)' 같은 개념인가요?

아니에요. 분양권과 입주권은 달라요. 분양권은 청약 단지의 새 아파트를 가질 권리이고, 입주권은 재개발과 재건축 아파트를 가질 권리예요. 저는 분양권과 입주권을 합한 전문 강사라서 신축 전문가라고 해요. 대세는 신축이니까요.

신축이 살기 편한 건 맞는 것 같아요.

신축을 선호하는 게 30대의 특징이에요. 저 같은 40대는 아파트에서 자라지 않았어요. 저는 신혼 때 처음으로 아파트에서 살기 시작했는데 너무 좋은 거예요. 네모반듯한 방 2개에 복도식까지 좋았지요. 그런데 1980년대에 태어난 30대는 아파트에서 태어나 자란 사람들이에요. 그런 사람들은 여태까지 살아온 24평짜리 아파트처럼 단조로운 구조에서 신혼 보금자리를 꾸리기 싫은 거예요.

그렇게 볼 수도 있군요.

그리고 요즘 젊은이들은 SNS를 많이 하고 소위 '온라인 집들이'도 해요. 괜히 벤츠나 래미안 마크를 보이도록 사진을 찍어서 SNS에 올리고 싶어 하지요. 그래서 그들에게는 어디서, 어떤 구조의 집에서 사는가가 중요해요. 그래서 이제까지와는 다른 평면, 다른 구조에 더 열광하고 그 영향으로 아파트의 공법도 바뀌게 돼요. 아파트 평면은 2년만 지나면 완전히 바뀌어요.

그다음으로 중요한 게 지하 주차장과 커뮤니티예요. 구축 아파트를 리모델링해서 새것처럼 꾸며도 주차장은 달라지지 않고, 돈 들여서 인테리어를 꾸며도 커뮤니티는 가질 수 없잖아요. 하지만 신축 아파트에 입주하면 입주민만 출입할 수 있는 수영장, 카페테리아, 스카이라운지, 인피니티 풀을 누릴 수 있어요.

인피니티 풀이요?

이번에 엘시티라는 해운대 아파트가 사전 점검을 했어요. 여기에는 바로 옆에 펼쳐진 바다와 맞닿은 인피니티 풀과 키즈 풀이 있어요. 그런데 여기는 입주민만 이용할 수 있죠. 사람들은 새로운 곳에 더 환호하고 더 많은 돈을 지불해서라도 그걸 소유하고 싶어 해요.

하지만 그래도 아파트는 입지가 중요하지 않나요?

입지도 있지만 거기에 신축이 더해지면 가격은 바로 2배, 3배 뛰어 버리죠. '2배로 법칙'이 있어요. 서울의 신축은 무조건 2배가 된다는 거죠. 강남은 3배 이상이 되고. 거기에 입지까지 더해지면 폭발적으로 열광하게 돼요.

결국 신축 아파트에 가야 하는군요.

네. 세 가지 상품에만 집중해야 한다고 생각해요. 역세권 신축, 그냥 신축, 역세권 구축.

역세권 기준이 있나요?

그 기준은 사람마다 달라요. 우스갯소리로 어떤 사람은 한겨울에 지하철역부터 집까지 걸었을 때 귀가 빨개지지 않으면 역세권이라고 하지요. 보편적으로 500미터 내 지역을 초역세권이라고 하고 800미터 내는 일반 역세권이에요. 하지만 무엇보다 '도어 투 도어'로 빨리 지하철을 타서 빨리 출근하는 게 중요하죠.

그래도 무주택자를 위한 시장은 남아 있다

6~7억 원짜리 아파트도 9억까지 올라갈 수 있는 상황이 된 게 아닌가요?
9억으로 다 같이 올라가는 일은 이미 일어났어요. 작년에 강북이 10억을 찍었고, 최근에는 광명, 수원, 의왕이 10억을 찍었어요. 이제는 15억 원이 마지노선이 될 거예요. 시중에 물건이 없거든요. 하지만 매물이 풀릴 만한 정책도 하나 있어요. 10년 이상 보유한 다주택자의 물건에 대해서는 양도세 중과를 안 한다는 것이 바로 그거죠.

그런데 누가 그런 물건을 팔까요? 외부에서 엄청난 충격이 오지 않는 이상은 그렇게 안 할 것 같습니다.

그러게요. 하지만 유동성이 너무 세요. 현금뿐 아니라 대출에도 유동성이 들어가면 시장이 폭발적으로 증가하기 때문에 이런 대출 규제는 한 번씩 해 주는 게 좋아요. 게다가 우리나라는 DTI, LTV 등 대출 규제 정책이 정말 잘되어 있는 편이에요.

무주택자는 어떨까요?

그렇지 않아도 1주택자와 무주택자에게 이런 말을 해 주고 싶어요. 쫄지 마, 괜찮아. 열심히 공부해.

기회는 있다는 말씀인가요?

대출 규제가 발표되면 무주택자들이 가장 두려워해요. 하지만 그럴 필요가 없는 게, 정부가 규제 정책으로 보호하려는 이들은 실수요자거든요. 그러니까 기회는 언제나 있다고 생각하시면 돼요.

실수요자들은 어떤 걸 준비하면 될까요?

가장 먼저 자금입니다. 신축, 입주권, 분양권, 청약 등 각각 들어갈 금액이 달라요. 그러니까 내가 돈을 얼마나 융통할 수 있는지가 중요해요. 역으로 계산하는 게 가장 편합니다. 내가 지금 5억이 있는데 어디까지 가능할까, 따져 보고 우선 살 수 있는 물건을 그루핑Grouping 하는 거죠. 그다음에 동남권, 서남권, 서북권, 동북권 지역에 동그라미를 친 뒤 마지막으로 내 직장과 남편 직장 거리를 따져야 해요.

하지만 애써 물건을 구매했는데 가격이 오르는 것도 중요하죠.
집값이 오르는 원인은 역산하면 알 수 있어요. 1번, 2번, 3번을 따져서 괜찮은 물건을 찾았다면 그다음에 오를 만한 요소를 다시 따져 보는 거죠. 최적의 조건을 갖춘 물건을 찾은 뒤에 오를 요소를 찾는 거예요.

그런데 부동산 투자에 관심 있으신 분들이 장기적인 도시 계획은 잘 모르시더라고요.
맞아요. 그분들은 전업 투자자가 되려는 게 아니라 내 집 하나 마련하는 게 목표니까요. 그래서 과거는 별로 안 궁금하고 미래만 궁금한 거예요. 전문가에게 '찍어 달라'고 요청하는 경우도 많죠.

그런데 굳이 공부를 권하는 이유가 있을까요?
현재 아직 젊고 이 집에서 평생 살 것도 아니니까요. 한 번 사면 두 번째 집, 세 번째 집이 보여요. 공부해 놓으면 더 쉬워지겠죠.

추천하는 공부 방법이 있나요?

예전에 자기가 살았던 지역을 한번 분석해 보는 거예요. 거기는
왜 올랐는지, 왜 떨어졌는지 분석하는 거죠. 그러면 다른 지역을
보는 눈도 생겨요.

'서울 불패'의 원인은 서울에 몰리는 전국 수요

예전에 '우선 살고 싶은 지역을 정하라', 그리고 '청약 통장에 매
달 10만 원씩 넣어라'고 조언하셨죠. 여기에 '살았던 지역 혹은
살고 싶은 지역의 히스토리를 찾아보고 분석한 뒤 원하는 지역에
대입하라'까지 추가해야겠군요.

맞아요. 사람들이 물건을 접할 때 변화 양상은 잘 상상하지 못하
거든요. 그럴 수밖에 없기도 해요. 신축 단지나 택지지구는 허허
벌판에 들어서고 재개발, 재건축도 정말 안 좋은 지역에 들어서
는 것이다 보니 미래에 어떻게 변할지 머릿속에 잘 안 그려지죠.
그래서 자신이 잘 아는 기존 지역을 대상으로 상상하는 연습을
하는 거예요.

수요는 어떤가요?

수요는 정말 중요하죠. 최근 서울 집값이 오르는 이유도 다 수요 때문이잖아요. 광주, 대구, 부산 전출입 조사를 하면 사람들이 모두 서울로 가요. 그러니 서울의 수요처는 전국이라고 할 수 있겠죠. 그러면 광주 수요는 어디서 일어날까요? 광주 사람들과 주변 전남 사람이겠죠. 부산이나 강원도 사람이 광주에 갈리는 없잖아요.

서울 수요는 왜 일어날까요?

일자리나 자녀 교육 때문에 서울에 집을 장만하려는 사람들이 늘어나요. 그분들은 서울에서도 좋은 지역의 집을 구매하지요.

지방분들은 왜 가장 비싼 데만 사죠?

예전에 일본 사람들이 캐나다나 미국 땅을 산다고 하면 가장 좋은 데만 샀잖아요. 누군가 뉴욕 땅을 사야 한다면 남들이 알 만한 11번가를 사라고 하는 것과 똑같아요. 마찬가지로 지방분들도 서울에서 가장 좋은 곳을 사는 거죠. 이를 소위 상경 투자라고 해요.

그러면 결국 서울은 오를 수밖에 없겠네요.

그런데 지금은 좀 급격하게 오른 편이에요. 원래는 인플레이션 효과라고 해서 차근차근 오르는데, 최근에는 다들 '너무 많이 오른 거 아닌가?' 라는 생각이 들 정도가 되어 버렸어요. 그러면 보합장이 되죠. 어떤 느낌이냐면, 내가 중국집에 갔는데 5000원 하던 짜장면이 6000원으로 올라도 이 정도면 그냥 먹죠. 그런데 5000원이 아니라 1만 원으로 오르면 다시는 그 중국집에 안 가죠. 이처럼 서울도 너무 급격하게 오른 감이 있어요. 정책, 수요, 유동성 때문에 그렇게 된 거죠.

그렇다면 뭘 사야 할까요?

사더라도 떨어질 가능성을 염두에 두셔야 해요. 그래서 떨어지더라도 그나마 안전한 걸 말씀드리는 거고, 그게 바로 신축과 일자리 배후 수요가 있는 역세권이죠. 저는 농담으로 이런 말도 했어요. 만약 내 자녀에게 집을 사 주게 된다면, 전쟁이 나도 전세가 나갈 지역의 집을 사 주겠다고. 그렇게 따져 보면 몇 군데가 나와요. 더블 역세권, 트리플 역세권, 쿼드러플 역세권. 이곳들은 일자리와 바로 연결되는 지리라는 뜻이죠.

결국은 일자리 배후 수요와 입지가 중요하다는 말씀이시네요.

그렇죠.

청약, 열심히 산 '흙수저'에게 나라가 주는 상금

얼마 전에 모 아파트 단지에서 입주민 골프 대회를 연다는 기사를 봤어요. 예전에는 동네 놀이터가 끝이었는데 말이죠.

입주민이 아니면 함께 어울리기 애매한 문화가 형성됐죠. 사람들이 남들에게 증명할 수 있는 프라이드를 지닌 아파트에 집중하는 것 같아요. 그걸 제4세대 아파트라고도 표현하거든요.

그런 아파트를 가지려면 살고 싶은 지역에서 열심히 청약 통장 부으면서 자녀가 2명이 될 때까지 잘 지내야겠군요.

네, 내 집 마련을 하고 싶은 흙수저라면 그렇게 15년을 기다리시면 됩니다. 청약 당첨은 회사도 열심히 다니고 자기계발도 하면서 자금을 모았을 때 나라에서 주는 상금이라고 생각하시면 돼요. '15년 동안 전세, 월세 살기 힘들었지? 아파트에 당첨되게 해줄게.' 청약 가점이 바로 그 점수거든요. 지금 40세가 넘어서 가점이 64점, 69점이 되었다면 조금 더 공부해서 최적의 단지를 찾으시라는 말씀을 드리고 싶고요.

청약을 부을 때 10만 원은 불변이죠? 2만 원은 의미가 없나요?
꼭 10만 원을 넣으세요. 그 10만 원은 공공분양에도 도전할 수 있다는 의미가 담긴 거거든요. 우리나라는 다른 나라에 비해서 공공으로 집을 제공하는 비율이 적어요. 하지만 공공이기 때문에 집값이 쌉니다. 입지도 점점 좋아지고 있어요. 지금 당장은 돈이 없어 못 사겠다 싶더라도 꾸준히 부어 주세요. 자녀가 만 17세가 되면, 큰 선물이라 생각하고 자녀 것도 부어 주세요. 저도 그렇게 붓고 있어요. 나중에 자기 이름으로 된 청약 통장을 찾고는 엄마에게 큰절한 사람도 있대요.

2020년 서울에 도전해 볼 만한 청약이 있을까요?
신반포3차 원베일리가 있습니다. 원래 원베일리는 후분양을 하려고 했는데, 그러면 분양가 상한제가 적용되기 때문에 통매각하겠다고 했어요. 그런데 이제 통매각도 안 돼요. 그래서 원베일리는 평당 4800만 원대입니다. 옆에 있는 아크로리버파크가 평당 1억이니까 반값 아파트인 셈이죠. 그런데 여기는 가점 69점 이상, 내 돈 15억 이상 있는 사람들이 노려볼 만한 곳이고요.

둔촌 주공도 있는데 아직 결론이 안 나왔어요. 둔촌 주공 측에서는 분양가 3400~3600만 원을 제시했지만 나라에서는 2600만 원에 하라고 했거든요. 아마 그사이에서 줄다리기를 할 거예요. 분양가 상한제가 2020년 7월 29일부터 시행되니까 입주자 모집 공고는 7월 28일 안에 나와야 해요. 그러니 이 두 아파트는 2020년에 분양을 하게 되겠죠.

그러다 보니까 부모님과 형제가 하나로 합치고, 각자 차용증까지 써 주면서 자금을 한데로 모아서 아파트를 산다는 분위기도 있는 것 같아요.
불법은 아니에요. 하지만 흙수저에게는 조금 안타깝죠.

흙수저는 1년에 1억씩 모아도 15년이 걸리는데 말이죠.
그런데 서울의 맞벌이 부부는 둘 다 고액 연봉자인 경우가 많아요. 두 사람이 40대를 넘겼을 때 모은 돈이 현금 10억 정도 되더라고요. 남 일 같지만 이런 가정이 생각보다 많습니다. 문제는 그 사람들보다 강남 3구 아파트가 더 적다는 거죠. 서울에 살아남은 맞벌이 부부는 전세도 6~7억짜리에서 사는 거예요.

전세를 6억이나요?

네. 애초에 대출도 안 내고 비싼 전세를 사는 분들은 잠정적인 대기 수요자, 매수층이에요. 전세가가 그렇게 높다면 당연히 집을 구입할 수 있는 여력도 된다는 거죠.

지금까지의 말씀을 한 줄로 요약해 주실 수 있나요?

아직 괜찮다. 살 만한 것이 남아 있으니까.

질문: 최기영(ㅍㅍㅅㅅ 본부장)

memo

신현강(부룡)

네이버 카페 '부와 지식의 배움터(부지런)' 대표이자 20년 경력의 실력파 실전 투자자. 삼성
생명, 삼성캐피탈, 현대캐피탈과 DB손해보험 등 금융업계에서 근무했다. 네이버 블로그 〈부
룡의 부동산지식 공작소〉와 유튜브 채널 〈부룡의 부지런TV〉를 운영하고 있으며 신세계, 애
경백화점, ABL생명, 동국대학교 교육원 등 국내 유수의 기업과 기관에서 부동산 투자를 주
제로 강연했다. 유튜브, 블로그 등 온라인 칼럼니스트로 활동하고 있으며, 지은 책으로 《부
동산 투자 이렇게 쉬웠어?》가 있다.

블로그 blog.naver.com/shk7611 (부동산지식 공작소)
카페 cafe.naver.com/bujilearn (부와 지식의 배움터)

Lesson 3

투자 패러다임이 바뀌면
투자 전략도 달라져야 한다

_부룡 신현강

12·16 대책에도
틈새시장은 있다

정부 대책은 15년 전과
크게 다르지 않다

2019년 12월 16일, 이른바 12·16 부동산 대책이 발표되면서 다시 한 번 시장에는 큰 술렁임이 발생했습니다. 앞으로 시장과 투자에는 어떤 변화의 움직임이 생기게 될까요? 미래를 예측하기 위해서는 과거를 돌아봐야 합니다. 그 이유는 바로 순환장의 도래, 또는 투자 패러다임의 변화 때문이지요. 그러면 대책과 규제로 인해 파생되는 틈새시장을 발견할 수 있습니다.

12·16 부동산 대책의 기본 취지는 다른 대책들과 크게 다르지 않습니다. 투기 수요를 억제하고 실수요자들을 위한 공급을 확대하여 주택 시장을 안정화하고 거래 질서를 바르게 확립하겠다는 것이지요. 이를 위해 투기적 대출 수요 규제를 강화하고, 양도소득세 제도를 보완하는 등 주택 보유 부담을 강화하고 있습니다. 그런데 저는 이 대책의 내용을 보면서 과거의 제도들과 상당 부분이 비슷하다는 생각이 들었습니다. "과거를 돌아보면 미래가 보인다"는 이야기가 바로 이 부분에서 비롯된 것이죠. 우선 12·16 대책을 한번 꼼꼼하게 살펴볼까요?

먼저 투기지역과 투기과열지구에 대한 주택 담보 대출이 강화되었습니다. 시가 15억 원이 넘는 초고가 아파트의 경우 주택 담보 대출을 금지하는 부분이 가장 눈에 띄는데요. 그래서 많은 사람이 초고가 아파트가 가장 많은 서울에 제일 큰 영향을 미치지 않겠느냐고 예상하고 있습니다. 그 외에도 DSR, 주택 담보 대출 실수요 요건을 강화하고, 사업자 대출 또한 강화하는 방향으로 조정되었습니다. 주택 임대업을 하는 개인 사업자에 대한 대출에서도 RTI(임대업이자상환비율)를 기존보다 1.5배 강화한다는 내용이 포함되어 있습니다. 여러 포지션에서 세분화된 이야기지만 크게 보면 결론적으로 대출 요건을 강화하여 대출이 쉽지 않도록 만들겠다는 의도입니다.

언뜻 투자자 입장에서 보면 뚫을 구멍이 없는 것처럼 여겨질 수 있습니다. 마치 사방이 꽉 막힌 것 같은 고강도 규제처럼 보이는데요. 저는 2005년 8월 31일에 발표되었던 이른바 8·31 부동산 종합 대책이 떠올랐습니다. 당시에 8·31 대책을 본 제가 그런 기분에 사로잡혔거든요. 이제 다 막혔구나, 더 이상 뚫을 데가 없겠구나. 하지만 결론적으로 틈새시장은 존재했습니다. 현재 12·16 대책 이후의 시장을 긍정적으로 바라보는 이유도 그렇습니다. 어디에나 틈은 있기 마련입니다. 뒤에서 더 자세히 이야기하도록 하겠습니다.

정부가 양도소득세 제도를 보완함으로써 던지는 시그널은 한마디로 함부로 움직이지 말라는 것입니다. 세율을 높이고 거주·보유 기간을 늘림으로써 일시적으로 2주택자가 되는 것, 임대 사업하는 것, 구축 아파트와 분양권 단타 거래를 어렵게 만들고 무분별한 투자 움직임을 둔화시키려는 것이지요. 이런 규제는 분명 투자자에게 큰 부담으로 작용합니다. 과거 2010년 초중반을 생각하면 더욱 그렇습니다. 당시만 해도 주택 시장이 얼어붙어 있었습니다. 심지어 양도소득세를 면제해 주면서까지 내 집 마련을 장려했던 시기였습니다. 하지만 지금은 사지도 말고, 임

투기수요 억제 및 공급확대를 통한 주택시장 안정화			
투기수요 차단 및 실수요 중심의 시장 유도			실수요자 공급 확대
투기적 대출수요 규제 강화	주택 보유부담 강화 및 양도소득세 제도 보완	투명하고 공정한 거래 질서 확립	실수요 중심의 공급 확대
• 투기지역·투기과열지구 주담대 관리 강화 - 시가 9억 원 초과 LTV 강화 - 초고가 아파트 주담대 금지 - 차주 단위 DSR 한도 규제 - 주담대 실수요 요건 강화 - 구입용 사업자대출 관리 강화 - 부동산임대업 RTI 강화 - 상호금융권 대출 관리 강화 • 전세대출 이용 갭투자 방지 - 사적보증의 전세대출보증규제 강화 - 전세대출 후 고가 신규주택 매입 제한	• 보유부담 강화 - 종합부동산세 세율 등 상향 - 공시가격 현실화·형평성 제고 • 양도세 제도 보완 - 1주택자 장특공제에 거주기준 요건 추가 - 2년 이상 거주자에 한해 1주택자 장특공제 적용 - 일시적 2주택 전입요건 추가 및 중복보유 허용기간 단축 - 등록 임대주택 양도세 비과세 요건에 거주요건 추가 - 조정대상지역 다주택자 양도소득세 중과 시 주택수에 분양권도 포함 - 2년 미만 보유 주택 양도세율 인상 - 조정지역내 한시적 다주택자 양도세 중과 배제	• 민간택지 분양가 상한제 적용지역 확대 • 거래 질서 조사체계 강화 - 고가주택 자금출처 전수 분석 - 실거래·정비사업 점검 상시화 - 자금조달계획서 제출대상 확대 및 신고항목 구체화 - 자금조달계획서 증빙자료 제출 • 청약규제 강화 - 불법전매자 등 청약제한 - 청약 당첨요건 강화 - 청약 재당첨 제한 강화 • 임대등록 제도 보완 - 취득세·재산세 혜택 축소 - 임대사업자 합동점검 - 임대사업자 등록요건 강화 - 임대사업자 의무 강화	• 서울 도심 내 공급의 차질없는 추진 • 수도권 30만호 계획의 조속한 추진 • 관리처분인가 이후 단계 정비사업 추진 지원 • 가로주택정비사업 활성화를 위한 제도개선 • 준공업지역 관련 제도개선

12·16 부동산 대책 요약

이전에 발표한 여러 규제에도 불구하고 집값 안정화는 쉽지 않았다. 12·16 대책은 투기 수요 차단 이외에도 실수요자 중심으로 시장을 유도하기 위한 정부 의도가 반영된 것으로 보인다.

투기지역, 투기과열지구 주택 담보 대출 관리 강화

• **시가 9억 원 기준 LTV규제 강화(기존 LTV 40%)**
  9억 원 ↑ LTV 20% 9억 원 ↓ LTV 40% (가계, 개인사업자, 법인 등 모든 차주)

• **초고가 아파트(시가 15억 초과) 주택 담보 대출 금지**
  가계, 개인사업자, 법인 등 모든 차주

• **DSR 관리 강화:** 투기지역, 투기과열지구 시가 9억 원 ↑ 주택 DSR 강화

• **주택 담보 대출 실수요 요건 강화**
  고가주택 기준(공시가격 9억 → 시가 9억)
  투기지역, 투기과열지구 고가주택 구입시 1년 내 전입 및 처분 의무 부여

- **주택 구입 목적 사업자 대출 관리 강화**
  주택 임대업, 주택 매매업 이외 업종 영위 사업자에 대해서
  기존 투기지역 외 투기과열지구까지 담보 대출 취급 금지 확대

- **주택 임대업 개인사업자에 대한 RTI 강화**
  투기지역, 투기과열지구 주택 임대업 개인사업자 대출 RTI 기준 1.5배 강화

양도소득세 제도 보완

- **1세대 1주택자 장기보유 특별 공제에 거주 기간 추가**
  2년 이상 거주자에 대해 장기보유 특별 공제 적용

- **조정지역 일시적 2주택자 전입요건 추가 및 중복 보유기한 단축**
  신규주택 취득일로부터 1년 이내 전입, 1년 이내 기존주택 양도시 비과세

- **등록임대주택에 대한 양도소득세 비과세 요건에 거주요건 추가**: 2년 거주 조건 추가

- **주조정지역 다주택자 양도소득세 중과시 주택 수에 분양권 포함**: 2021.1.1 부터 적용

- **2년 미만 보유 주택에 대한 양도소득세 인상(2021.1.1 부터)**
  1년 미만: 40% → 50%, 1년~2년: 기본세율 → 40%

전세 대출을 이용한 갭투자 방지

- 시가 9억 원 초과 주택 구입, 보유차주에 대한 전세 대출 보증 제한
- 전세 대출자가 시가 9억↑주택 매입 및 2주택 보유시 전세 대출 회수

주택 보유 부담 강화

- 종합부동산세 세율 상향 조정
- 조정대상지역 2주택자 종부세 상향 조정 (200%→300%로 확대)
- 종부세 대상 1주택 보유 고령자 세액 및 합산 공제율 확대
- 공시가격 현실화율 제고

민간택지 분양가 상한제 적용 지역 확대

- 서울 집값 상승 선도 지역 13개 구, 경기 3개 시 13개 동(과천, 하남, 광명)
- 정비사업 이슈 지역(서울 5개 구 37개 동)
  - 강서, 노원, 동대문, 성북, 은평

12·16 부동산 대책 상세 내용

대 사업도 안 된다고 하는 것이죠. 지방으로 눈길을 돌리는 투자자들에게도 부담이 되기는 마찬가지입니다. 바로 2년 미만 보유 주택에 대한 양도소득세 인상 조항 때문인데요. 지방 아파트 단기 매매로 차익을 얻는 사람들이 주춤할 수밖에 없습니다. 보유 기간에 따른 세율을 조정함으로써 주택을 최소 2년씩 보유하게끔 유도하는 것이기 때문에 단기 투자의 걸림돌이 될 수밖에 없는 조항입니다.

갭투자를 방지하기 위해 전세 대출에 대한 규제도 포함되었습니다. 쉽게 말해 전세 대출금으로 집을 사는 것처럼 딴짓을 못하도록 막겠다는 의도이지요. 여기에 세율을 높이면서 주택 보유에 대한 부담을 강화했습니다. 마지막으로 분양가 상한제 적용 지역을 확대하여 집값이 오르는 것을 어느 정도 억제하겠다는 의지를 보였습니다.

정부에서 대책을 내놓을수록 규제는 점점 강력해지고 있는게 사실입니다. 하지만 그렇다고 방법이 전혀 없는 것도 아닙니다. 앞서 이야기한 것처럼 지금은 사방이 꽉 막힌 것처럼 보이고 눈앞이 캄캄하지만 이전의 부동산 시장을 복기하고 이를 현재 상황에 대입해 보면 돌파구를 발견할 수 있습니다.

시장 환경은 변해도
투자자는 변하지 않는다

흔히 초보라고 할 수 있는 투자 입문자들에게는 현 상황이 더욱 갑갑하게 느껴질 수 있습니다. 하지만 지금까지 발표된 규제들은 현재 투자 대상에 대한 규제일 뿐입니다. 다양한 요인으로 인해 시장 환경은 얼마든지 변할 수 있습니다. 하지만 투자자는 결코 바뀌지 않습니다. 그리고 투자자는 투자 대상의 변화에서 돌파구를 찾습니다. 현재 규제 대상이 되는 상품이 아니라 다른 상품을 찾게 되는 것이지요. 저는 지난 장의 움직임을 살펴보면서 이런 논리에 대한 확신을 얻었습니다.

지금으로부터 약 15년 전, 참여정부 시절의 부동산 추세를 들여다봅시다. 2004년 하반기에는 서울 강남과 강북 부동산 시장 모두 침체기였습니다. 하지만 먼저 상승하기 시작한 것은 강남장이었습니다. 그리고 강북장도 이에 발을 맞춰 상승하기 시작했고요. 물론 주춤하는 시기도 있었습니다. 8·31, 3·30, 11·15, 1·11 등 강력한 정부 대책이 차례로 발표되었고 그때마다 오르락내리락하는 모습을 보였습니다.

2018년 9월 13일, 이른바 9·13 대책 발표 이후 2019년 초까지 부동산 시장 상황은 좋지 못했습니다. 하지만 시간이 흘러 강남 급등장이 형성되면서 분위기가 바뀌었지요. 2005년 8월도 이와 비슷합니다. 8·31 대책 이후 부동산 매매 가격은 조정되어 떨어졌습니다. 하지만 한두 달이 지나자 다시 반등하기 시작합니다. 그리고 다시 가파르게 올랐지요. 정부는 3·30 대책을 내놓습니다. 이후 역시 가격은 떨어졌지만 이번에도 몇 개월 지나지 않아 가파르게 오르기 시작합니다. 이후 11·15, 1·11 등 부동산 대책이 연이어 발표되었습니다. 이쯤 되면 감이 잡힐 것입니다. 일종의 톰과 제리를 보는 듯한 느낌입니다. 정부의 부동산 대책은 톰, 투자자는 제리라고 할 수 있겠습니다. 대책이 발표되면 숨었다가 다시 나타나고, 발표가 이어지면 다시 숨죽였다가 재등장하는 과정을 반복하면서 시장은 흘러갔습니다.

　당시 8·31, 3·30, 11·15, 1·11 대책의 핵심을 살펴보면 놀라운 점을 발견할 수 있습니다. 우선 8·31 대책에서는 다주택자에 대한 양도소득세가 강화되고 종합부동산세 대상 기준 금액이 6억 원 초과로 강화되었습니다. 3·30 대책의 경우는 고가 주택에 대한 대출 요건이 강화되었고, 11·15 대책에서는 주택 담보 대출 요건 강화, 1·11 대책은 분양가 상한제 지역 확대가 핵심이었습니다. 이 네 가지 대책의 핵심을 하나로 짜깁기하면 2019

2005년 8·31 대책

- 다주택자 양도세 강화(실거래가 과세, 2주택자 이상 중과)
- **모든 부동산 실거래가 과세 추진 및 등기부 기재(2006년)**
- 종합부동산세 대상 6억 원 초과로 강화
- 재산세 과표 적용률 상향 조정
- **기반시설 부담금제 도입, 개발 부담금 부활**
- **송파신도시(현 위례신도시) 건설**

2006년 3·30 대책

- 재건축 초과이익 환수제 도입, 안전진단 강화
- **택지 공급가격 인하, 용지 보상 합리화**
- 고가주택 대출 요건(DTI) 강화
- 주택거래 신고지역내 주택매입시 자금조달계획 신고

2006년 11·15 대책

- LTV, DTI 등 주택 담보 대출 관리 강화
- **서민주택금융 지원 강화**
- **신도시 등 공공택지 조기 추진, 분양가 인하**

2007년 1·11 대책

- 분양가 상한제 민간택지로 확대(9월부터)
- **원가 공개 확대(수도권 및 투기과열지구 내 민간택지)**
- **분양주택 전매제한 강화(공공 7~10년, 민간 5~7년)**
- **토지 임대부 및 환매 조건부 분양 시범 실시**

2005~2007년 부동산 대책

2005~2007년에 걸쳐 발표된 부동산 대책들을 살펴보면 낯익은 내용들을 발견할 수 있다. 이를 통해 시장 상황에 따라 규제와 완화가 반복되고 있음을 알 수 있다.

년의 12·16 대책과 너무도 비슷합니다. 하지만 다르게 생각하면 당시에는 네 번에 나눠서 시행된 규제들이 12·16 대책 때에는 단번에 시행되었으니 그만큼 강력하다는 의미이기도 하지요. 그러니 많은 투자자가 애를 먹고 부담을 가지는 것도 당연합니다. 그런데 이처럼 당시와 현재의 대책이 비슷하다면, 당시의 시장 상황으로 12·16 대책 이후의 상황을 충분히 유추해 볼 수 있지 않을까요?

앞서 살펴봤던 참여정부 때 부동산 추세 변화 그래프를 다시 한 번 봅시다. 대책이 발표될 때마다 투자자들은 숨었다가 다시 고개를 내밀고 있습니다. 그렇게 네 번의 대책이 모두 발표된 이후, 2007년 7월 이후를 주목합시다. 당시 전혀 예상하지 못했던 강북장이 급등했습니다. 이러한 결과는 서울의 웬만한 지역의 집값이 모두 올랐음에도 불구하고 투자자들은 또 다른 대상 찾기를 포기하지 않았다는 의미입니다. 하지만 이미 오른, 비싼 물건을 살 수 있는 여력은 못 되었습니다. 그래서 비교적 저렴하고, 현재 가진 자금으로도 투자가 가능한 지역과 물건을 찾기 시작했습니다. 그렇게 수요가 상대적으로 저평가되던 강북으로 몰려간 것이지요. 일반인들은 당시도, 현재도 서울 모든 동네의 시세가 올랐다고 여기겠지만 실상은 그렇지 않습니다. 강남이 특히

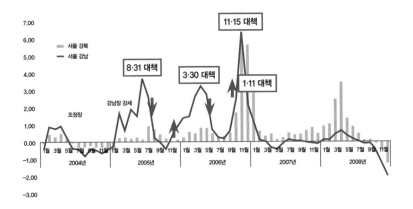

참여정부 시절 전월 대비 매매 가격 증감률

당시 서울 부동산 전월 대비 매매 가격 증감률을 살펴보자. 시세가 오르면 정부 대책이 발표되고 그 영향으로 시세가 내려가다가 다시 회복되는 패턴의 반복임을 알 수 있다. (자료: KB국민은행)

올랐기 때문에 평균이 높아진 것뿐이죠.

더욱 흥미로운 사실은 당시 서울 강북 지역의 시세만 오른 게 아니라는 것입니다. 앞에서 살펴본 서울은 물론이고 인천과 수도권 역시 2004년 조정기 이후 네 번의 대책을 거치면서 서울과 발맞춰 오르락내리락했습니다. 이 지표를 보고 앞으로 인천의 인기가 더욱 오를 것이다, 비싸질 것이라고 해석하면 곤란합니다. 핵심은 당시 투자자들이 이미 시세가 많이 상승한 지역, 비싼 지역을 벗어나기 시작했다는 것입니다. 이른바 투자의 성향이 바뛰기 시작한 것이죠. 가격이 상승한 곳에 투자했던 사람들은 돈을 벌었지만 그렇지 못했던 사람들은 다른 대상지를 찾아 떠난 것입니다. 그곳이 바로 상대적으로 저평가된 지역, 다른 곳보다 저렴한 지역이었던 겁니다.

현재의 투자자도 당시의 투자자와 다를 바가 없습니다. 지난 장에서 강력한 정부 규제가 발표되고 조정기가 닥쳐오는 것을 확인했습니다. 그리고 시간이 지나면 강남권 시장의 약진이 시작됩니다. 연이어 규제가 발표되지만 투자자들은 점점 맷집을 키우고 새로운 해법을 찾아냅니다. 그렇게 과거의 시장 움직임에서 우리는 풍선 효과를 확인할 수 있습니다. 그럼 앞으로는 어떨까요? 어렵지 않게 그려 볼 수 있을 것입니다. 당시에는 투자 수요가 판교 신도시 분양 과열로 인해 주변의 용인과 같은 지역으로 움직였습니다. 현재는 어떨까요? 이미 서울의 전 지역은 분양가 상한제를 실시하고 있습니다. 주변 지역도 서울 분양가를 쫓아 움직이고 있습니다. 그렇다면 투자 수요는 결국 어딘가로 향하게 될 것입니다. 바로 그 지역을 짚을 수 있을 때 성공적인 투자가 가능합니다.

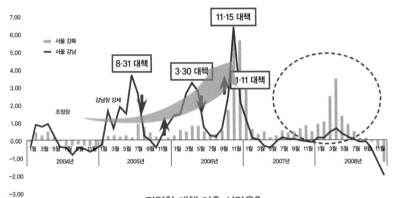

강력한 대책 이후 시장은?

참여정부 시절 네 차례의 강력한 부동산 대책 발표 이후 시세가 어떻게 움직였는
지 주목할 필요가 있다. 왜냐하면 2020년의 다음 기회를 여기서 발견할 수 있기
때문이다.

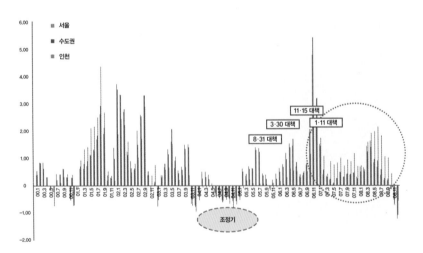

서울 · 수도권 부동산 풍선 효과

참여정부 시절 네 차례의 강력한 대책 이후 서울과 수도권의 집값은 다소 조정되
었지만 그 시기에 인천 시세가 급상승한 것을 알 수 있다.

투자 패러다임의 전환이
시작됐다

과거 시장을 봐야
현재 시장이 보인다

사실 아파트 투자 하면 서울과 신축 이야기가 가장 많습니다. 하지만 강력한 대책이 발표되면 투자가 쉽지 않은 것이 사실입니다. 이미 투자한 사람도 많아졌고, 투자 대상 지역이 줄어들면서 선택지가 적어지기 때문입니다. 예전에는 강남, 중대형, 일명 버블 세븐 지역(강남, 서초, 송파, 목동, 분당, 용인, 평촌)으로 투자 수요가 움직였습니다. 당시를 지배하던 투자 패러다임이 그랬습니다.

하지만 어느 순간 분위기가 달라졌습니다. 규제 맞춤형 투자 패러다임이 시장을 지배한 것입니다. 강남보다는 상대적으로 시세가 덜 오른 지역, 중대형보다는 중소형, 버블 세븐보다는 전세가 상승 지역으로 몰렸습니다.

2004년부터 2008년까지 서울 전체 자치구의 KB국민은행 매매가 지수를 살펴보면 당시의 수요 움직임을 파악할 수 있습니다. 이 구간을 세 분류로 나누면 2004년부터 2006년, 2005년부터 2007년, 2006년부터 2008년까지 짚을 수 있습니다. 이때 앞 두 구간에서 가장 많이 오른 지역은 서초구, 송파구, 강남구입니다. 서울의 강남 지역이죠. 하지만 셋째 구간에서 나란히 상승세가 꺾입니다. 시세가 너무 많이 올랐기 때문에 투자자들의 자금과 수요가 부족해진 것입니다. 물론 가격이 떨어졌다는 의미가 아닙니다. 이전보다 덜 올랐다는 것이죠. 하지만 하락하는 지역이 있으면 상승하는 지역도 있기 마련입니다. 바로 강서구, 관악구, 중랑구 등입니다.

이러한 움직임은 경기권에서도 마찬가지입니다. 2004년부터 2006년까지, 첫째 시기에 가장 많이 오른 지역은 과천, 성남, 용인입니다. 하지만 이러한 추세는 2006년부터 2008년 시기에 들면 서울 강남처럼 급격하게 꺾입니다. 반대로 시흥, 김포, 의정부

지역은 급격하게 상승합니다. 마치 서울 강서구, 관악구, 중랑구처럼 말이지요.

2020년 핫한 지역인 인천으로 시야를 넓혀 보겠습니다. 인천 또한 상승세가 가팔라졌음을 확인할 수 있습니다. "인천과 의정부가 오르면 시장의 마지막이다"라는 이야기는 이 당시의 추세에서 비롯된 것입니다. 서울, 경기, 인천의 시장 움직임을 통해 우

구분	2004.1	2005.1	2006.1	차이
서초구	56.1	55.6	67.7	11.6
송파구	57.4	56.7	66.8	0.3
강남구	54.8	53.6	63.2	8.4
용산구	51.5	53.9	59.5	8.0
성동구	61.6	63.3	68.8	7.1
영등포구	53.9	54.7	60.9	7.0
양천구	55.5	55.1	61.7	6.2
강동구	59.8	58.9	65.4	5.6
동작구	57.5	58.1	62.2	4.7
은평구	60.5	60.7	65.0	4.5
종로구	67.6	67.4	71.5	3.9
강북구	65.8	66.1	68.2	2.3
중구	63.1	62.9	64.9	1.7
성북구	59.1	58.4	60.5	1.4
구로구	59.4	58.6	60.7	1.3
광진구	63.9	62.9	64.8	0.9
마포구	62.8	60.1	63.5	0.7
금천구	68.1	67.4	68.6	0.5
도봉구	65.4	63.5	65.2	-0.1
서대문구	65.3	63.9	64.7	-0.6
동대문구	64.1	62.4	63.5	-0.6
노원구	55.5	53.6	54.7	-0.8
관악구	67.7	65.6	66.1	-1.7
강서구	65.9	63.0	63.8	-2.1
중랑구	67.1	64.6	64.7	-2.3

구분	2005.1	2006.1	2007.1	차이
서초구	55.6	67.7	82.5	26.9
송파구	56.7	66.8	82.8	26.1
양천구	55.1	61.7	80.8	25.6
강남구	53.6	63.2	77.9	24.3
용산구	53.9	59.5	76.4	22.6
강동구	58.9	65.4	80.0	21.1
영등포구	54.7	60.9	74.1	19.4
동작구	58.1	62.2	77.1	18.9
강서구	63.0	63.8	80.9	17.9
은평구	60.7	65.0	77.9	17.2
성동구	63.3	68.8	79.5	16.5
노원구	53.6	54.7	68.8	15.2
구로구	58.6	60.7	73.1	14.5
마포구	60.1	63.5	74.2	14.1
광진구	62.9	64.8	75.7	12.8
도봉구	63.5	65.2	74.6	11.1
성북구	58.4	60.5	69.2	10.8
종로구	67.4	71.5	78.0	10.5
강북구	66.1	68.2	75.4	9.3
중구	62.9	64.9	72.0	9.2
관악구	65.6	66.1	74.7	9.1
중랑구	64.6	64.7	73.6	9.1
서대문구	63.9	64.7	71.9	8.0
금천구	67.4	68.6	75.4	8.0
동대문구	62.4	63.5	69.5	7.1

구분	2006.1	2007.1	2008.1	2008.9	차이
노원구	54.7	68.8	75.7	90.2	35.5
용산구	59.5	76.4	86.9	90.2	30.7
강서구	63.8	80.9	83.6	90.0	26.3
도봉구	65.2	74.6	81.4	90.5	25.3
구로구	60.7	73.1	77.9	85.4	24.7
은평구	65.0	77.9	84.2	89.3	24.3
성북구	60.5	69.2	76.5	83.7	23.1
강북구	68.2	75.4	82.6	91.0	22.8
중랑구	64.7	73.6	80.4	86.7	22.0
양천구	61.7	80.8	81.4	83.0	21.4
동작구	62.2	77.1	78.9	82.1	19.9
금천구	68.6	75.4	79.6	87.5	18.9
마포구	63.5	74.2	77.9	81.3	17.8
영등포구	60.9	74.1	76.8	78.6	17.7
광진구	64.8	75.7	77.9	81.9	17.1
관악구	66.1	74.7	77.9	83.0	17.0
서대문구	64.7	71.9	75.6	81.6	16.9
송파구	66.8	82.8	82.5	83.4	16.6
동대문구	63.5	69.5	74.2	79.6	16.3
강동구	65.4	80.0	79.7	80.0	14.7
강남구	63.2	77.9	77.5	77.9	14.7
서초구	67.7	82.5	82.3	82.3	14.6
성동구	68.8	79.7	82.1	83.3	14.6
중구	64.9	72.0	76.8	79.3	14.4
종로구	71.5	78.0	79.3	82.9	11.4

서울 부동산 매매가 변동 지수(2004~2008년)

마지막 구간을 주목하자. 가장 많이 올랐던 강남 3구가 하락한 반면 그동안 가장 적게 올랐던 지역들의 상승세가 인상적이다. (자료: KB국민은행)

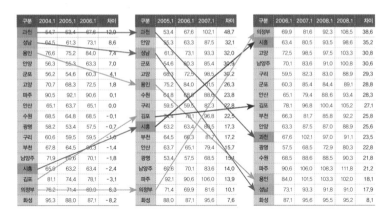

구분	2004.1	2005.1	2006.1	차이
과천	54.7	53.4	67.6	12.9
성남	64.5	61.3	73.1	8.6
용인	76.6	75.2	84.0	7.4
안양	56.3	55.3	63.3	7.0
군포	56.2	54.6	60.3	4.1
고양	70.7	68.3	72.5	1.8
파주	90.5	92.1	90.6	0.1
안산	65.1	63.7	65.1	0.0
수원	68.5	64.8	68.5	-0.1
광명	58.2	53.4	57.5	-0.7
구리	60.6	59.5	59.5	-1.0
부천	67.8	64.5	66.3	-1.4
남양주	71.9	69.6	70.1	-1.8
시흥	65.9	63.2	63.4	-2.4
김포	81.1	74.4	78.1	-3.1
의정부	76.2	71.4	69.9	-6.3
화성	95.3	88.0	87.1	-8.2

구분	2005.1	2006.1	2007.1	차이
과천	53.4	67.6	102.1	48.7
안양	55.3	63.3	87.5	32.1
성남	61.3	73.1	93.3	32.0
군포	54.6	60.3	85.4	30.9
고양	68.3	72.5	98.5	30.2
용인	75.2	84.0	101.5	26.3
수원	64.8	68.5	88.6	23.8
구리	59.5	59.5	82.3	22.8
김포	74.4	78.1	96.8	22.5
시흥	63.2	63.4	80.5	17.3
부천	64.5	66.3	81.7	17.2
안산	63.7	65.1	79.4	15.7
광명	53.4	57.5	68.5	15.1
남양주	69.6	70.1	83.6	14.0
파주	92.1	90.6	106.0	13.9
의정부	71.4	69.9	81.6	10.1
화성	88.0	87.1	95.6	7.6

구분	2006.1	2007.1	2008.1	2008.9	차이
의정부	69.9	81.6	92.3	108.5	38.6
시흥	63.4	80.5	93.5	98.6	35.2
고양	72.5	98.5	97.5	103.3	30.8
남양주	70.1	83.6	91.0	100.8	30.6
구리	59.5	82.3	83.0	88.9	29.3
군포	60.3	85.4	84.4	89.1	28.8
안산	65.1	79.4	88.6	93.4	28.3
김포	78.1	96.8	100.4	105.2	27.1
부천	66.3	81.7	85.8	92.2	25.8
안양	63.3	87.5	87.0	88.9	25.6
과천	67.6	102.1	97.0	91.1	23.5
광명	57.5	68.5	72.9	80.3	22.8
수원	68.5	88.6	88.5	90.3	21.8
파주	90.6	106.0	108.3	111.8	21.2
용인	84.0	101.5	103.3	102.0	18.1
성남	73.1	93.3	91.8	91.0	17.9
화성	87.1	95.6	95.5	95.2	8.1

경기 부동산 매매가 변동 지수(2004~2008년)

수도권 부동산 시장의 움직임 역시 서울과 비슷하게 마지막 구간에서 역전 현상
이 벌어졌다. (자료: KB국민은행)

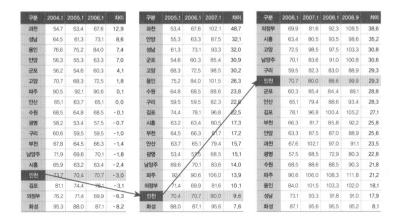

구분	2004.1	2005.1	2006.1	차이
과천	54.7	53.4	67.6	12.9
성남	64.5	61.3	73.1	8.6
용인	76.6	75.2	84.0	7.4
안양	56.3	55.3	63.3	7.0
군포	56.2	54.6	60.3	4.1
고양	70.7	68.3	72.5	1.8
파주	90.5	92.1	90.6	0.1
안산	65.1	63.7	65.1	0.0
수원	68.5	64.8	68.5	-0.1
광명	58.2	53.4	57.5	-0.7
구리	60.6	59.5	59.5	-1.0
부천	67.8	64.5	66.3	-1.4
남양주	71.9	69.6	70.1	-1.8
시흥	65.9	63.2	63.4	-2.4
인천	73.7	70.4	70.7	-3.0
김포	81.1	74.4	78.1	-3.1
의정부	76.2	71.4	69.9	-6.3
화성	95.3	88.0	87.1	-8.2

구분	2005.1	2006.1	2007.1	차이
과천	53.4	67.6	102.1	48.7
안양	55.3	63.3	87.5	32.1
성남	61.3	73.1	93.3	32.0
군포	54.6	60.3	85.4	30.9
고양	68.3	72.5	98.5	30.2
용인	75.2	84.0	101.5	26.3
수원	64.8	68.5	88.6	23.8
구리	59.5	59.5	82.3	22.8
김포	74.4	78.1	96.8	22.5
시흥	63.2	63.4	80.5	17.3
부천	64.5	66.3	81.7	17.2
안산	63.7	65.1	79.4	15.7
광명	53.4	57.5	68.5	15.1
남양주	69.6	70.1	83.6	14.0
파주	92.1	90.6	106.0	13.9
의정부	71.4	69.9	81.6	10.1
인천	70.4	70.7	80.0	9.6
화성	88.0	87.1	95.6	7.6

구분	2006.1	2007.1	2008.1	2008.9	차이
의정부	69.9	81.6	92.3	108.5	38.6
시흥	63.4	80.5	93.5	98.6	35.2
고양	72.5	98.5	97.5	103.3	30.8
남양주	70.1	83.6	91.0	100.8	30.6
구리	59.5	82.3	83.0	88.9	29.3
인천	70.7	80.0	88.6	99.9	29.3
군포	60.3	85.4	84.4	89.1	28.8
안산	65.1	79.4	88.6	93.4	28.3
김포	78.1	96.8	100.4	105.2	27.1
부천	66.3	81.7	85.8	92.2	25.8
안양	63.3	87.5	87.0	88.9	25.6
과천	67.6	102.1	97.0	91.1	23.5
광명	57.5	68.5	72.9	80.3	22.8
수원	68.5	88.6	88.5	90.3	21.8
파주	90.6	106.0	108.3	111.8	21.2
용인	84.0	101.5	103.3	102.0	18.1
성남	73.1	93.3	91.8	91.0	17.9
화성	87.1	95.6	95.5	95.2	8.1

경기 및 인천 부동산 매매가 변동 지수(2004~2008년)

앞서 살펴본 수도권 상황에 인천을 포함시켜 보면 주목받지 못했던 지역의 강세
가 더욱 두드러진다. (자료: KB국민은행)

리는 투자 수요가 상대적으로 저렴한 곳을 찾아갔음을 알 수 있습니다.

이러한 결론은 또 다른 지표에서도 도출이 가능합니다. 2004년과 2009년의 매매가 지수 차이를 살펴보면 당시 동탄신

수도권 전체	2004.1	2005.1	2006.1	2007.1	2008.1	2008.9	차이
과천	54.7	53.4	67.6	102.1	97.0	91.1	36.4
군포	56.2	54.6	60.3	85.4	84.4	89.1	32.9
시흥	65.9	63.2	63.4	80.5	93.5	98.6	32.8
안양	56.3	55.3	63.3	87.5	87.0	88.9	32.6
고양	70.7	68.3	72.5	98.5	97.5	103.3	32.6
의정부	76.2	71.4	69.9	81.6	92.3	108.5	32.2
남양주	71.9	69.6	70.1	83.6	91.0	100.8	28.9
구리	60.6	59.5	59.5	82.3	83.0	88.9	28.3
안산	65.1	63.7	65.1	79.4	88.6	93.4	28.3
성남	64.5	61.3	73.1	93.3	91.8	91.0	26.5
인천	73.7	70.4	70.7	80.0	88.6	99.9	26.3
용인	76.6	75.2	84.0	101.5	103.3	102.0	25.5
부천	67.8	64.5	66.3	81.7	85.8	92.2	24.4
김포	81.1	74.4	78.1	96.8	100.4	105.2	24.0
광명	58.2	53.4	57.5	68.5	72.9	80.3	22.1
수원	68.5	64.8	68.5	88.6	88.5	90.3	21.7
파주	90.5	92.1	90.6	106.0	108.3	111.8	21.3
화성	95.3	88.0	87.1	95.6	95.5	95.2	0.1

경기권 부동산 시세 오름폭(2004~2008년)

수도권의 시세는 입지에 따라 상승세의 차이가 있을지언정 전반적으로 거의 모든 지역이 올랐다.

도시가 없었던 화성을 제외한 수도권의 대부분 지역이 올랐음을 알 수 있습니다. 원래부터 높게 평가받았던 과천은 물론이고 그보다 못한 지역들도 모두 상승한 것이지요.

즉 서울과 웬만한 수도권 지역은 어떻게 투자해도 수익이 발생할 수 있습니다. 다만 아무것도 모르는 상태에서 성급하게 뛰어들거나 결정할 필요는 없다는 점을 강조하고 싶습니다. 오히려 2008년 말처럼 급등장이 지나고 투자 사이클의 막차를 타게 되면 의도치 않게 10년간 장기 투자를 하게 될 수도 있습니다. 투자 사이클의 막차 이후 언젠가 다시 올 새로운 사이클의 첫차가 출발할 때까지는 오랜 시간이 걸리기 때문입니다.

▨▨ 입주량

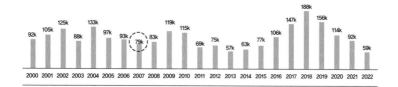

2000~2022년 수도권 입주 물량 추이

2007년 수도권 입주 물량 감소로 인한 불안 심리(실제로 감소량은 많지 않았지만)가 번지면서 전세 가격이 큰 영향을 받았다. (자료: 부동산지인)

앞에서 살펴본 자료는 결국 서울 외곽 지역의 강세를 이야기하고 있습니다. 그럼 왜 이런 현상이 벌어졌을까요? 첫 번째 원인으로 입주 물량의 감소를 들 수 있습니다. 2007년도에 수많은 전문가와 언론에서 입주 물량이 감소해서 전세 가격이 상승할 가

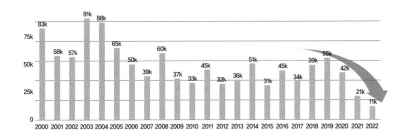

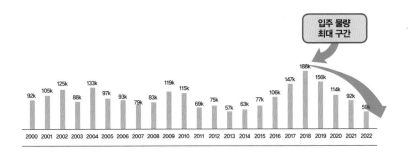

서울(위)과 수도권(아래) 입주 물량 추이

서울 및 수도권의 경우 2020년부터 입주 물량이 급격하게 감소함을 알 수 있다.

능성이 크다고 이야기했습니다. 구입할 수 있는 집이 줄어들 테니 가격이 오르는 것은 당연하지요. 그래서 덩달아 집값도 상승했습니다. 하지만 실제 입주 물량은 어땠을까요? 다른 해와 비교했을 때 아주 근소한 차이였을 뿐입니다. 그럼에도 불구하고 물량 감소에 대한 우려가 커졌던 것이죠.

두 번째 원인은 앞에서 이야기한 것처럼 서울과 수도권의 전세 가격이 급등했기 때문입니다. 실제로 2005년 서울과 수도권의 전세 가격 전월 대비 증감률과 전년 말 대비 증감률을 살펴보면 가파르게 상승했음을 알 수 있습니다(182~185쪽 참조). 전세가가 오르자 집값도 함께 오르기 시작합니다. "전세로 살 바에는 집을 사자"는 수요도 늘었고, "다들 집을 사는데 나도 사야 하지 않을까" 하는 불안도 커지기 시작했습니다. 그래서 실수요자들의 구매가 늘어났습니다. 부동산 투자에 관심이 없던 사람들, 혹은 앞으로 시세가 더 떨어지기를 기대하며 기다리던 사람들이 어쩔 수 없이 움직이기 시작한 것입니다. 이것이 바로 서울 외곽 지역 강세의 셋째 원인입니다. 2006년 9월 당시 언론에서도 이런 기사들을 흔하게 찾아볼 수 있었습니다. 시장에 고분양가에 대한 우려가 나오고 전세난이 나타나기 시작하자 사람들이 매매로 눈을 돌리기 시작했다고요.

서울 신축, 재건축, 강남 아파트에 대한 수요나 분위기는 당시나 지금이나 다를 바가 없었습니다. 하지만 2005년 후반부터 공기가 바뀌기 시작합니다. 경기권 아파트 시세의 약진이 시작되었고, 상승세가 다른 지역으로 퍼져 나가면서 여기저기 가격이 올랐습니다. 재개발 지분 가격마저 상승했습니다. 재개발 지역에는 결국 신축 아파트가 들어서게 될 테니까요. 당장 신축 아파트를 구입하지 못하는 수요가 재개발 쪽에 집중되었습니다. 현재 인천을 비롯한 서울 곳곳의 정비사업지역 시세가 오르는 것과 비슷하다고 할 수 있습니다. 재개발 후광을 볼 수 있는 연립 주택과 다세대 주택 경매도 각광을 받았고, 중대형 아파트보다 소형 아파트 선호 현상이 더 뚜렷해졌습니다. 신축, 강남, 중대형 아파트에 집중되었던 투자 대상이 다양한 형태의 부동산으로 다변화한 것입니다.

지금까지 살펴본 시장의 움직임을 현재 상황에 매치시키면 우리는 어느 지역에 어떻게 투자해야 할지 로드맵을 그려 볼 수 있지 않을까요?

서울	전월 대비 증감률(%)						
	1월	2월	3월	4월	5월	6월	7월
1986년		4.23	3.48	2.24	0.82	-0.82	0.00
1987년	1.69	3.59	3.73	3.08	0.50	0.74	0.00
1988년	1.81	4.22	4.48	2.24	0.40	-1.19	0.20
1989년	2.54	6.19	5.24	5.54	-0.87	-1.94	-1.62
1990년	6.20	13.36	2.57	2.11	-2.59	-2.12	3.93
1991년	2.51	5.15	4.16	1.18	-3.02	-3.71	-0.12
1992년	2.39	3.08	4.89	1.14	-0.45	-1.69	-0.23
1993년	0.91	2.27	1.88	-0.22	-1.42	-1.22	-0.22
1994년	0.34	1.56	1.76	1.19	0.21	0.43	-0.21
1995년	0.31	1.34	1.63	0.60	-0.40	-0.20	-0.10
1996년	0.80	1.39	1.17	0.68	0.10	0.29	2.30
1997년	1.73	1.52	0.00	-0.09	-0.71	-1.16	-0.27
1998년	-1.67	-3.77	-7.53	-10.48	-6.74	-2.79	1.96
1999년	5.01	6.36	3.31	2.07	1.82	1.39	1.86
2000년	1.53	4.35	2.64	1.41	0.33	-0.24	0.57
2001년	0.88	3.27	2.47	2.26	1.69	1.16	2.51
2002년	3.26	4.16	3.39	1.87	-0.06	-0.06	1.15
2003년	-0.35	0.82	0.87	-0.17	-0.81	-1.46	-0.93
2004년	-0.35	0.54	0.59	0.08	-0.20	-0.19	-0.69
2005년	-0.63	0.23	0.27	0.35	0.08	0.41	0.35
2006년	0.86	0.90	1.48	1.15	0.65	0.19	0.20
2007년	0.66	0.40	0.61	0.44	-0.05	-0.04	0.08
2008년	0.20	0.27	0.69	0.64	0.19	0.04	0.07
2009년	-1.68	0.21	0.66	0.63	0.40	0.74	0.88
2010년	0.55	0.99	0.70	0.49	0.29	0.15	0.06
2011년	1.14	2.11	1.79	0.67	0.33	0.46	1.12
2012년	-0.05	0.19	0.24	0.02	-0.07	-0.03	-0.05
2013년	0.33	0.45	0.53	0.41	0.22	0.25	0.64
2014년	0.80	0.80	0.70	0.37	0.09	0.09	0.11
2015년	0.41	0.62	1.03	1.10	0.71	0.90	0.78
2016년	0.36	0.33	0.28	0.23	0.25	0.27	0.24
2017년	0.06	0.03	0.04	0.08	0.11	0.32	0.35
2018년	0.18	0.12	0.12	-0.01	-0.07	-0.04	0.03
2019년	-0.10	-0.34	-0.28	-0.16	-0.10	-0.07	0.03
2020년	0.35	0.26					
평균	0.99	2.02	1.40	0.63	-0.28	-0.34	0.45

서울 아파트 전세가 증감률(자료: KB국민은행)

서울	전월 대비 증감률(%)					전년말대비
	8월	9월	10월	11월	12월	
1986년	0.82	4.08	0.26	-4.17	-3.26	
1987년	0.74	4.89	0.93	2.08	0.00	24.16
1988년	1.61	-0.20	-1.19	-3.61	-1.66	7.01
1989년	2.74	6.94	3.49	-0.16	-1.29	29.60
1990년	-2.48	2.95	0.52	2.72	-4.53	23.65
1991년	-0.25	3.50	1.21	-2.62	-2.82	4.75
1992년	2.76	1.46	-0.55	-1.33	-1.46	10.20
1993년	0.34	0.22	0.33	-0.33	-0.45	2.06
1994년	0.96	1.68	0.31	0.00	-0.21	8.29
1995년	0.40	0.60	0.00	-0.30	-0.50	3.41
1996년	0.00	2.71	-0.09	-0.64	0.64	9.70
1997년	0.18	1.35	-0.71	-1.43	-1.91	-1.55
1998년	4.99	2.80	-2.01	-1.21	2.57	-22.41
1999년	3.56	4.09	0.54	-0.71	-0.63	32.46
2000년	1.70	2.39	1.09	-1.70	-2.43	12.07
2001년	3.56	3.37	0.39	-0.32	0.07	23.39
2002년	1.94	0.78	-1.44	-2.64	-1.27	11.40
2003년	-0.16	0.58	0.10	-0.77	-0.95	-3.21
2004년	-0.10	-0.49	-0.38	-0.70	-0.86	-4.39
2005년	0.66	1.75	1.49	0.64	0.41	6.16
2006년	0.40	1.22	1.65	1.67	0.56	11.48
2007년	0.15	0.08	0.06	-0.10	-0.11	2.19
2008년	0.00	0.09	-0.22	-0.99	-2.69	-1.75
2009년	0.95	2.79	1.09	0.83	0.37	8.10
2010년	0.19	0.69	1.15	1.12	0.77	7.38
2011년	1.71	2.21	1.03	0.30	-0.18	13.42
2012년	0.01	0.52	0.65	0.52	0.25	2.21
2013년	0.99	1.42	1.50	1.01	0.89	8.97
2014년	0.23	0.36	0.43	0.36	0.42	4.86
2015년	0.75	0.97	0.59	0.85	0.49	9.57
2016년	0.17	0.19	0.32	0.27	0.13	3.09
2017년	0.35	0.16	0.19	0.20	0.17	2.08
2018년	0.18	0.59	0.48	0.12	-0.10	1.62
2019년	0.12	0.13	0.24	0.21	0.38	-0.55
2020년						
평균	0.86	1.60	0.40	-0.21	-0.51	7.56

수도권	전월 대비 증감률(%)						
	1월	2월	3월	4월	5월	6월	7월
1999년		6.97	3.81	1.93	2.18	1.39	1.37
2000년	2.10	4.20	2.85	1.38	0.00	-0.38	0.61
2001년	0.67	3.33	2.72	1.88	1.64	1.61	2.71
2002년	3.39	3.80	2.94	1.29	-0.21	-0.11	0.80
2003년	-0.27	0.76	0.86	-0.16	-0.59	-1.29	-0.75
2004년	-0.36	0.47	0.60	0.16	-0.22	-0.74	-0.81
2005년	-0.71	0.44	0.85	0.76	0.41	0.65	0.49
2006년	0.59	0.83	1.32	1.02	0.79	0.21	0.17
2007년	0.76	0.46	0.62	0.41	-0.12	-0.09	-0.02
2008년	0.08	0.25	0.64	0.70	0.26	0.16	0.15
2009년	-1.87	-0.29	0.36	0.38	0.45	0.58	0.71
2010년	0.26	0.67	0.72	0.60	0.34	0.14	0.08
2011년	0.97	2.13	2.36	1.18	0.51	0.49	0.93
2012년	-0.08	0.25	0.34	0.14	-0.01	-0.01	0.05
2013년	0.20	0.35	0.55	0.45	0.26	0.31	0.55
2014년	0.62	0.79	0.85	0.47	0.12	0.19	0.19
2015년	0.36	0.50	0.85	0.92	0.62	0.85	0.72
2016년	0.31	0.30	0.27	0.20	0.23	0.19	0.21
2017년	0.07	0.04	0.03	0.04	0.07	0.18	0.18
2018년	0.00	0.01	-0.01	-0.07	-0.13	-0.09	-0.11
2019년	-0.08	-0.30	-0.26	-0.23	-0.14	-0.13	-0.09
2020년	0.28	0.31					
평균	0.35	1.24	1.11	0.64	0.31	0.20	0.39

수도권 아파트 전세가 증감률

2005~2006년 서울과 수도권 전세 가격은 다른 때에 비해 크게 올랐던 시기임을 알 수 있다.(자료: KB국민은행)

수도권	전월 대비 증감률(%)					전년말 대비
	8월	9월	10월	11월	12월	
1999년	3.16	3.93	1.18	−0.83	−0.34	
2000년	2.12	2.30	0.87	−1.29	−2.25	13.04
2001년	3.99	3.47	0.84	−0.65	0.36	24.93
2002년	1.54	0.94	−1.19	−2.20	−0.75	10.54
2003년	−0.17	0.56	0.16	−0.78	−1.06	−2.72
2004년	−1.28	−0.62	−0.50	−0.95	−1.01	−5.16
2005년	0.61	1.68	1.32	0.55	0.26	7.55
2006년	0.40	1.30	1.79	1.84	0.88	11.70
2007년	0.10	0.16	0.04	−0.09	−0.11	2.14
2008년	0.08	0.33	0.06	−0.85	−2.23	−0.43
2009년	0.82	2.53	1.04	0.67	0.10	5.57
2010년	0.25	0.76	1.14	1.27	0.70	7.16
2011년	1.56	2.01	1.07	0.17	−0.25	13.91
2012년	0.06	0.47	0.64	0.45	0.16	2.49
2013년	0.95	1.57	1.59	1.06	0.84	9.03
2014년	0.26	0.46	0.47	0.40	0.45	5.41
2015년	0.64	0.87	0.53	0.75	0.42	8.33
2016년	0.17	0.17	0.32	0.33	0.12	2.86
2017년	0.18	0.07	0.07	0.04	0.00	0.98
2018년	0.01	0.22	0.19	0.05	−0.10	−0.03
2019년	0.03	0.06	0.14	0.17	0.29	−0.98
2020년						
평균	0.74	1.11	0.56	0.00	−0.19	5.82

서울과 수도권의
전세 가격 상승을 주목하라

그럼 현재 상황이 어떤지 살펴볼까요? 서울은 최근 입주 물량이 점점 감소하고 있습니다. 2020년 이후는 급감이라고 표현할 수 있을 정도입니다. 경기권은 어떨까요? 서울과는 조금 다르게 2018년도에 최대 물량이 공급되었습니다. 그래서 수도권 투자는 굉장히 위험하다는 이야기까지 나왔습니다. 하지만 이후로 물량은 급감하기 시작합니다. 2020년 이후로는 서울과 비슷한 지표를 보이고 있지요. 2007년 당시에는 미미한 감소에도 불안감이 증폭되고 시장이 크게 요동쳤습니다. 하지만 앞으로는 더 큰 물량 감소가 예상되는 만큼 부동산 시장의 변화도 쉽게 그려질 것입니다.

그 첫 번째 변화는 바로 전세 가격입니다. 2019년 1월부터 2020년 2월까지 서울과 수도권의 전세가 전월 대비 증감률을 살펴보면 조금씩 상승하는 것을 확인할 수 있습니다. 2018년 말부터 역전세 이야기가 나오면서 마이너스 증감률을 기록했었는데 그것이 반대로 전환된 것이죠(188~191쪽 전월 대비 증감률 참조).

2006년 9월, 정부와 전문가들은 전셋값 상승 원인을 가을

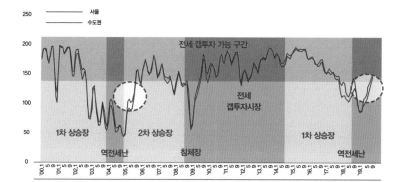

서울 및 수도권 전세 수급 지수

2000~2019년 서울 및 수도권 전세 수급 지수 변화에 비춰 봤을 때 2020년 이후 전세 시장은 2차 상승 구간으로 들어설 가능성이 크다.

* 전세 수급 지수=100+공급 부족 비중-공급 충분 비중 (조사 항목: 공급 부족, 적절, 공급 충분)

* 전세 수급 지수는 0~200 범위 이내이며 지수가 100을 초과할수록 공급 부족 비중이 높음.

이사철과 결혼 시즌 등 계절적 요인이라고 보았습니다. 하지만 실제로는 8·31 대책 발표 이후 매매가 부진해지고 반대로 전세 수요가 많아지면서 덩달아 전세가도 상승한 것입니다. 여기에 집주인들이 세금 부담을 덜기 위해 전세를 반전세나 월세로 전환하면서 전세 물량 자체가 줄어든 결과이기도 합니다. 문제는 이런 내용의 뉴스가 12·16 대책 이후 2020년 1월에도 똑같이 전파를 탔다는 것입니다.

서울	전월 대비 증감률(%)						
	1월	2월	3월	4월	5월	6월	7월
1986년		4.23	3.48	2.24	0.82	-0.82	0.00
1987년	1.69	3.59	3.73	3.08	0.50	0.74	0.00
1988년	1.81	4.22	4.48	2.24	0.40	-1.19	0.20
1989년	2.54	6.19	5.24	5.54	-0.87	-1.94	-1.62
1990년	6.20	13.36	2.57	2.11	-2.59	-2.12	3.93
1991년	2.51	5.15	4.16	1.18	-3.02	-3.71	-0.12
1992년	2.39	3.08	4.89	1.14	-0.45	-1.69	-0.23
1993년	0.91	2.27	1.88	-0.22	-1.42	-1.22	-0.22
1994년	0.34	1.56	1.76	1.19	0.21	0.43	-0.21
1995년	0.31	1.34	1.63	0.60	-0.40	-0.20	-0.10
1996년	0.80	1.39	1.17	0.68	0.10	0.29	2.30
1997년	1.73	1.52	0.00	-0.09	-0.71	-1.16	-0.27
1998년	-1.67	-3.77	-7.53	-10.48	-6.74	-2.79	1.96
1999년	5.01	6.36	3.31	2.07	1.82	1.39	1.86
2000년	1.53	4.35	2.64	1.41	0.33	-0.24	0.57
2001년	0.88	3.27	2.47	2.26	1.69	1.16	2.51
2002년	3.26	4.16	3.39	1.87	-0.06	-0.06	1.15
2003년	-0.35	0.82	0.87	-0.17	-0.81	-1.46	-0.93
2004년	-0.35	0.54	0.59	0.08	-0.20	-0.19	-0.69
2005년	-0.63	0.23	0.27	0.35	0.08	0.41	0.35
2006년	0.86	0.90	1.48	1.15	0.65	0.19	0.20
2007년	0.66	0.40	0.61	0.44	-0.05	-0.04	0.08
2008년	0.20	0.27	0.69	0.64	0.19	0.04	0.07
2009년	-1.68	0.21	0.66	0.63	0.40	0.74	0.88
2010년	0.55	0.99	0.70	0.49	0.29	0.15	0.06
2011년	1.14	2.11	1.79	0.67	0.33	0.46	1.12
2012년	-0.05	0.19	0.24	0.02	-0.07	-0.03	-0.05
2013년	0.33	0.45	0.53	0.41	0.22	0.25	0.64
2014년	0.80	0.80	0.70	0.37	0.09	0.09	0.11
2015년	0.41	0.62	1.03	1.10	0.71	0.90	0.78
2016년	0.36	0.33	0.28	0.23	0.25	0.27	0.24
2017년	0.06	0.03	0.04	0.08	0.11	0.32	0.35
2018년	0.18	0.12	0.12	-0.01	-0.07	-0.04	0.03
2019년	-0.10	-0.34	-0.28	-0.16	-0.10	-0.07	0.03
2020년	0.35	0.26					
평균	0.99	2.02	1.40	0.63	-0.28	-0.34	0.45

서울 아파트 전세가 증감률

2019년 초 서울 및 수도권의 전세 가격 증감률은 하락세로 시작했으나 2019년이
끝나 갈수록 증가세로 돌아섰다.(자료: KB국민은행)

서울	전월 대비 증감률(%)					전년말 대비
	8월	9월	10월	11월	12월	
1986년	0.82	4.08	0.26	-4.17	-3.26	
1987년	0.74	4.89	0.93	2.08	0.00	24.16
1988년	1.61	-0.20	-1.19	-3.61	-1.66	7.01
1989년	2.74	6.94	3.49	-0.16	-1.29	29.60
1990년	-2.48	2.95	0.52	2.72	-4.53	23.65
1991년	-0.25	3.50	1.21	-2.62	-2.82	4.75
1992년	2.76	1.46	-0.55	-1.33	-1.46	10.20
1993년	0.34	0.22	0.33	-0.33	-0.45	2.06
1994년	0.96	1.68	0.31	0.00	-0.21	8.29
1995년	0.40	0.60	0.00	-0.30	-0.50	3.41
1996년	0.00	2.71	-0.09	-0.64	0.64	9.70
1997년	0.18	1.35	-0.71	-1.43	-1.91	-1.55
1998년	4.99	2.80	-2.01	-1.21	2.57	-22.41
1999년	3.56	4.09	0.54	-0.71	-0.63	32.46
2000년	1.70	2.39	1.09	-1.70	-2.43	12.07
2001년	3.56	3.37	0.39	-0.32	0.07	23.39
2002년	1.94	0.78	-1.44	-2.64	-1.27	11.40
2003년	-0.16	0.58	0.10	-0.77	-0.95	-3.21
2004년	-0.10	-0.49	-0.38	-0.70	-0.86	-4.39
2005년	0.66	1.75	1.49	0.64	0.41	6.16
2006년	0.40	1.22	1.65	1.67	0.56	11.48
2007년	0.15	0.08	0.06	-0.10	-0.11	2.19
2008년	0.00	0.09	-0.22	-0.99	-2.69	-1.75
2009년	0.95	2.79	1.09	0.83	0.37	8.10
2010년	0.19	0.69	1.15	1.12	0.77	7.38
2011년	1.71	2.21	1.03	0.30	-0.18	13.42
2012년	0.01	0.52	0.65	0.52	0.25	2.21
2013년	0.99	1.42	1.50	1.01	0.89	8.97
2014년	0.23	0.36	0.43	0.36	0.42	4.86
2015년	0.75	0.97	0.59	0.85	0.49	9.57
2016년	0.17	0.19	0.32	0.27	0.13	3.09
2017년	0.35	0.16	0.19	0.20	0.17	2.08
2018년	0.18	0.59	0.48	0.12	-0.10	1.62
2019년	0.12	0.13	0.24	0.21	0.38	-0.55
2020년						
평균	0.86	1.60	0.40	-0.21	-0.51	7.56

수도권	전월 대비 증감률(%)						
	1월	2월	3월	4월	5월	6월	7월
1999년		6.97	3.81	1.93	2.18	1.39	1.37
2000년	2.10	4.20	2.85	1.38	0.00	-0.38	0.61
2001년	0.67	3.33	2.72	1.88	1.64	1.61	2.71
2002년	3.39	3.80	2.94	1.29	-0.21	-0.11	0.80
2003년	-0.27	0.76	0.86	-0.16	-0.59	-1.29	-0.75
2004년	-0.36	0.47	0.60	0.16	-0.22	-0.74	-0.81
2005년	-0.71	0.44	0.85	0.76	0.41	0.65	0.49
2006년	0.59	0.83	1.32	1.02	0.79	0.21	0.17
2007년	0.76	0.46	0.62	0.41	-0.12	-0.09	-0.02
2008년	0.08	0.25	0.64	0.70	0.26	0.16	0.15
2009년	-1.87	-0.29	0.36	0.38	0.45	0.58	0.71
2010년	0.26	0.67	0.72	0.60	0.34	0.14	0.08
2011년	0.97	2.13	2.36	1.18	0.51	0.49	0.93
2012년	-0.08	0.25	0.34	0.14	-0.01	-0.01	0.05
2013년	0.20	0.35	0.55	0.45	0.26	0.31	0.55
2014년	0.62	0.79	0.85	0.47	0.12	0.19	0.19
2015년	0.36	0.50	0.85	0.92	0.62	0.85	0.72
2016년	0.31	0.30	0.27	0.20	0.23	0.19	0.21
2017년	0.07	0.04	0.03	0.04	0.07	0.18	0.18
2018년	0.00	0.01	-0.01	-0.07	-0.13	-0.09	-0.11
2019년	-0.08	-0.30	-0.26	-0.23	-0.14	-0.13	-0.09
2020년	0.28	0.31					
평균	0.35	1.24	1.11	0.64	0.31	0.20	0.39

수도권 아파트 전세가 증감률

2019년 초 서울 및 수도권의 전세 가격 증감률은 하락세로 시작했으나 2019년이 끝나 갈수록 증가세로 돌아섰다.(자료: KB국민은행)

수도권	전월 대비 증감률(%)					전년말 대비
	8월	9월	10월	11월	12월	
1999년	3.16	3.93	1.18	-0.83	-0.34	
2000년	2.12	2.30	0.87	-1.29	-2.25	13.04
2001년	3.99	3.47	0.84	-0.65	0.36	24.93
2002년	1.54	0.94	-1.19	-2.20	-0.75	10.54
2003년	-0.17	0.56	0.16	-0.78	-1.06	-2.72
2004년	-1.28	-0.62	-0.50	-0.95	-1.01	-5.16
2005년	0.61	1.68	1.32	0.55	0.26	7.55
2006년	0.40	1.30	1.79	1.84	0.88	11.70
2007년	0.10	0.16	0.04	-0.09	-0.11	2.14
2008년	0.08	0.33	0.06	-0.85	-2.23	-0.43
2009년	0.82	2.53	1.04	0.67	0.10	5.57
2010년	0.25	0.76	1.14	1.27	0.70	7.16
2011년	1.56	2.01	1.07	0.17	-0.25	13.91
2012년	0.06	0.47	0.64	0.45	0.16	2.49
2013년	0.95	1.57	1.59	1.06	0.84	9.03
2014년	0.26	0.46	0.47	0.40	0.45	5.41
2015년	0.64	0.87	0.53	0.75	0.42	8.33
2016년	0.17	0.17	0.32	0.33	0.12	2.86
2017년	0.18	0.07	0.07	0.04	0.00	0.98
2018년	0.01	0.22	0.19	0.05	-0.10	-0.03
2019년	0.03	0.06	0.14	0.17	0.29	-0.98
2020년						
평균	0.74	1.11	0.56	0.00	-0.19	5.82

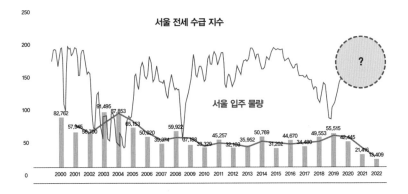

서울 및 수도권 전세 수급 지수와 입주 물량

2020년 이후 급감하게 될 서울 및 수도권 입주 물량을 고려한다면 향후 전세 시
장의 움직임은 더욱 명확해진다.

서울과 수도권의 전세 수급 지수를 살펴보면 이러한 현상은 더 극명하게 나타납니다. 전세 수급 지수가 강세였던 2000년대 초반을 지나면서 지수는 하락세를 보입니다. 전세가 부족해 전세 가격 강세가 나타나자 이후 매매 가격이 올랐다는 의미입니다. 이때가 1차 상승장이었습니다. 이후 전세 수급 지수가 하락하면서 전세 공급이 충분해지자 2004년에는 역전세난까지 나타나게 되었지요. 하지만 2005년부터는 전세 수급 지수가 상승하다가 다시 하락하는 모습을 보입니다. 전세 가격 강세가 나타나면서 또다시 매매 가격이 상승하기 시작한 것입니다. 바로 2차 상승장이었습니다. 2차 상승장은 그렇게 2008년까지 유지됩니다.

그러나 금융 위기를 맞으면서 전세가 부족해지고 침체기가 닥치더니 다시 전세 가격이 상승하면서 2010년대부터 전세 갭투자가 유행하기 시작했습니다.

부동산 시장에 조금이나마 관심이 있는 사람이라면 이 패턴이 익숙할 것입니다. 2019년 역전세난이 닥치기 전에 먼저 전세 가격이 오르고 이후 매매 가격이 오르는 1차 상승장이 있었기 때문이죠. 과거 시장의 움직임에 미루어 봤을 때 역전세난은 오래가지 않습니다. 오히려 2차 상승장이 시작되는 계기가 되기 때문입니다. 앞에서 소개한 것처럼 2020년 1월 이미 전세가 상승 뉴스가 나오고 있습니다. 반전세와 월세 전환도 늘고 있지요. 전세와 월세 부담을 느낀 수요자들은 "이럴 바엔 내 집 마련"을 고민할 수밖에 없습니다. 더 나아가서 전세가 상승을 통해 또 한 번의 전세 갭투자 유행을 점쳐 볼 수 있습니다.

서울 전세 수급 지수와 입주 물량을 함께 놓고 보면 그 차이는 더욱 명확해집니다. 2020년 이후 전세가는 오르기 시작합니다. 하지만 입주 물량은 줄어들기 시작하지요. 그런데 주택 수요는 많아질 전망입니다. 시세는 자연히 수요를 따라 오르게 될 것입니다. 이런 현상은 아마도 수도권 전역에서 나타날 것으로 예상됩니다.

서울과 수도권에서 벗어나 다른 지역은 어떨까요? 부산의 입주 물량은 상대적으로 많은 편이고 대전도 마찬가지입니다. 그래서 급등은 어려울 수 있지요. 대구는 부산, 대전에 비해 더욱 전세가 오르기 어려운 모습입니다. 하지만 울산은 조금 다릅니다. 전세가의 상승세와 입주 물량의 감소가 비교적 명확하게 드러나고 있기 때문입니다. 하지만 울산의 경우는 지역 경제 상황과 함께 고려해야 합니다. 중공업, 조선업이라는 특수성이 있기 때문이지요. 사실 이런 복합적인 분석은 지방 부동산을 고민할 때 반드시 필요한 부분입니다.

부산 전세 수급 지수

부산 입주 물량

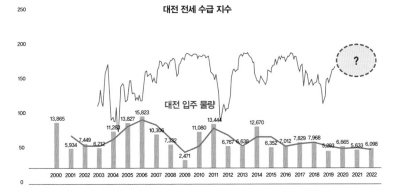

대전 전세 수급 지수

대전 입주 물량

부산·대전 전세 수급 지수

부산, 대전, 대구, 울산 등 4개 광역시의 입주 물량과 전세 수급 지수 변화를 살펴보면 서울 및 수도권과 약간 다른 양상을 확인할 수 있다. 이는 지방 부동산 시장이라는 특수성이 반영되어 있기 때문이다.

대구 전세 수급 지수

대구 입주 물량

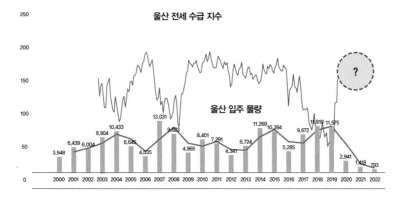

울산 전세 수급 지수

울산 입주 물량

대구·울산 전세 수급 지수

자, 그럼 지금까지의 정보를 바탕으로 합리적인 결론을 도출할 수 있습니다. 입주 물량은 감소하고 전세 가격은 상승할 것 같은데 수요가 많아서 성공 가능성이 가장 높은 투자 지역은 어디일까요? 당연히 서울과 수도권입니다. 하지만 서울은 이미 너무도 많이 올랐습니다. 따라서 상대적으로 수도권의 성공 가능성이 더 높다고 판단할 수 있습니다. 실제로 서울의 마용성(마포·용산·성동)처럼 수용성(수원·용인·성남)이 입에 오르내리더니 이제는 오동평(오산·동탄·평택), 김부검(김포·부천·검단), 구광화(구리·광명·화성)라는 말까지 등장했습니다.

이 중에서 특히 수원 시장의 움직임이 흥미롭습니다. 수원에서는 신축도 신축이지만 구축이 강세를 보이고 있기 때문입니다. 이러한 현상이 뜻하는 바는 실수요의 증가, 투자처의 변화입니다. 서울, 신축, 강남, 재건축, 재개발도 좋지만 너무 비싸서 투자할 수 없었던 투자자들이 실제로 투자가 가능한 지역과 물건을 찾아 이동한 것입니다. 또한 수원의 구축도 서울의 구축이 그랬던 것처럼 충분히 수익을 거둘 수 있는 투자처임을 증명하고 있습니다. 구축으로도 얼마든지 수익을 낼 수 있는 시장과 상황이 조성되었다고 봐도 될 것입니다.

2020년 이후 부동산 시장의 움직임은 이제 예상할 수 있습니다. 정부에서는 집값 상승을 막겠다는 취지로 강력한 대책을 내놓았습니다. 그 작용으로 전세 가격은 오르게 되지요. 그 오름 폭이 강해지는 순간 실수요자와 투자자들의 인내는 한계에 도달할 것입니다. 집값 상승이 서울을 벗어나 인근 지역으로 번지고 있기 때문입니다. 조금 더 늦으면 집도 못 사고, 투자도 못하며, 비싼 전세를 살아야 할 판입니다. 2007~2008년 급등장이 찾아왔던 것처럼 다시 한 번 상승장이 찾아올 수 있습니다.

투자자와 실수요자를 위한 맞춤형 투자 전략

갭 메우기를 이용한
서울·수도권 맞춤 전략

시장 상황이 달라져도 틈새시장은 생기기 마련입니다. 하지만 그 틈새를 어디서 찾을 수 있을까요? 우선 서울과 수도권을 중심으로 살펴보겠습니다.

서울의 A급 아파트 가격은 이전부터 올랐습니다. 그 뒤를 따라 서울의 B급도 올랐습니다. 수도권 A급은 서울의 B급과 동일합니다. 시세도 함께 올랐죠. 이때 서울과 수도권 A급을 대상으로 투기지역, 투기과열지구, 조정대상지역을 지정하고 분양가 상한제가 실시됩니다. 서울 및 수도권 투자자들의 관심은 수도권 B급으로 향합니다. A급이 막혔으니 B급이 각광을 받겠다는 기대 심리가 발생한 것이지요. 동시에 부산, 대구 등 지방의 A급으로 시선을 돌립니다. 수도권 B급보다 지방 A급이 낫다는 인식이 커지기 시작한 것이지요. 게다가 부산 해운대의 경우 조정대상지역에서 해제되기도 했고요. 덕분에 지방에 급등장이 형성되었습니다. 이런 움직임에 부산 투자자들은 굉장히 당황해하기도 했습니다.

이런 분위기와 상관없이 서울 A급은 자신만의 흐름을 가져갑니다. "역시 서울은 서울이다"라면서 상승세를 이어 갔지요. 결국 12·16 대책이 발표됩니다. 15억 원 초과 초고가 아파트와 9억 원 이상 고가 주택에 대한 대출 규제가 시작되었습니다. 이미 전국의 A급은 오를 수 있는 머리 위가 막힌 상태입니다. 그래서 투자자들은 주변을 둘러봅니다. 수도권과 지방의 B급으로 넘어가야 하는 상황이 닥친 것입니다. 게다가 2년 미만 보유 주택에 대한 양도소득세가 인상되었기 때문에 수도권 투자자 입장에서는 당연히 수도권 B급이 더 매력적입니다. 기왕에 2년간 보유해야 한다면 가까운 곳이 관리가 더 쉬우니까요.

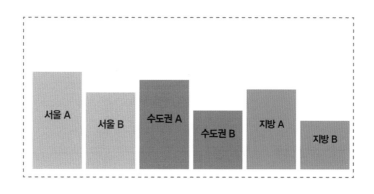

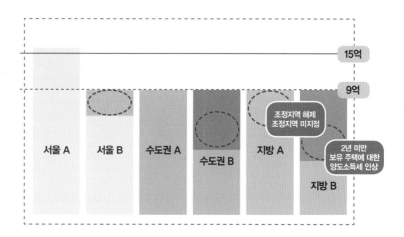

서울 A · 서울 B · 수도권 A · 수도권 B · 지방 A · 지방 B

15억

9억

서울 A · 서울 B · 수도권 A · 수도권 B · 지방 A · 지방 B

조정지역 해제
조정지역 미지정

2년 미만
보유 주택에 대한
양도소득세 인상

부동산 시장의 갭 메우기 현상

서울, 수도권, 지방의 A급 지역 아파트 가격이 상승하면 B급과의 가격 차이는 벌어진다. 하지만 투자 수요가 이어지면 B급 시세가 오르며 A급과의 가격 차이를 좁힌다. 이때 서울 B급, 수도권 B급과 지방 B급(동그라미 부분)에서 틈새시장이 발생할 수 있다.

서울 전체 64.7%

도봉구
99.7%

노원구
99.6%

강북구
100%

은평구
95.4%

성북구
96.0%

중랑구
98.9%

서대문구
83.4%

종로구
61.7%

동대문구
88.6%

강서구
80%

마포구
53.5%

중구
54.8%

성동구
50.3%

광진구
44.5%

강동구
54.5%

양천구
54.9%

영등포구
64.1%

용산구
17.6%

구로구
95.8%

동작구
61.2%

강남구
7.9%

송파구
28.1%

서초구
7.7%

금천구
99.5%

관악구
99.3%

서울 자치구별 9억 이하 가구수 비중

강남을 비롯해 서울 중심의 경우 9억 원 이상의 초고가 주택 비중이 높다. 반대로 서울 외곽 지역은 9억 원 이하의 주택 비중이 높다. 즉 상대적으로 저렴한 서울 외곽에서 투자 기회를 발견할 가능성이 높다.

물론 장기적으로 봤을 때 지방 B급에 대한 투자도 나쁜 선택은 아닙니다. 다만 단기적으로 서울과 수도권에 비해 리스크가 존재한다고 볼 수 있습니다. 앞에서 설명한 것처럼 지역 경제에 대한 고려도 필요하니까요. 결국 앞으로의 틈새시장은 B급을 중심으로 형성될 것입니다. 또한 서울에서 수도권, 지방으로 번져나갈 것이고요. 실제로 이미 B급의 강세는 시작되었습니다.

서울의 전체 주택 중에서 9억 원 이하의 비중은 약 64%입니다. 그중에서 더 관심을 가지고 지켜봐야 할 곳은 당연히 상대적으로 저렴한 지역들일 것입니다. 강북으로는 은평구, 강북구, 도봉구, 노원구, 성북구, 중랑구가 있고 강남으로는 구로구, 금천구, 관악구가 있습니다. 게다가 이 지역들에는 교통 호재가 따르고 있습니다. 상계역에서 왕십리를 잇는 동북선 경전철 사업과 안산과 서울역을 이을 신안산선 사업이 바로 그것이죠. 2007년 노도강(노원·도봉·강북)의 상승세와 여러모로 유사한 부분이 많습니다.

2014년부터 2019년까지 서울 전 자치구의 매매가 상승 지표를 보면 들쑥날쑥한 부분이 많습니다. 재개발과 같은 호재 소식에 따라서 오름폭이 왔다 갔다 하는 모습이 보이기 때문에 2004~2008년의 상승 지표와는 맞아떨어지지 않는 부분이 있습니다. 하지만 아래쪽에서 비교적 움직임이 적은 지역들만큼은 확실하게 주목해야 합니다. 현재까지 큰 움직임을 보여 주지 않았다는 것은 거꾸로 생각하면 앞으로 크게 움직일 가능성이 높다는 것이니까요.

2014~2019년에 매매가 상승률 상하위 지역의 매매가 대비 전세가 비율을 살펴보면 전세가의 흐름을 알 수 있습니다. 매매

구분	2014.1	2015.1	2016.1	차이
서초구	74.0	76.0	81.1	7.2
성북구	75.7	76.8	82.5	6.8
강남구	71.2	72.9	77.6	6.4
양천구	72.7	73.7	78.3	5.7
동작구	72.3	73.1	77.8	5.5
강동구	73.7	74.8	79.1	5.4
노원구	76.8	77.8	82.1	5.3
강서구	76.4	76.0	81.7	5.2
영등포구	70.7	71.1	75.8	5.1
구로구	76.6	76.7	81.5	4.9
도봉구	77.5	78.2	82.3	4.9
마포구	72.5	73.5	77.5	4.9
강북구	79.6	80.4	84.3	4.7
성동구	73.8	74.1	78.4	4.6
관악구	77.2	77.7	81.7	4.5
동대문구	76.9	77.7	81.3	4.4
송파구	73.5	74.6	77.9	4.4
서대문구	76.9	77.7	81.2	4.4
금천구	80.2	81.2	84.5	4.3
은평구	80.4	81.2	84.5	4.1
광진구	76.6	77.4	80.4	3.8
중구	82.8	83.4	86.2	3.4
중랑구	83.5	83.7	86.8	3.3
종로구	85.1	85.5	87.5	2.4
용산구	77.1	76.4	78.6	1.5

구분	2016.1	2017.1	2018.1	차이
송파구	77.9	82.0	89.6	11.7
강남구	77.6	81.7	89.2	11.6
마포구	77.3	81.8	88.4	11.0
성동구	78.4	81.1	88.9	10.5
광진구	80.4	83.0	90.7	10.4
영등포구	75.8	79.9	85.8	10.0
강동구	79.1	81.9	89.0	9.9
서초구	81.1	85.3	90.9	9.7
양천구	78.3	81.9	87.9	9.6
용산구	78.6	82.1	87.7	9.1
동작구	77.8	80.6	86.3	8.4
강서구	81.7	85.2	89.8	8.1
서대문구	81.2	85.2	89.0	7.8
노원구	82.1	85.2	89.6	7.5
금천구	84.5	86.7	91.8	7.2
동대문구	81.3	84.3	88.2	7.0
구로구	81.5	84.5	88.4	6.8
관악구	81.7	84.6	88.4	6.7
도봉구	82.3	84.3	88.8	6.5
성북구	82.5	85.6	88.6	6.2
중구	86.2	88.5	91.8	5.7
강북구	84.3	87.1	89.9	5.6
은평구	84.5	87.7	90.1	5.6
중랑구	86.8	88.6	92.2	5.4
종로구	87.5	89.2	92.6	5.1

구분	2018.1	2019.1	2019.10	차이
영등포구	85.8	100.0	102.5	16.7
동작구	86.3	100.0	100.9	14.7
양천구	87.9	100.0	102.4	14.5
마포구	88.4	100.0	102.4	14.0
용산구	87.7	100.0	100.9	13.2
서대문구	89.0	100.0	101.9	12.9
동대문구	88.2	100.0	101.1	12.8
구로구	88.4	100.0	101.1	12.7
송파구	89.6	100.0	102.0	12.4
성동구	88.9	100.0	101.2	12.3
관악구	89.0	100.0	100.5	12.1
강남구	89.2	100.0	101.2	12.0
도봉구	88.8	100.0	100.8	12.0
성북구	88.6	100.0	100.5	11.9
강동구	89.0	100.0	100.5	11.5
광진구	90.7	100.0	102.1	11.3
노원구	89.6	100.0	100.9	11.3
은평구	90.1	100.0	101.2	11.1
서초구	90.9	100.0	101.6	10.7
강북구	89.9	100.0	100.5	10.6
금천구	91.8	100.0	102.1	10.3
중랑구	89.8	100.0	99.8	10.0
중랑구	92.2	100.0	101.6	9.4
중구	91.8	100.0	100.1	8.3
종로구	92.6	100.0	100.9	8.3

서울 부동산 매매가 변동 지수(2014~2019년)

서울 대부분 지역의 부동산 매매가는 오르락내리락 변화의 폭이 크다. 하지만 중랑구, 종로구, 중구 등 매매가 변동 하위 지역들은 큰 움직임이 없다.

가 상승률 상위 지역들은 대개 전세가 비율이 상대적으로 낮습니다. 반대로 매매가 상승률 하위 지역들은 전세가 비율이 높은 편입니다. 그런데 2020년 상반기 서울의 전세가는 상승세에 있다고 확인했습니다. 전세가가 높아지면 전세 갭투자가 유리해집니다. 즉 서울의 어느 지역에 전세 갭투자를 해야 하는지 고민할 때

구분	2014.1	2015.1	2016.1	2017.1	2018.1	2019.1	2019.10
강북구	79.6	80.4	84.3	87.1	89.9	100.0	100.5
광진구	76.6	77.4	80.4	83.0	90.7	100.0	102.1
노원구	76.8	77.8	82.1	85.2	89.6	100.0	100.9
도봉구	77.5	78.2	82.3	84.3	88.8	100.0	100.8
동대문구	76.9	77.7	81.3	84.3	88.2	100.0	101.1
마포구	72.5	73.5	77.3	81.8	88.4	100.0	102.4
서대문구	76.9	77.7	81.2	85.2	89.0	100.0	101.9
성동구	73.8	74.1	78.4	81.1	88.9	100.0	101.2
성북구	75.7	76.8	82.5	85.6	88.6	100.0	100.5
용산구	77.1	76.4	78.6	82.1	87.7	100.0	100.9
은평구	80.4	81.2	84.5	87.7	90.1	100.0	101.2
종로구	85.1	85.5	87.5	89.2	92.6	100.0	100.9
중구	82.8	83.4	86.2	88.5	91.8	100.0	100.1
중랑구	83.5	83.7	86.8	88.6	92.2	100.0	101.6
강남구	71.2	72.9	77.6	81.7	89.2	100.0	100.2
강동구	73.7	74.8	79.1	81.9	89.0	100.0	100.5
강서구	76.4	76.0	81.7	85.2	89.8	100.0	99.8
관악구	77.2	77.7	81.7	84.6	88.4	100.0	100.5
구로구	76.6	76.7	81.5	84.5	88.4	100.0	101.1
금천구	80.2	81.2	84.5	86.7	91.8	100.0	102.1
동작구	72.3	73.1	77.8	80.6	86.3	100.0	100.9
서초구	74.0	76.0	81.1	85.3	90.9	100.0	101.6
송파구	73.5	74.6	77.9	82.0	89.6	100.0	102.0
양천구	72.7	73.7	78.3	81.9	87.9	100.0	102.4
영등포구	70.7	71.1	75.8	79.9	85.8	100.0	102.5

구분	전체 차이
영등포구	31.9
강남구	30.0
마포구	29.9
양천구	29.8
동작구	28.6
송파구	28.5
서초구	27.6
성동구	27.5
강동구	26.8
광진구	25.5
서대문구	25.0
성북구	24.8
구로구	24.5
노원구	24.2
동대문구	24.2
용산구	23.8
강서구	23.4
관악구	23.3
도봉구	23.3
금천구	21.9
강북구	20.9
은평구	20.8
중랑구	18.1
중구	17.3
종로구	15.8

구분	상승률 차이	전세가비율
중랑구	18.1	67.6
중구	17.3	66.0
성북구	24.8	65.6
구로구	24.5	65.0
관악구	23.3	64.8
종로구	15.8	64.1
강북구	20.9	64.0
금천구	21.9	63.4
은평구	20.8	63.0
동대문구	25.0	62.7
도봉구	23.3	61.2
동대문구	24.2	60.8
노원구	24.2	60.3
강서구	23.4	58.6
광진구	25.5	57.5
강동구	26.8	57.0
양천구	29.8	56.9
마포구	29.9	56.6
동작구	28.6	56.3
성동구	27.5	54.8
서초구	27.6	51.8
영등포구	31.9	51.6
송파구	28.5	49.2
용산구	23.8	48.2
강남구	30.0	46.8

서울 매매가 상승률과 전세가 비율 비교

부동산 매매가 상승률 상위 지역은 전세가 비율이 낮고, 반대로 상승률이 낮은 지역은 전세가 비율이 높다. 상대적으로 집값은 덜 오르고 전세가 비율이 높은 지역일수록 갭투자에 유리하다.

전세가 비율이 높은 지역이 유리한 것입니다. 물론 집값도, 전셋값도 비싼 강남 지역이 더 좋을 수도 있습니다. 하지만 상대적으로 수요와 관심이 덜한 곳일수록 상승 가능성도 큽니다. 즉 서울에서도 아직 크게 오르지 않은 지역, 오른 지역에서 상대적으로 크게 오르지 않은 아파트, 매매가 대비 전세가 비율이 높은 지역의 상승 가능성이 크다고 할 수 있습니다.

그럼 성공적인 서울 투자를 위해서는 무엇을 중점으로 두어야 할까요? 무엇보다 12·16 대책을 염두에 둔 맞춤형 전략이 필요합니다. 12·16 대책은 서울 소재 고가 주택에 대한 규제나 다름없기 때문에 오히려 각 거점별 2, 3등 아파트들에게서 큰 기회를 발견할 수 있습니다. 주택 보유 세금이 많아지고 구매 심리가 위축되면 전세 수요는 많아지고 덩달아 전세가도 상승하게 됩니다. 그러므로 전세 가격이 크게 오르는 지역을 꾸준히 주시하고 있어야 합니다.

현재까지는 강남 지역이 전세가 상승을 주도하고 있습니다. 특히 학군이 좋은 대치동이 대표적인 예입니다. 흥미로운 점은 이전 장에서도 강남 학군 지역에서부터 전세가 상승이 시작되었다는 사실입니다. 서울 전세 가격 상승은 새로운 투자 기회, 특히 갭투자 기회로 이어질 가능성이 매우 높습니다.

지역 인프라는 좋지만 신축에 비해 가격이 많이 오르지 않은 물건들을 주목하는 것도 좋은 방법입니다. 지난 장에서는 노도강이었지만 이번에는 어느 곳이 될지 유심히 살펴야 합니다. 또 입주가 끝나 가는 신축 아파트 단지도 체크 대상입니다. 2019년 장위뉴타운의 입주 물량 증가로 인한 가격 조정, 그리고 입주 이후 나타난 상승세를 돌아보면 좋을 것 같습니다. 강동구의 상승세 때문에 주목을 덜 받았지만 현재 장위뉴타운의 위상을 생각하면, 제2의 장위뉴타운이 될 곳을 찾아봐야 할 필요가 있습니다. 마지막으로 전통적인 학군 지역과 현재 규제지역은 장기 투자를 고려하는 사람에게 좋은 선택지입니다.

여기서 2020년 1월 서울 부동산의 매매가 상승 지표를 살펴볼 필요가 있습니다. 앞서 확인한 서울 맞춤형 투자 전략을 펼칠 만한 구체적인 지역을 찾기 위해서입니다. 상승세 상위 지역들의 움직임은 거의 없는 편입니다. 하지만 구로구, 강서구, 관악구, 금천구, 은평구는 확연한 움직임을 보이고 있지요. 이 지역들의 공통점은 명확합니다. 상승세가 낮은 지역, 즉 상대적으로 덜 오른 곳이며 9억 원 미만 주택 비중이 높아 실제로도 저렴하며 교통 호재가 있습니다. 그런데 이곳들의 시세가 슬금슬금 오르고 있는 것을 확인할 수 있습니다. 그리고 그 이상의 가능성도 크다

구분	2014.1	2015.1	2016.1	2017.1	2018.1	2019.1	2019.10	2020.1	차이
강북구	79.6	80.4	84.3	87.1	89.9	100.0	100.5	101.3	21.7
광진구	76.6	77.4	80.4	83.0	90.7	100.0	102.1	105.1	28.5
노원구	76.8	77.8	82.1	85.2	89.6	100.0	100.9	101.9	25.2
도봉구	77.5	78.2	82.3	84.3	88.8	100.0	100.8	101.4	24.0
동대문구	76.9	77.7	81.3	84.3	88.2	100.0	101.1	102.0	25.1
마포구	72.5	73.5	77.3	81.8	88.4	100.0	102.4	105.2	32.8
서대문구	76.9	77.7	81.2	85.2	89.0	100.0	101.9	104.1	27.2
성동구	73.8	74.1	78.4	81.1	88.9	100.0	101.2	102.6	28.8
성북구	75.7	76.8	82.5	85.6	88.6	100.0	100.5	102.5	26.8
용산구	77.1	76.4	78.6	82.1	87.7	100.0	100.9	103.6	26.5
은평구	80.4	81.2	84.5	87.7	90.1	100.0	101.2	103.2	22.8
종로구	85.1	85.5	87.5	89.2	92.6	100.0	100.9	102.3	17.2
중구	82.8	83.4	86.2	88.5	91.8	100.0	100.1	102.4	19.6
중랑구	83.5	83.7	86.8	88.6	92.2	100.0	101.6	103.0	19.5
강남구	71.2	72.9	77.6	81.7	89.2	100.0	101.2	105.4	34.2
강동구	73.7	74.8	79.1	81.9	89.0	100.0	100.5	102.1	28.4
강서구	76.4	76.0	81.7	85.2	89.8	100.0	99.8	102.1	25.6
관악구	77.2	77.7	81.7	84.6	88.4	100.0	100.5	102.7	25.5
구로구	76.6	76.7	81.5	84.5	88.4	100.0	101.1	104.1	27.4
금천구	80.2	81.2	84.5	86.7	91.8	100.0	102.1	105.1	24.9
동작구	72.3	73.1	77.8	80.6	86.3	100.0	100.9	103.1	30.8
서초구	74.0	76.0	81.1	85.3	90.9	100.0	101.6	103.4	29.4
송파구	73.5	74.6	77.9	82.0	89.6	100.0	102.0	105.7	32.2
양천구	72.7	73.7	78.3	81.9	87.9	100.0	102.4	106.6	33.9
영등포구	70.7	71.1	75.8	79.9	85.8	100.0	102.5	106.2	35.6

구분	전체 차이	구분	전체 차이
영등포구	31.9 →	영등포구	35.6
강남구	30.0 →	강남구	34.2
마포구	29.9 →	양천구	33.9
양천구	29.8 →	마포구	32.8
동작구	28.6 →	송파구	32.2
송파구	28.5 →	동작구	30.8
성동구	27.6 →	서초구	29.4
강동구	26.8 →	성동구	28.8
광진구	25.5 →	광진구	28.5
서대문구	25.0 →	구로구	27.4
성북구	24.8 →	서대문구	27.2
구로구	24.5 →	성북구	26.8
노원구	24.2 →	용산구	26.5
동대문구	24.2 →	강서구	25.6
용산구	23.6 →	관악구	25.5
강서구	23.4 →	노원구	25.2
관악구	23.3 →	동대문구	25.1
도봉구	23.3 →	금천구	24.9
금천구	21.9 →	도봉구	24.0
강북구	20.9 →	은평구	22.8
은평구	20.8 →	강북구	21.7
중랑구	18.1 →	중구	19.6
중구	17.3 →	중랑구	19.5
종로구	15.8 →	종로구	17.2

2020년 1월 서울 부동산의 움직임

매매가 상승률 상위 지역들의 시장은 크게 움직이지 않지만 중위권 지역들은 교통 호재와 맞물려 조금씩 꿈틀거리고 있다. 조만간 큰 움직임을 기대해 볼 수 있지 않을까?

고 볼 수 있습니다.

　같은 맥락에서 수도권을 살펴보겠습니다. 서울의 주요 투자 지역들을 선별할 때 중요한 기준 중 하나가 바로 9억 원 미만 주택 비중이었습니다. 그런 면에서 수도권은 일부 지역을 제외하면 거의 전 지역이 해당될 것입니다. 그중에서도 2014~2019년까지 매매가 상승률이 높은 지역은 광명, 성남, 과천, 안양, 구리, 의왕, 하남, 부천, 군포 등이 있습니다. 그런데 수도권 각 지역들의 매매가 상승률을 지도에 표시하면 무척 흥미로운 사실을 발견할 수 있습니다.

서울과 가장 인접한 지역인 광명, 구리, 안양, 과천, 성남의 상승률이 가장 높습니다. 그다음은 이 지역들과 인접한 부천, 군포, 의왕, 하남 등이죠. 또 그다음 상승 지역은 부천, 군포, 의왕, 하남의 주변 지역들입니다. 서울과 가까울수록 상승률이 높아지고 멀어질수록 상승률이 낮아지는 패턴을 보이고 있습니다. 또 다르게 해석하면 사람들의 관심과 수요가 서울에서 수도권 외곽 지역으로 흘러가고 있다고 볼 수 있습니다.

이처럼 수도권 주택 가격 추세의 이동을 통해 우리가 내릴 수 있는 결론은 이렇습니다.

① 강남 접근성이 높은 곳의 상승세가 높다.
② 서울과 가까운 곳의 상승세가 높다.
③ 상승세는 추세를 따라 이동한다.

서울 집값이 급등했던 시기인 2016~2017년의 수도권 집값

구분	2014.1	2015.1	2016.1	2017.1	2018.1	2019.1	2019.10	차이
광명	71.0	74.7	81.1	84.1	87.2	100.0	100.7	29.6
성남	72.7	75.5	78.2	80.5	86.1	100.0	100.6	27.9
과천	79.5	81.1	85.7	89.8	92.7	100.0	101.6	22.1
안양	77.8	80.3	85.9	88.3	92.1	100.0	99.6	21.8
구리	81.3	81.9	87.1	89.8	93.0	100.0	101.9	20.6
의왕	81.5	83.1	89.0	92.2	93.9	100.0	99.0	17.5
하남	83.4	84.0	90.9	91.0	92.3	100.0	100.1	16.8
부천	85.5	86.5	90.6	93.3	96.0	100.0	102.0	16.5
군포	83.3	85.1	92.3	94.6	95.7	100.0	99.5	16.2
김포	85.3	87.4	95.1	97.0	98.9	100.0	99.7	14.4
용인	85.5	88.6	92.6	92.9	92.9	100.0	99.4	13.9
인천	87.4	89.6	95.9	98.3	99.8	100.0	99.7	12.3
고양	86.8	88.5	93.8	96.5	97.8	100.0	99.0	12.2
남양주	89.5	89.4	95.0	97.1	98.1	100.0	100.7	11.2
수원	89.2	92.0	95.9	96.8	97.4	100.0	100.1	10.9
의정부	90.0	90.4	96.1	99.1	99.7	100.0	99.2	9.1
시흥	91.1	92.8	96.7	99.6	101.5	100.0	99.0	7.9
파주	91.4	90.8	94.4	98.0	99.9	100.0	99.0	7.6
이천	93.0	97.5	100.8	101.5	100.9	100.0	98.8	5.7
광주	93.0	94.2	100.5	101.7	100.6	100.0	98.7	5.7
화성	93.0	93.9	95.3	98.2	98.4	100.0	98.1	5.1
안산	93.3	96.3	104.0	103.5	103.6	100.0	98.2	5.0
양주	95.7	95.7	98.1	100.9	100.4	100.0	98.9	3.2
동두천	97.2	96.4	97.9	100.6	100.9	100.0	99.0	1.8
안성	99.3	101.6	103.0	103.0	102.8	100.0	97.2	2.0
오산	101.0	101.4	103.4	104.2	104.1	100.0	96.7	4.2
평택	101.3	104.4	109.4	109.6	108.1	100.0	95.3	5.9

수도권 부동산 매매가 변동 지수(2014~2019년)

최근 부동산 매매가 상승세가 가장 가팔랐던 수도권 지역은 광명, 성남, 과천, 안양 등이다. 이 지역들은 서울 인접이라는 지리적 공통점이 있다.

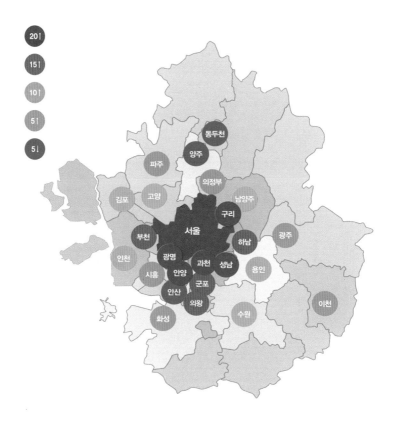

구분	차이	구분	차이	구분	차이	구분	차이
광명	29.6	부천	16.5	수원	10.9	안산	5.0
성남	27.9	군포	16.2	의정부	9.1	양주	3.2
과천	22.1	김포	14.4	시흥	7.9	동두천	1.8
안양	21.8	용인	13.9	파주	7.6	안성	2.0
구리	20.6	인천	12.3	이천	5.7	오산	4.2
의왕	17.5	고양	12.2	광주	5.7	평택	5.9
하남	16.8	남양주	11.2	화성	5.1		

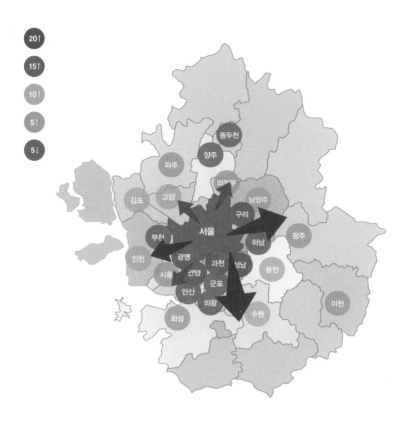

수도권 매매가 상승 지역 분포도

수도권의 각 지역들을 매매가 상승률 순으로 지도에 표시하면 서울과 가까울수록 비싸지고, 멀수록 저렴해진다는 것을 알 수 있다. 특히 강남 접근성이 좋은 지역일수록 매매가 상승률이 높다.

상승률을 보면 앞에서 살펴본 매매가 상승률의 흐름을 더욱 이해하기 쉽습니다. 예를 들어 성남, 과천, 안양, 광명, 구리 지역은 최근까지 높은 상승률을 계속 유지하고 있습니다. 서울 초근접 지역이면서 A급 상승 지역이지요. 이런 우등생과 친한 지역인 군포, 용인, 남양주, 수원, 인천의 상승률이 그 뒤를 잇습니다. 서울과 밀접한 하남, 고양, 김포, 의정부의 상승률도 작지 않습니다. 2020년 이후 교통 호재가 예정되어 있는 파주, 화성, 시흥, 안산의 약진도 두드러집니다. 특히 수원의 경우 입주 물량이 거의 없기 때문에 상승률은 더욱 가팔랐습니다.

자, 그럼 시세가 상승한 지역을 쫓아 오르게 될 지역, 일명 '갭 메우기' 현상이 나타날 가능성이 높은 지역과 상품을 어떻게 알아볼 수 있을까요? 우선 수도권에서 매매가 상승률이 가장 높은 지역과 아파트를 찾습니다. 그리고 서울 지역에서 뒤늦게 급등한 지역도 더해 봅니다. 추가 급등 지역은 이미 지나간 기회가 아닌, 앞으로 다가올 기회일 것입니다. 마지막으로 교통 호재가 예정된 지역도 살핍니다. 대표적인 예가 신분당선 연장 라인의 호매실 지구일 텐데요. 마찬가지로 2020년 개통이 예정된 교통 호재가 네 곳 있습니다. 5호선 연장 구간, 수인선 연장 구간, 7호선 연장 구간과 송도 연장선이 바로 그것이지요. 이 주변 지역 중에서 누적 상승률이 낮은 곳으로 투자 수요가 몰릴 가능성이 높습니다. 이곳에서 가격이 많이 오른 지역과 덜 오른 지역, 같은 지역 내에서 A급 아파트와 B, C급 아파트, 신축과 구축, 일반 아파트와 주상복합, 중소형과 중대형의 가격 갭을 이용해서 투자처

구분	2016.1	2017.1	2018.1	차이
성남	78.2	80.5	86.1	7.9
과천	85.7	89.8	92.7	7.0
안양	85.9	86.3	92.1	6.3
광명	81.1	84.1	87.2	6.0
구리	87.1	89.8	93.6	5.9
파주	94.4	98.0	99.9	5.4
부천	90.6	93.3	96.0	5.4
의왕	89.0	92.2	93.9	4.9
시흥	96.7	99.6	101.5	4.8
고양	93.8	96.5	97.8	3.9
인천	95.9	98.3	99.8	3.9
김포	95.1	97.0	98.9	3.8
의정부	96.1	99.1	99.7	3.6
군포	92.3	94.6	95.7	3.4
남양주	95.0	97.1	98.1	3.1
화성	95.3	98.2	98.4	3.0
동두천	97.9	100.6	100.9	3.0
양주	98.1	100.9	100.4	2.3
수원	95.9	96.8	97.4	1.5
하남	90.9	91.0	92.3	1.3
오산	103.4	104.2	104.1	0.7
용인	92.6	92.9	92.8	0.3
이천	100.8	101.5	100.9	0.1
광주	100.5	101.7	100.6	0.1
안성	103.0	103.0	102.8	0.1
안산	104.0	103.5	103.6	0.4
평택	109.4	109.6	108.1	1.3

구분	2018.1	2019.1	2019.10	차이
성남	86.1	100.0	100.6	14.5
광명	87.2	100.0	100.7	13.5
구리	93.0	100.0	101.9	9.0
과천	92.7	100.0	101.6	8.8
하남	92.1	100.0	100.1	7.9
안양	92.1	100.0	99.6	7.4
용인	92.9	100.0	99.4	6.4
부천	96.0	100.0	102.0	5.9
의왕	93.9	100.0	99.1	5.1
군포	95.7	100.0	99.5	3.8
수원	97.4	100.0	100.1	2.7
남양주	98.1	100.0	100.7	2.6
고양	97.8	100.0	99.0	1.2
김포	98.9	100.0	99.7	0.8
인천	99.8	100.0	99.7	0.1
화성	98.4	100.0	98.1	0.3
의정부	99.7	100.0	99.2	0.5
파주	99.9	100.0	99.0	0.9
양주	100.4	100.0	98.9	1.6
동두천	100.9	100.0	99.0	1.9
광주	100.6	100.0	98.7	1.9
이천	100.9	100.0	98.8	2.2
시흥	101.5	100.0	99.0	2.4
안산	103.6	100.0	98.2	5.4
안성	102.8	100.0	97.2	5.6
오산	104.1	100.0	96.7	7.3
평택	108.1	100.0	95.3	12.7

구분	전체 차이
성남	22.4
광명	19.5
과천	15.9
구리	14.8
안양	13.7
부천	11.3
의왕	10.0
하남	9.2
군포	7.2
용인	6.8
남양주	5.7
고양	5.2
김포	4.6
파주	4.6
수원	4.2
인천	3.8
의정부	3.1
화성	2.7
시흥	2.4
동두천	1.1
양주	0.8
광주	1.8
이천	2.0
안산	5.7
안성	5.8
오산	6.7
평택	14.1

2017년 전후 시세 급등 지역

2017년 전후 수도권의 부동산 시세를 살폈을 때 기존 강자들을 제외하면 하남, 용인, 수원 등의 급등이 확연하다. 이들 지역은 전통 강세 지역의 인근에 위치하고 있으며 교통 호재라는 공통점이 있다.

를 선택하면 됩니다.

2019년 10월과 2020년 1월의 수도권 부동산 매매가 상승률을 비교해 봅시다. 상위 지역과 상승 지역은 당연히 중요합니다. 하지만 안성, 오산, 평택의 경우는 여전히 움직임이 없습니다.

구분	2014.1	2015.1	2016.1	2017.1	2018.1	2019.1	2019.10	2020.1	차이
광명	71.0	74.7	81.1	84.1	87.2	100.0	100.7	103.4	32.4
성남	72.7	75.5	78.2	80.5	86.1	100.0	100.6	103.6	30.9
과천	79.5	81.1	85.7	89.8	92.7	100.0	101.6	104.7	25.2
안양	77.8	80.3	85.9	88.3	92.1	100.0	99.6	100.1	22.3
구리	81.3	81.9	87.1	89.8	93.0	100.0	101.9	103.2	21.9
의왕	81.5	83.1	89.0	92.2	93.9	100.0	99.0	101.4	19.9
부천	85.5	86.5	90.6	93.3	96.0	100.0	102.0	103.7	18.2
하남	83.4	84.0	90.9	91.0	92.3	100.0	100.1	101.2	17.8
군포	83.3	85.1	92.3	94.6	95.7	100.0	99.5	99.8	16.5
용인	85.5	88.6	92.6	92.9	94.0	100.0	99.4	100.7	15.2
수원	89.2	92.0	95.9	96.8	97.4	100.0	100.1	103.8	14.6
김포	85.3	87.4	95.1	97.0	98.9	100.0	99.7	99.8	14.5
인천	87.4	89.6	95.9	98.3	98.8	100.0	100.0	100.2	12.8
고양	86.8	88.5	93.8	96.5	97.8	100.0	99.0	99.4	12.6
남양주	89.5	89.4	95.0	97.1	98.1	100.0	100.7	100.9	11.4
의정부	90.0	90.4	96.1	99.1	99.7	100.0	99.2	99.8	9.8
시흥	91.1	92.8	96.7	99.6	101.5	100.0	99.0	99.0	7.9
파주	91.4	90.8	94.4	98.0	99.9	100.0	99.0	99.0	7.6
광주	93.0	94.2	100.5	101.7	100.6	100.0	98.7	98.6	5.6
화성	93.0	93.9	95.3	98.2	98.4	100.0	98.1	98.4	5.4
이천	93.0	97.5	100.8	101.5	100.9	100.0	98.8	98.4	5.4
안산	93.3	96.3	104.0	103.5	103.6	100.0	98.2	98.2	4.9
양주	95.7	95.7	98.1	100.9	100.4	100.0	98.9	98.8	3.1
동두천	97.2	96.4	97.9	100.6	100.9	100.0	99.0	98.7	1.5
안성	99.3	101.6	103.0	103.0	102.8	100.0	97.2	96.7	2.6
오산	101.0	101.4	103.4	104.2	104.1	100.0	96.7	96.2	4.8
평택	101.3	104.4	109.4	109.6	108.1	100.0	95.3	95.1	6.2

구분	전체 차이	구분	전체 차이
성남	22.4	광명	32.4
광명	19.5	성남	30.9
과천	15.0	과천	25.2
구리	14.8	안양	22.3
안양	13.7	구리	21.9
부천	11.3	의왕	19.9
의왕	10.0	부천	18.2
하남	9.2	하남	17.8
군포	7.2	군포	16.5
용인	6.2	용인	15.2
남양주	5.7	수원	14.6
고양	5.2	김포	14.5
김포	4.8	인천	12.8
파주	4.6	고양	12.6
수원	4.2	남양주	11.4
인천	3.8	의정부	9.8
의정부	3.1	시흥	7.9
화성	2.7	파주	7.6
시흥	2.4	광주	5.6
동두천	1.1	화성	5.4
양주	0.8	이천	5.4
광주	1.8	안산	4.9
이천	2.0	양주	3.1
안산	5.7	동두천	1.5
안성	5.8	안성	2.6
오산	6.7	오산	4.8
평택	14.1	평택	6.2

2020년 1월 수도권 부동산의 움직임

수도권 시장의 움직임은 서울과 비슷한 양상을 보인다. 전통적 강자와 최하위 지역을 제외한 중위 지역의 움직임을 주목하자.

이것은 무엇을 의미할까요? 그동안 잠잠했던 수원, 인천, 의정부가 비로소 올랐다면 그 뒤를 이어 안성, 오산, 평택도 움직임을 보일 가능성이 크다는 의미 아닐까요? 결국 수도권 맞춤형 투자 전략도 서울과 맥을 같이 합니다. 아직 덜 오른 지역과 A급 상승 지역의 주변, 교통 호재라는 요인이 맞물리고 있기 때문입니다.

하지만 호재만 있는 것은 아닙니다. 수도권도 언제든지 조

지정지역		지정일	해제일
경기	고양 덕양구	2003.10.20	2004.12.29
		2006.06.23	2008.11.07
	고양 일산동구	2003.07.19	2008.11.07
	고양 일산서구	2003.07.19	2008.11.07
	과천시	2003.05.29	2008.11.07
	광명시	2003.04.30	2005.01.31
		2003.04.29	2008.11.07
	광주시	2005.08.19	2008.11.07
	구리시	2003.06.14	2008.11.07
	군포시	2003.06.14	2004.12.29
		2005.07.20	2008.11.07
	김포시	2003.06.14	2008.11.07
	남양주시	2006.10.27	2008.11.07
	동두천시	2007.12.03	2008.11.07
	부천시	2003.06.14	2005.01.31
	부천 소사구	2005.09.15	2008.11.07
	부천 오정구	2006.10.27	2008.11.07
	부천 원미구	2006.06.23	2008.11.07
	성남 분당구	2003.10.20	2008.11.07
	성남 수정구	2003.06.14	2008.11.07
	성남 중원구	2003.06.14	2005.01.31
		2006.03.22	2008.11.07
	수원 장안구	2003.05.29	2008.11.07

지정지역		지정일	해제일
경기	수원 팔달구	2003.05.29	2008.11.07
	수원 영통구	2003.05.29	2008.11.07
	수원 권선구	2003.05.29	2008.11.07
	시흥시	2006.11.24	2008.11.07
	안산 상록구	2003.05.29	2008.11.07
	안산 단원구	2003.05.29	2008.11.07
	안성시	2003.10.20	2008.11.07
	안양 만안구	2003.05.29	2008.11.07
	안양 동안구	2003.05.29	2008.11.07
	오산시	2003.08.18	2008.11.07
	용인 처인구	2003.07.19	2008.11.07
	용인 기흥구	2003.07.19	2008.11.07
	용인 수지구	2003.07.19	2008.11.07
	의왕시	2004.05.29	2004.12.29
		2005.05.30	2008.11.07
	의정부시	2007.01.26	2008.11.07
	이천시	2005.08.19	2008.11.07
	파주시	2003.06.14	2008.11.07
	평택시	2003.10.20	2008.11.07
	하남시	2003.10.20	2004.12.29
		2006.05.26	2008.11.07
	화성시	2003.05.29	2008.11.07
	양주시	2006.12.27	2008.11.07

지정지역		지정일	해제일
인천	남구	2006.12.27	2008.11.07
	남동구	2003.06.14	2004.12.29
		2007.06.29	2008.11.07
	동구	2008.01.30	2008.11.07
	부평구	2003.07.19	2004.12.29
		2006.11.24	2008.11.07
	서구	2003.06.14	2005.01.31
		2006.05.26	2008.11.07
	중구	2007.12.03	2008.11.07
	연수구	2006.11.24	2008.11.07
	계양구	2006.12.27	2008.11.07

경기·인천 조정대상지역 지정 및 해제

과거 경기·인천의 조정대상지역 지정 사례를 살펴보면 거의 모든 지역이 지정된 바 있다. 그러므로 2020년 현재 비조정대상지역들이라 해도 언제든지 규제지역으로 지정될 수 있음을 염두에 두어야 한다.

정대상지역으로 지정될 가능성을 염두에 두어야 하기 때문입니다. 더 정확하게 이야기한다면 이미 비조정대상지역을 찾기 어려운 상황이 되었습니다. 즉 수도권을 조정대상지역으로 여겨야 한다는 뜻입니다. 실제로 2003년부터 2006년까지 경기권과 인천이 모두 조정대상지역으로 지정된 바가 있습니다. 그러므로 지금처럼 상승세가 확산된다면 경기권과 인천 모두 다시 한 번 조정대상지역으로 지정될 가능성이 크다는 점을 염두에 두어야 합니다. 더 나아가 어쩌면 이제는 가격이 오를 지역과 상품을 찾기보다는 매도할 타이밍을 고민해야 하는 시기에 접어들었는지도 모릅니다. 보다 성공적이고 안정적인 투자를 위해서는 모든 가능성을 염두에 두어야 할 것입니다.

2020년 서울·수도권 시장을 전반적으로 예측한다면 상반기에는 약세가 두드러지다가 하반기 들어 강세로 돌아서게 될 것으로 보입니다. 강력한 부동산 대책이 발표된 지 얼마 지나지 않았기 때문에 상반기에는 눈치 장세가 벌어질 것입니다. 그리고 종합부동산세의 세율이 어떻게 확정될 것인지도 지켜봐야 합니다. 반면 미미하지만 입주 물량의 증가로 약세에 힘을 보탤 것입니다. 하지만 하반기에 들면 물량은 감소하기 시작할 것입니다. 이에 따라 전세 가격이 상승하게 되겠지요. 대책 시행의 결과와

리스크도 속속 검증될 것입니다. 이에 맞춰 투자의 방향도 변화를 모색하게 될 것입니다.

투자 리스크를 줄이는 지방 맞춤 전략

서울과 수도권 외에 다른 지역의 투자 전략은 비슷하면서도 다른 부분이 많습니다. 부산의 경우를 먼저 살펴볼까요? 2019년 11월, 부산 해운대구, 수영구, 동래구가 조정대상지역에서 해제되면서 부산 전 지역의 시세가 많이 올랐습니다. 하지만 이러한 기세는 2020년 들어 주춤한 상황입니다. 부산에 몰렸던 서울·수도권 투자자들이 움직이기 시작했고, 입주 물량도 많이 남아 있기 때문입니다.

서울·수도권 투자자들이 부산으로 몰리면서 급등장을 형성한 이유는 대구 수성구의 범어SK가 10억 원, 광주 봉선동의 한국아델리움이 9억 원을 호가하며 부산 아파트 가격을 추월하자 우리나라 제2의 도시인 부산의 아파트들이 상대적으로 싸게 느껴졌기 때문입니다. "해운대 바다 조망이 좋은 아파트가 7~8억 원대면 싼 거 아니야?"라는 심리가 반영된 것이죠. 그래서 당시 언론에서는 "서울 사람들이 쇼핑하듯 부산을 휩쓸어 갔다"는 이야기까지 나왔었습니다.

이는 최근의 지방권 투자 움직임과 맥을 함께하고 있습니다. 우선 대전, 울산, 부산 등 광역시로 투자 수요가 몰리면서 시세가 오르기 시작했습니다. 그러자 투자자들은 상대적으로 저평가된 주변 지역으로 움직였습니다. 대전 옆의 천안과 청주, 울산 옆의 창원, 부산 옆의 거제와 김해를 찾았지요. 그렇다면 투자 수요의 다음 행보는 어디가 될까요? 다시 주변 지역으로 눈을 돌려 전주, 원주, 충주, 군산, 춘천 등에 관심을 두고 있습니다. 즉 투자 수요가 광역시에서부터 시작해 점점 중소도시로 내려가고 있음을 알 수 있습니다.

과거와 현재의 지방권 투자 흐름은 바로 여기에서 차이가 발생합니다. 국내 투자 세력을 분류하면 크게 서울·수도권장과 지방장으로 볼 수 있는데요. 바로 얼마 전까지 서울·수도권장과 지방장의 흐름은 서로 달랐습니다. 서울·수도권장의 침체로 인한 가격 약세 때문에 서울·수도권의 투자 세력은 크게 위축되어 있었습니다. 하지만 그때 상승장을 경험하던 지방 세력은 지방

광역시를 중심으로 B급, C급으로 이동하면서 입주 물량이 부족한 지역을 찾아 투자를 이어 나갔죠.

하지만 최근 부동산 시장을 보면 서울, 수도권의 투자 세력

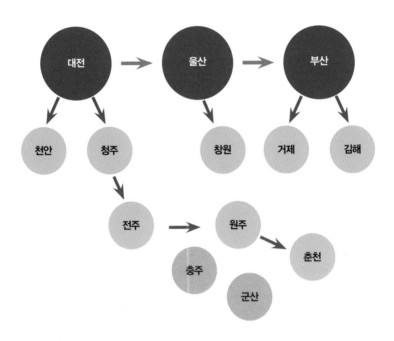

중소도시로 향하는 지방권 투자 움직임

최근 지방의 투자 흐름을 살펴보면 대전, 울산, 부산 등 광역시로 수요가 몰리다가 점점 그 인접 지역으로 퍼져 나간다. 그렇기 때문에 충주, 군산 등 중소도시의 시장까지도 투자 수요가 몰리는 실정이다.

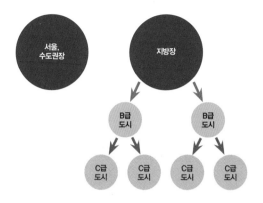

과거 지방 시장의 움직임

과거 투자 시장은 서울·수도권장과 지방장이 양분되어 있었다. 하지만 서울·수도권의 침체로 이곳의 투자 세력이 주춤하던 시기에, 지방 투자 세력은 광역시 중심에서 차츰 외곽지로 눈을 돌려 투자 흐름을 형성할 수 있었다.

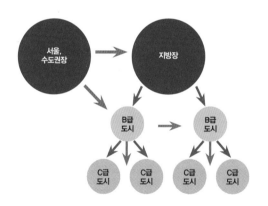

최근 지방 시장의 움직임

최근에는 서울·수도권 투자 세력의 힘이 커지면서 이들이 서울·수도권장과 지방장의 장벽을 허물고 있다. 이들의 수요와 자금이 지방권 시장으로 흘러들면서 기존 지방권 투자자들의 리스크도 높아졌다. 서울·수도권 투자 수요는 언제든 빠질 수 있음을 유념해야 한다.

이 강력해지면서 서울·수도권장은 물론이고 지방장에도 영향력을 미치고 있습니다. 광역시는 물론이고 B, C급 시장까지 투자의 손길을 뻗치는 것이지요. 그러다 보니 기존 지방 투자 세력과 함께 맞물려 지방장 또한 엄청난 강세를 보이게 되었습니다.

그런데 이때 서울·수도권의 외곽장이 커지면 어떻게 될까요? 서울·수도권 투자 세력은 지방장의 자금을 회수하여 다시 서울장과 수도권장으로 집중하게 됩니다. 더구나 12·16 대책을 통해 2년 미만 보유 주택에 대한 양도소득세가 인상되었습니다. 양도소득세 과세 구간이 과거에는 1년이었는데 이제 두 배가 된 것입니다. 그러므로 2년 후를 고려한다면 서울·수도권장이 지방장보다 안전할 것입니다. 그런데 지방 투자의 리스크가 바로 이 부분에서 발생합니다. 현재 투자자들이 광역시를 넘어 중소도시까지 내려가 있기 때문입니다. 중소도시 시장의 강세를 주도했던 서울·수도권 투자 세력이 빠져나가고 나면 그 시장은 주춤할 수밖에 없습니다. 그러면 서울·수도권 투자 세력을 따라 내려갔던 투자자들은 자금 회수에 어려움을 겪을 수밖에 없습니다.

서울·수도권 투자자들은 서울·수도권이 조정대상지역으로 지정되더라도 마치 톰과 제리처럼 새로운 틈새시장을 찾아 이동합니다. 워낙 수요가 많기 때문이지요. 하지만 지방의 경우 조정대상지역으로 지정되면 엄청난 타격을 입습니다. 여기에 시세 상승 기간이 길었다면 위험 요소는 배가 됩니다. 이미 가격이 오를 만큼 올랐으니까요.

물론 중소도시에 투자를 하면 안 된다는 이야기가 아닙니다. 서울·수도권의 시세가 급격하게 요동치면 상대적으로 더 큰 영향을 받기 때문에 유의해야 한다는 것입니다. 중소도시 시장은 자금과 수요의 유입과 유출 속도가 빨라서, 마치 밀물과 썰물처럼 순식간에 변화할 수 있습니다. 자칫 원하는 때에 매도하기 어려울 수 있는 것입니다. 그러므로 광역시 규모에서 상대적으로 가격이 저렴해 보이는 곳, 상승세가 나타난 지역 주변에서 입주 물량이 크게 줄어드는 곳, 규제 때문에 가격이 조정되었지만 누구나 선호하는 핵심 지역을 제외한 중소도시 투자는 자세히 알아보고 신중하게 결정해야 하겠습니다.

실제로 과거 제 지인의 경우 서울·수도권은 물론이고 천안까지 투자처를 넓혔고 결국 익산이나 광양 같은 중소도시까지 가게 되더군요. 그리고 그곳에서 매도 시기를 놓쳐 한동안 고생한 적이 있습니다. 물론 익산과 광양이 나쁘다는 의미는 아닙니다. 하지만 지방 중소도시의 투자 흐름보다 현저히 많은 투자 수요가 몰릴 때 그 막차를 탔다가 의도하지 않게 장기 투자자로 전

향하게 되었지요. 앞서 이야기한 것처럼 원하는 매도가 이루어지지 않은 결과였습니다.

서울·수도권과 지방의 부동산 투자 흐름은 공통적으로 핵심 지역 주변으로 번져 나갈 것입니다. 마용성을 누르니 수용성이 튀어 오르는 풍선 효과처럼 투자자들은 항상 새로운 가능성을 찾아 움직이기 때문입니다. 그런 맥락에서 2020년 상반기를 예측해 볼 수 있습니다. 서울 둔촌 주공과 개포1단지 재건축 사업은 분양가 상한제라는 이슈와 맞물려 있습니다. 물량은 많은데 분양가는 조금 낮게 책정될 가능성이 있기 때문에 분양만 받는다면 큰 수익을 바라볼 수 있습니다. 그래서 서울·수도권 투자자들의 이목이 집중되어 있고, 실제로 2020년 3~4월에 이쪽으로 많이 몰릴 것입니다(일부 분양 일정은 변경될 수 있습니다).

그런데 이런 예측은 과거 판교 분양 사례를 떠오르게 합니다. 일반적인 사람들은 로또를 구매할 때 큰 기대를 가집니다. '느낌이 좋다! 이번에는 당첨될 것 같다!'라는 생각으로 말이죠. 하지만 실제 결과는 낙첨되는 사람이 훨씬 많습니다. 당시 판교 분양도 마찬가지였습니다. 수많은 사람이 '올인'하기 위해 판교를 주목했고, 이미 판교의 일원이 된 것처럼 여겼습니다. 하지만 실제로는 분양 당첨된 사람보다 떨어진 사람이 더 많았지요. 낙첨자들 사이에 '더 이상 기다릴 수 없다'는 분위기가 형성되었습니다. 그리고 판교 주변을 휩쓸기 시작했지요. 이른바 '판교 후광' 때문에 분당, 용인 지역의 시세가 급등하는 등 부동산 시장이 달아올랐습니다. 이는 2020년에도 충분히 일어날 수 있습니다. 서울·수도권 투자자들의 수요가 여타 지역의 부동산 시장을 뒤흔들 가능성이 높은 것입니다.

심리를 파악해
상승 모멘텀을 잡는 자가 승리한다

풋풋 ● 부룡

새로 법인을 준비하셨다고 들었는데 소개 부탁드릴게요.

2019년 12월에 법인 등기가 들어갔는데요. 법인명은 '부와 지식의 배움터'로 정했습니다. 제가 있는 인터넷 카페 이름과 똑같아요. 교육적인 목적을 좀 더 생각해서 그대로 진행하기로 했어요. 줄여서 '부지런'이라고도 합니다.

부와 지식을 배우려면 어떻게 해야 해요?

기본에 충실하면 되죠. 그 기본은 조급하지 않는 거고요.

뭔가 선문답 느낌이네요. 왜 사람들은 조급해할까요?

시기와 질투죠. 전 지난 장도 봤고 이번 장도 봤는데, 장 초기에는 다들 관심이 없어요. 그런데 중기부터 소문을 듣고 모이기 시작하죠. 그때부터 비교를 시작해요. 누구네 집 엄마는 얼마를 벌었다더라. 듣고 나면 시샘과 질투에 휩싸이기 시작해요. 마음이 급해지고, 이번 장에 뒤처지지 말아야겠다는 심리가 강해져요. 지금이 딱 그 시기예요. 그래서 사람이 급한 거죠.

주식으로 따지면 모두가 '가즈아' 하는 시장이 된 건가요?
맞아요. 그런데 주식에서도 재미있는 얘기가 있잖아요. 아이 업은 엄마가 객장에 나타나면 끝장이라고. 똑같지는 않겠지만 유사한 것 같아요.

지금이 그때인가요?
아뇨, 아직 그 정도 장은 안 왔어요.

주식이야 100~200만 원 정도 쓸 수 있지만 부동산은 워낙 덩치가 커서 서울은 5억 넘게 있어야 하는데 그게 될까요?
다들 지금 기준으로 말하잖아요. 그런데 사실 지금 많이 번 분들도 몇 년 전에는 적은 돈으로 시작하셨어요. 전세 끼고 투자를 시작한 분부터 분양권 전매하셨던 분들까지 다양했어요. 당시에는 4000~5000만 원으로 시작한 게 지금은 몇 억이 된 거죠. 그런데 나는 뒤늦게 들어왔으니 4000~5000만 원밖에 없는 거죠.

요새 수도권과 지방 장이 움직이는 것도 마찬가지 의미 같아요. 좀 더 저렴한 동네가 움직이기 시작하는 거죠.

상대적으로 적은 금액으로 할 수 있는 곳을 찾는군요.
맞아요. 게다가 사회 구조 자체의 변화로, 돈 있으셨던 어르신들이 돌아가시면서 상속 자산이 흘러내려 오기도 하고요. 연봉이 센 맞벌이 부부들도 있지요. 이 사람들은 대출만 받아도 충분히 가능한 상황이에요. 물론 서울도 주춤한 장이 잠깐 오긴 할 거예요. 하지만 지방에서 벌고 올라오신 분들이 합류하면 서울이 어떻게 될지 모르죠. 돈 놓고 돈 먹기 장이 펼쳐질 때가 끝물장이에요. 그 장을 향해 달려가는 상황인 것 같아요.

외환위기를 버틴 직장인, 책상 앞에서 전국 땅값을 파악하는 눈을 갖다

어떤 계기로 직장인에서 투자자로 변신하신 거예요?
원래부터 부동산에 관심이 있던 건 아니에요. 옛날에는 저희 집안 형편이 안 좋았어요. 그런데 저희 어머님의 먼 친척뻘 되시는 분이 강남 빌딩 부자라는 거예요. 그때부터 부동산에 관심을 가지기 시작했죠.

그때는 어떤 일을 하고 계셨나요?
1997년부터 금융 기관에서 대출 관련 여신 업무를 했어요.

그러면 대출받는 상황을 몸으로 느끼셨겠네요?
2006년도에는 LTV가 존재하는 상태에서 DTI 제도가 막 나왔어요. 대출을 규제한다는 첫 느낌이 왔죠. 그때도 사람들이 느끼는 심리적 압박은 대단했어요. '사회주의냐, 왜 못 하게 하느냐……' 지금은 더 세졌죠. 아예 2주택 이상이면 대출을 막아 버렸으니까.

직장인이 시세 파악하기 쉽지 않았을 것 같습니다.
첫 직장이 삼성생명이었어요. 보험사니까 보험쟁이가 되어야 하는데, 막상 보험은 하고 싶지 않더라고요. 그나마 괜찮아 보이는 직종이 은행 여신 융자 업무를 하는 융자부였어요. 마침 IMF가 터지면서 연체를 관리할 사람이 필요하다고 해서 제일 먼저 끌려갔죠.

그때 되게 좋았던 게《부동산뱅크》라는 부동산 시세가 나오는 잡지가 있었어요. 하루 종일 그것만 봐도 일하는 거였거든요. 그때 제 근무지가 부천이었는데 동네 시세를 다 외워 버렸어요. 그러면서 나름 의문을 갖기 시작했죠. 이게 올랐네? 왜 움직였지? 왜 안 올랐지?

하지만 임장을 못 다닌다는 타격이 있지는 않았나요?

그렇죠. 다른 분들은 여기저기 돌아다니는데 나는 회사에 붙잡혀 있었죠. 처음에는 속상했지만, 그게 지금의 거시적인 시각을 만들어 준 것 같아요. 어쩔 수 없이 회사 일에 치여 살다가 종종 고개를 들면 시세가 올라 있으니까 뒷북만 쳤지요. 그래서 뒷북을 치면서 왜 그랬을까 엄청나게 복기했던 거죠. 그렇게 했던 첫 투자가 1997년이니까 이제 23년 차네요.

그때부터 카페 활동을 시작하셨군요.

맞아요. 2008년부터 옛날에는 '이랬어 저랬어'라면서 글을 썼죠. 그게 사람들에게 먹혔던 것 같아요. 제가 직장 자체를 그만둔 지는 얼마 안 됐어요.

어느 정도까지 온 것 같나요? 어깨?

아뇨, 그 정도는 아니에요. 2006년 하반기 장이 더 미쳤던 것 같아요.

지금은 어느 단계라고 보세요?

허리 위까지는 온 것 같아요. 어떤 분들은 어깨로 보시기도 하고, 아예 선을 넘으면 무너진다고 말씀하시는 분도 있죠. 개인적으로는 더 올라갈 가능성이 보이긴 해요.

부동산 심리에서 부산 아파트가
갑자기 뛴 이유를 찾다

뭐, 최근 몇 년은 계속 오를 수밖에 없는 구조가 되어 버린 게 아닌가 싶기도 합니다.

그렇죠. 매도 첫 번째 맞을 때는 공포감이 대단하지만 맞다 보면 무뎌지잖아요. 비슷한 것 같아요.

투자자들의 맷집이 좋아졌다?

맷집도 좋아졌고, 실제로 올라가는 것도 봤죠. 8·2 대책이 나올 때는 다들 걱정했어요. 올라갈 때도 반신반의했죠. 9·13 대책 나올 때는 너무 세서 주저앉았어요. 그런데 6개월도 안 되어서 급등했잖아요? 이제 두 번 속지 세 번 속지는 않는다는 심리가 강한 거예요.

정책 발표 후에는 순간적으로 낙폭이 생겨서 그때 들어가야 한다는 로직이 보일 것 같아요.
그렇죠. 사람들은 조정 뒤에 시간이 지나면 A급 지역이 반등한다는 걸 몸으로 체득했어요. 실제로 강남, 송파, 잠실 시세 그래프를 보면 극명하게 나타나요.

A급 지역은 강남 3구인가요?
남들은 그렇게 얘기하는데 저는 좀 다르게 봐요. A급 지역은 그 지역의 중심지라고 할 수 있겠죠. 가장 대표적인 중심지는 강남이에요. 강남을 기준으로 삼으면 마포가 부심지가 되겠죠? 하지만 마포를 기준점으로 잡으면 서대문, 은평이 부심지가 될 거예요. 하지만 강남이 올랐다고 금천, 은평이 안 올랐나요? 그건 아니거든요. 또 서울을 A급으로 치면 수도권은 B급이 되는 것이지요.

상대적으로 따져야 한다는 말씀이군요.

예, 지금은 상대적인 저평가를 찾아야 하는 시기예요. 부동산 시장은 강남 4구를 기준으로 모멘텀에 따라 움직이는 시장으로 바뀌어요. 부산을 보면 아시잖아요. 우리나라 2대 도시라 '체면'이 있어요. 그런데 조정대상지역으로 묶여서 자기보다 못나 보이는 지방 아파트가 10억 원 할 때 해운대가 7~8억 하는 걸 못 견디는 거예요. 그러다 규제가 풀렸어요. 모멘텀을 던져 준 거예요. 그러니까 2주 동안 1~2억이 올랐다고 하잖아요.

그 사람들은 신났겠네요.

글쎄요…… 아파트를 가진 분들이 아니라 그 시점 전후 계약 해지를 당해서 배액 배상을 당한 분들이 대부분이에요. 더 오를 수도 있는 아파트 계약을 해지당한 기분이 되었겠죠. 그래서 배액 배상금을 2배로 받아도 속상해하는 상황이라고 알고 있습니다.

그러네요. 오히려 속상할 수 있겠군요.

그렇죠. 하지만 냉정하게 이야기하면, 저 같은 사람들은 거길 왜 들어가느냐고 말해요. 그 동네에 이민자가 갑자기 수천 명씩 들어온 것도 아니고, 입지가 바뀐 것도 아닌데 말이에요.

그러면 지금 구입한 실수요자들은 리스크를 안고 뛰어드는 건가요?

그렇죠. 원래 마지막에는 실수요자들이 폭탄을 안고 장렬히 전사해요. 모든 투자 시장과 자산 시장이 그렇잖아요. 부동산과 주식이 다르다고들 하는데, 저는 똑같은 것 같아요. 금액, 속도, 기간이 압축된 게 주식 시장일 뿐이죠. 그런데 사람들은 그걸 몰라요. 안타깝죠.

부동산 가격이 오르면 좋아할 사람들도 있지만 안 그런 분들이 훨씬 많지 않나요?

훨씬 많죠. 그래서 규제를 할 수 있는 거예요. 대다수의 사람을 내 편으로 만들 수 있거든요. 그런데 자꾸 정책이 실패하니까 그분들도 급해진 것 같아요. 떨어질 거라고 믿었는데 아니니까, 이걸 믿고 버텨야 하는 건지 더 오르기 전에 빨리 잡아야 하는 건지 헷갈리니까. 자기 이득을 먼저 챙기는 게 사람의 본능이잖아요. 여러 가지가 맞물리는 상황이 된 거예요.

부산은 위험한 장이 되어 버렸군요.

그런데 어차피 돈 적게 들어가는 신축이나 분양권만 움직여요.

기축들은 살짝 올라가도 위험할 정도까지는 아니에요. 투자 수요의 유입과 유출 때문에 리스크가 있다는 정도지.

새롭게 유입된 30대가 부동산 시장을 뒤흔든다

서울도 신축 분양이나 재건축 쪽만 많이 오르지 않나요?

그렇죠. 그런데 조심해야 할 부분은 있어요. 시장에 30대가 들어오잖아요? 아마 이다음에는 전세가가 상승할 거예요.

어째서죠?

분양가 상한제를 하잖아요. 그러면 결혼하려는 분들, 결혼해서 사는 분들은 안 사고 버려요. 이 사람들은 기본적으로 전세 사는 사람들이거든요. 전세를 유지하거나 새로운 전세로 들어가야 해요. 그런데 서울의 공급 물량은 정해져 있거나 줄어들어요. 결국 전세가가 올라가거든요. 그러면 30대 초반의 신혼부부는 실망해요. 정부 말을 믿었는데, 분양가 상한제로 1~2억 싸게 해 준다는 걸 믿었는데 오도 가도 못 하게 된 거죠.

청약이 있지 않나요?

이분들은 가점을 모아 봤자 50 몇 점이 최고점이에요. 그런데 서울에서 당첨이 가능한 가점은 60점대부터 시작이에요. 당첨 가능성은 없고, 전세가는 올라오고, 살 집은 있어야 하고…… 그러면 어쩔 수 없이 영혼까지 끌어모아서 집을 사게 되죠. 그런데 이미 가격이 오른 집을 살 수 있는가? 못 사거든요. 그때부터 기축이 올라요. 이 메커니즘은 정확히 2006년부터 2007년까지 나타났던 현상이에요. 똑같은 게 반복되니 답답하죠. 이렇게 하면 안 되는 것 같은데 말이죠.

정확히 2007년까지는 어땠나요?

2006년까지는 강남 상승세였고, 그다음에는 전셋값 상승을 기준으로 싸지만 인프라가 좋은 노원, 도봉, 강북이 급등했어요. 그런 장이 또 만들어질 수 있는 상황이 되어 가는 거죠. 다른 게 있다면 옛날에는 강남만 오르고 강북, 수도권이 같이 움직이는 수준이었어요. 지금은 서울 전체가 올라가고 서울 주변 지역이 같이 움직이죠. 여전히 사람들 심리는 변한 게 없는데 서울의 공급 부족이 맞물리면서 그런 상황으로 갈 수 있는 소지가 생기는 거예요.

가장 비싼 데 들어가지 못하면 밀려나는 건데, 그게 예전의 강남이었다면 지금은 서울이다?

저는 강의할 때마다 항상 이 질문을 던져요. "서울 분양가가 9억이라면 어떤 생각이 들까요?" 2~3년 전에는 다들 미쳤다고, 너무 비싸다고 했죠. 그런데 지금은 9억이 싸대요. 9억이 뭐가 달라졌나요? 사람들의 마음이 달라진 거죠.

그러면 단기적으로는 돈이 있을 때 강남에 집을 사는 게 답이겠네요.

아뇨, 저는 꼭 강남 집을 사라고는 얘기하지 않아요. 강남은 학생으로 치면 요주의 대상이에요. 사고 치지 못하도록 담임 선생님이 계속 관리해야 하는 대상이에요. 그래서 모든 규제가 강남에 집중돼요. 최근에는 모멘텀 시장이 되었다고 했잖아요. 더욱더 애를 때려야 하는 상황이 됐어요. 그래서 계속 때릴 거예요. 그러면 올라가는 폭이, 모멘텀이 떨어지겠죠.

그러면 어떻게 해야 할까요?

수도권까지는 부동산을 사는 게 맞아요. 하지만 너무 오른 데보다는, 상대적으로 저평가되는 곳을 찾아서 사야 할 때가 온 거죠.

당연히 올라야 하는데 안 오르는 걸 골라야 한다는 거군요.

그렇죠. 사람들이 신축만 찾잖아요. 기축은 쳐다보지도 않아요. 그런데 재밌는 게 그 기축도 처음에는 다 신축 빨을 받았어요. 그러다가 5년이 지나면 빠지지만 입지가 좋은 구축은 살아나요. 다시 입지의 본질로 돌아가는 거죠. 아까 말씀드렸던 강남, 서초 이후 노원, 도봉, 강북이 올랐던 것도 그런 현상이에요. 수도권을 기준으로 봐도 그래요. 수도권 장 초창기에 가장 홀대받던 지역이 인천과 의정부였어요. 그런데 장 후반부에는 인천과 의정부가 우등생이 됐어요.

막판 스퍼트를 올렸군요.

예. 그래서 이런 우스갯소리를 해요. 인천과 의정부가 오르면 끝난 장이라고.

오를 데 다 오르면, 내려오기 시작하나요?

집도 많이 지어 놨고, 미분양도 나오기 시작하고, 살 사람도 다 샀을 테니 침체기로 접어들겠죠. 게다가 지난번 장은 마침 금융 위기가 강하게 터져서 사람들이 무서워했죠. 그런데 냉정하게 말하면 제 생각에 그런 장은 두 번밖에 안 온 것 같아요.

생각보다 적다는 건가요?

그렇죠. 자꾸 침체할 거라고 이야기하는데 IMF 외환 위기 때는 심하게 떨어졌지만 곧 올랐어요. 2008년 금융 위기 때는 생각보다 안 떨어졌어요. 학습 효과가 있어서 또 올랐거든요. 심지어 강남은 2009년에도 올랐어요. 저평가되었다고 생각해서 말이죠.

시장이 학습 후 웬만한 충격에는 버티고 다시 올라간다는 것이군요.

그렇죠.

화서역 파크 푸르지오를 상승시킨 '모멘텀' 파악하기

정말 길게 봐야겠네요. 평소에 공부하다가 본인이 준비되거나 시그널이 있으면 확 들어가야 하는데 지금은 로또 분양이나 하고 있으니…….

그렇죠. 저도 모니터링을 하고 있는데, 많은 분이 수원에서 엄청 돌고 계시거든요. 상대적으로 저평가됐다고 생각해서요. 그런데 이걸 세밀하게 살펴보면 흥미로워요. 제 기준으로 수원에서 제일

대장은 광교예요. 옛날 대장은 영통이었고요. 그런데 영통이 구축이 되어 버린 거예요. 그러면서 어느 날 갑자기 화서역 푸르지오가 대장주로 떠올랐죠.

화서역은 굉장히 생뚱맞은데요? 수원 중심은 삼성전자 근방이라고 생각했는데 말이죠.

침체기나 침체기에서 살아나는 상황에서는 당연히 광교가 올랐겠죠. 그런데 영통은 너무 오래됐어요. 사람들이 체면을 생각해서 그렇게 오래된 데는 못 들어가는 거예요.

그런데 왜 하필 화서역 파크 푸르지오죠?

이 아파트가 처음 분양가를 엄청 높게 잡았는데 가격 상승을 이끈 두 가지 포인트가 있어요. 하나는 수원~동탄 지하철 기본계획고시예요. 다른 하나는 화서역 파크 푸르지오 분양 직전에 평촌의 어바인퍼스트가 84㎡ 기준층 기준 6억 초반에 분양한 거예요. 그리고 나서 분양한 화서 파크 푸르지오를 비교하니 너무 저평가된 것처럼 보였지요. 역세권, 대단지, 푸르지오인데도 말이죠. 그러니까 사람들이 몰리기 시작했고, 그걸 보고 영통 힐스테이트가 뒤집어졌어요. 왜냐하면 자기들이 화서역 파크 푸르지오

보다 낫다고 생각하니까. 그래서 영통 힐스테이트는 7억 원대로 뛰어 버렸고요. 부동산이 볼수록 웃겨요.

정말 누군가 끌고 올라가는군요.
맞아요. 그걸 모멘텀이라고 표현한 거예요. 후반부에는 모멘텀이 큰 영향을 미쳐요. 아까 말씀드린 부산도 마침 열 받은 장에서 '조정대상지역 해제'라는 요소가 당위성을 만들어 준 거죠. 상승기에는 이게 크게 작용하거든요.

현재 서울을 끌고 가는 가장 지배적인 모멘텀은 어떤 걸까요?
앞으로도 계속 상승할 거라는 사람들의 생각이죠.

굉장히 큰 모멘텀인데요?
그렇죠. 그러니까 정부가 무슨 행동을 해도 안 돼요. 사람들 머릿속의 기준점은 명확해요. '아무리 규제해도 소용없다, 규제하면 공급이 줄어든다, 서울 공급이 줄어들면 수도권도 오를 것이다.' 이런 생각을 깨뜨리려면 계속 채찍만 휘두를 게 아니라 햇볕 정책도 해야 해요. 서울에 공급을 늘리고, 재개발했을 때 올라가는 비용은 환수하는 방법을 쓰면 돼요. 그러면 서울에 집이 없어서 수도권으로 밀려나던 사람들의 움직임도 둔해질 수 있겠죠.

당장은 강력한 모멘텀 때문에 좀 더 오를 가능성이 있다는 얘기
인가요?
네, 지금 상황에서는 서울이 웬만큼 상승한 후 규제를 받아 조금
주춤할 테고, 그사이에 나머지 수도권 지역이 갭을 메울 겁니다.
그러면 서울이 상대적으로 싸게 되잖아요? 이렇게 물고 물리면
서 기하급수적인 초장기 상승이 올 수도 있다고 봅니다.

우리나라 자산 가치가 어마어마해지겠는데요? 그런데 가치만 올
라가는 것 같은데…….
그런 문제가 있죠. 우리나라 경제에 무척 안 좋을 거예요. 하지만
아직 그것을 걱정할 단계는 아닌 것 같아요. 당장 1~2년 후도
파악하기 힘드니까요.

'잘되는' 동네부터 찾기 전에 '내' 동네부터 알자

부동산이 아니라 일반적인 재화라면 가격이 점점 떨어지는 게 정

상이잖아요. 왜 부동산은 올라가는 걸까요?

자본주의 사회에 살면 가장 기본적인 인플레이션을 고려해야 한다고 생각해요. 땅의 가치가 올라갔어요. 그 자리에 똑같은 아파트를 지어도, 예전에는 평당 100에 지을 수 있었는데 지금은 평당 몇 천으로 지어야 해요. 그뿐 아니라 거주 가치 등 플러스알파 요인도 많죠. 그래서 저는 원자재 가격이 인플레이션 되는 이상 아파트 가격도 올라갈 수밖에 없는 구조는 맞다고 생각해요. 앞으로 10년이 지나고 20년이 지나도 계속된다면 그때는 아예 화폐 개혁을 하겠죠.

흠······.

매년 분양가 상한제 기본형 건축비를 2월 말에 정기 공시해요. 보면 인플레이션과 비슷한 수준으로 올려요. 원자재 가격도 그 정도로 오른다는 거죠. 그러면 분양가가 안 오르려야 안 오를 수가 없거든요. 단지 지금은 건설사가 이득을 많이 보는 부분이 있을 뿐이죠.

그러면 부동산 가격의 흐름은 어떻게 익혀야 하나요?

부동산은 서로 간섭 효과가 일어나기 때문에 스폿Spot으로 파악하면 안 보여요. 저도 처음에 이 부분에서 제일 애를 먹었어요.
부동산은 플로우Flow로 파악해야 해요.

플로우를 익히기 위해서는 매일 각 지역의 시세를 확인해야 하나요?
그렇게까지 할 수 있는 사람이 얼마나 되겠어요? 일단 기본에 충실해야 해요. 부동산을 모르는 사람들은 공부해서 배워야겠죠.
그다음에는 내 동네를 파악해야 해요. 자꾸 자기 동네도 모르고 다른 동네부터 파악하려고 하거든요.

동네 파악이요?
저는 중학교 때부터 신정동, 목동 근처의 구옥에서 살았어요. 논밭밖에 없던 동네에 목동아파트가 세워졌는데, 1984년도에 마침 홍수가 났어요. 물 넘친 동네라고 목동아파트가 분양이 안 됐어요. 그런데 지금은 완전히 뒤바뀌었죠. 마찬가지로 금천구청 옆에 롯데캐슬도 초반에는 평가 절하를 받았던 물건이에요. 지금은 다들 한탄하시죠. 거두절미하고 돈 벌어야겠다고만 생각하니까 자기 주변이 안 보이는 거예요.

그러면 한 20~30년 정도 생각하고 들어가야 하나요?

그건 너무 길게 보는 거예요. 그 시점에 무슨 일이 일어날지는 아무도 몰라요. 저는 한 1~2년 정도만 봐도 투자하는 데 크게 지장이 없다고 봐요.

1~2년이라…… 그러면 어느 정도에서 자르는 게 좋다고 생각하세요?

내가 들어가면서 기대했던 수익 전후가 되면 과감하게 매도하세요. 그러다 떨어지면 팔자 좋은 거고, 더 오르게 되면 배 아프지만 남들도 먹어야 한다고 생각하세요. 그리고 그 과정을 복기하며 공부하세요. 그 시점에서 전문가 의견을 듣고 공부하고요. 정확한 건 어차피 아무도 몰라요. 저도 실수하는데요.

그게 쉽게 되나요…….

사람들은 다 똑같이 생각해요. 내가 살 때까지 안 올랐다가 내가 산 다음 날부터 오르기 시작해서 내가 판 다음에 떨어지길 원해요. 그런 게 어디 있겠어요? 그러려면 남들이 모를 때 미래 가치를 보고 들어가서 올라가는 걸 보고 팔아야 하는데, 막상 그때되면 못 팔거든요. 더 오를까 봐. 그러니 자를 줄 아는 게 가장 중요해요.

지금 장은 어떤가요?

상승 후반부라고 생각해요. 한 번은 급등할 거라고 생각합니다.

하지만 누구는 100% 상승을 기대할 수도 있고, 누구는 20%만
기대할 수도 있어요. 충분한 수익을 거뒀다고 생각하는 평균적인
숫자가 있나요?

서울은 이미 100% 이상 수익이 났어요. 상승 후반부에서는 절대
그 정도 수익을 기대하시면 안 돼요. 개인적으로는 앞으로 30%
정도만 상승할 거라고 생각해요. 하지만 수도권은 50~60%가
가능할 거예요. 왜냐하면 너무 안 올랐기 때문이죠.

침체기의 시그널과 살 때의 시그널

아까 인천이 오르면 상승 막판이라고 하셨잖아요. 그처럼 상승
후반부의 시그널이 더 있나요?

상승 후반부의 시그널이라기보다는 침체 시그널이 더 판단하기

쉽죠. 왜냐하면 상승기에는 사람들 눈에 아무것도 안 보여요. 무슨 얘기를 해도 안 먹혀요. 하지만 사람들은 입지 좋은 A급, B급, C급 순으로 흘러가잖아요? C급에 엄청나게 몰리는 장이 오면 그때부터는 조심해야 해요. 원래 부동산은 입지가 중요한 가치 투자인데 점점 요점에서 벗어나게 되는 거죠. 그 시점 즈음에 가장 많이 나타나는 현상이 미분양 물량 증가예요. 사람들도 "여긴 좀 아니지 않나?" 하고 안 들어가는 거죠.

흠…….

경제적인 측면으로는 금리 인상이 상당한 영향을 미치죠. 지금은 경제를 활성화하느라 금리를 떨어뜨린 상황이잖아요. 그걸 올린다는 이야기는 경제가 어느 정도 올라왔다는 뜻이죠. 그때는 엄청나게 대출받은 사람들이 못 견디고 던지기 시작해요. 그러면 점점 침체가 다가오는 거죠.

예시가 있나요?

2006년에 그랬어요. 그때는 금리가 5% 중후반이었는데, 2008년도에는 7% 후반이 되었어요. 그 차이가 어마어마하더라고요. 저도 당시에는 좀 힘들었어요. 그러면 금리가 싸다고 잔뜩 투자를 하신 분들은 한계에 봉착하게 되겠죠. 실제로 2008년도 즈음에 인천의 오래된 5000만 원짜리 빌라가 1억 이상 올라간 걸 보면서 '이건 좀 아니지 않나' 싶었는데 7~8개월 후에 금융 위기가 터지더군요. 그때 많은 분이 무너졌죠.

그렇게 가격이 추락하기 시작하면 매도, 매수가 거의 없잖아요? 누군가 끝물이라 생각하고 집어 가기 전까지는 가진 사람들이 당할 수밖에 없잖아요.

막상 그렇지도 않아요. 관성의 법칙이 있어서 떨어지는 기간이 굉장히 길거든요. 그래서 계단식으로 떨어져요. 떨어지다가 버티고, 떨어지다가 버티고. 그때가 되면 내가 파는 시점이 제일 고점이에요. 물론 현실에서 겪으면 잘 안 보여요. 저도 팔고 난 뒤에야 느꼈어요.

그러면 사는 입장에서는…….

그것도 신호가 있어요. 떨어지면 건설 회사가 공급을 못 하잖아요? 그러면 물량이 계속 줄어요. 하지만 사람들은 계속 살아야 하거든요. 신혼부부도 생기고, 자녀도 생기고. 이때 나타나는 현상이 전셋값 상승이에요. 저도 제 책에 '전세 갭투자가 투자 메인

이 된다'고 썼어요. 정부 입장에서는 전셋값이 오른다는 게 아주 부담스러워요. 진짜 심해지면 폭동이 날 수도 있거든요. 그러면 '아, 빨리 집을 사게 해 줘야겠다. 규제 다 풀어라. 규제 풀어 놨다면 혜택을 줘라. 양도세, 비과세 혜택이라든지, 분양권 전매를 허용한다든지.' 그 상황이 되면 사이클이 다시 돌아왔다고 생각하면 되죠.

질문: **최기영**(ㅍㅍㅅㅅ 본부장)

이주현(월천대사)

네이버 월천재테크 대표. 부동산 칼럼니스트로 활동하며《매일경제》《조선일보》《한국경
제》《한국일보》등에서 부동산 관련 자문을 하고 있다. 또한 직방 TV〈직터뷰〉그리고 아
시아경제TV〈대국민부동산 토크쇼, 살家말家〉를 진행했다. 엄마이기에 부동산 공부를 시
작했으며, 학군을 투자와 접목시킨 국내 최초 강사다. 재개발과 재건축에 미래 학군이라는
개념을 도입해 강의하며, 성장하는 뉴타운과 재개발·재건축 지역 그리고 일자리 지역을 추
천하고 소개한다. 지은 책으로《나는 부동산으로 아이 학비 번다》, 공저로《불황이지만 돈
을 불리고 있습니다》《좋은 집 구하는 기술》등이 있다.

블로그 blog.naver.com/iampicky (월천 재테크 학군과 부동산)
카페 cafe.naver.com/1000tech (월천 재테크 학군과 부동산)

Lesson 4
부동산 투자의 미래 학세권이 답이다

_월천대사 이주현

서울과 수도권 시장, 솟아날 구멍은 어디인가

12·16 대책 이후 매물이 자취를 감추고 있다

얼마 전 동료 강사의 청약 수업을 참관했을 때의 일입니다. 수업이 마무리될 무렵 제가 발언하는 시간이 있었습니다. 저는 수강생들에게 '장이 풀렸으니 빨리 집을 마련하는 게 좋겠다'는 이야기를 했습니다. 그때 수강생 한 명이 손을 들어 질문을 하더군요. "장이 풀린다는 게 뭔가요?" 이 질문을 듣는 순간 수강생의 반정도가 웃음을 터뜨리고, 나머지는 갸우뚱거렸습니다. 수업이 끝나고 카페에도 '수업 시간에 들은 장이 풀린다는 소리에 나도 웃지 못했다' '혹시 전매가 풀린다는 뜻인가요?'라는 후기가 올라왔습니다.

이만큼 부동산에 관심이 있어서 수업과 세미나를 들으러 오는 사람들 중에는 부동산 초보자들이 많습니다. 지금 이 책을 읽는 독자 중에도 위의 이야기에 웃는 사람이 반, 웃지 못하는 사람이 반 아닐까 싶습니다. 그렇다면 '지금' 장이 풀렸다는 것은 무슨 의미일까요? 2020년 2월 첫째 주를 봤을 때 장이 풀렸다는 것은 서울 고가지, 이를테면 강남 재건축을 포함한 비싼 재건축들, 흑석, 마포, 성동뉴타운, 성동구 신축, 잠실 준신축들, 송파 헬리오시티, 개포동의 바닥 물건까지 끝났다는 뜻입니다.

바닥 물건이라고 하는 것은 가격이 떨어져서 시세보다 저렴한 물건, 그중에 여전히 남아 있는 거래가 가능한 정상 물건을 말합니다. '인터넷에서 검색해 보니 아직 물건이 남아 있는 것 같다'고 반문하실 수도 있습니다. 아직 남아 있는 좋은 가격의 매물들은 전세 계약이 늦은 바람에 만기까지 많이 남아 있거나 월세를 낀 물건이라 투자금이 많이 들어가는 물건들입니다. 집에서 인터넷으로만 확인하는 사람들은 매물과 관련해서 정확한 정보를 얻지 못하기 때문에 '아직 남아 있는 것 아닌가?' '끝난 것인가?' 혼란스러울 수 있습니다만, 실제로 현장에 가 보면 정상적으로 구매가 가능한 것 중에 싼 것은 모두 팔렸다고 볼 수 있습니다. 장이 풀려서 시세보다 저렴했던 바닥 물건들은 2월 첫째 주 주말, 그것도 토요일을 기점으로 끝났습니다.

송파 헬리오시티 조감도

서울 송파구 가락동에 위치한 9510세대의 송파 헬리오시티는 워낙 대단지이기 때문에 동별로 가격 차이가 있다. 8호선 송파역과 가까운 5단지의 인기가 다른 단지에 비해 조금 더 많은 편이다. (출처: 헬리오시티 홈페이지)

그때 부동산에 가 본 사람이라면 당시 상황이 어땠는지 알 것입니다. 문의 전화가 증가하고, 바닥 물건들이 소진되기 시작하자 싼 물건들이 게 눈 감추듯 빠르게 자취를 감추었습니다. 그런데 속도는 작년과 달랐습니다. 훨씬 빨랐기 때문입니다. 왜일까요? 2020년은 전해보다 시중에 남아 있는 물건이 많지 않았습니다. 2019년에는 입주하는 단지들이 많았기 때문에 일단 이사하기가 용이했습니다. 1주택자 중에서 더 좋은 주택으로 갈아타기 위해, 혹은 장기특별공제와 분양받은 신축 아파트에 대한 비과세 등 세제 혜택을 받기 위해 2년 거주할 목적으로 기존 주택을 처분하고 이사하는 사람이 많았습니다. 이렇게 급하게 처분하는 대상 주택을 구매하기 좋은 기회였지요. 그러나 2020년은 전해에 비해서 전혀 급하지 않은 상황입니다. 양도세는 너무 세고, 많은 사람이 걱정한 것에 비해 종부세와 재산세는 예상한 것보다 적게 나왔기 때문입니다. 이미 주택을 처분해야 할 분들은 2018~2019년에 대부분 정리를 마쳤습니다. 이런 상황이니 2020년에 들어서는 사람들이 물건을 많이 내놓지 않았던 것입니다.

12·16 대책은 이번 정부가 내놓은 18번째 대책입니다. 규제 이후 매매가 바쁘게 이루어졌던 곳, 그러니까 앞서 말한 장이 풀

린 곳은 서울 초상위구의 신축이었습니다. 그런데 12·16 대책 발표 전에도 후에도 계속해서 바쁘게 매매가 이루어지는 곳이 있습니다. 바로 비조정대상지역입니다. 부동산 초보자들을 위해 잠깐 설명하자면 비조정대상지역은 규제지역인 투기지역, 투기과열지구, 조정대상지역을 제외한 지역을 말하는 것으로 1순위 청약 자격 요건에서 청약 통장 가입 기간이 수도권은 1년, 지방은 6개월로 비교적 짧고, 세대주가 아니어도, 유주택자여도 청약 신청이 가능한 곳입니다. 비지정지역에서는 분양권 전매 제한 기간도 6개월로 짧고, 규제지역보다 LTV(주택담보대출비율)와 DTI(총부채상환비율)가 높게 적용됩니다.

그런데 왜 비조정대상지역은 늘 바쁘게 거래되는 걸까요? 시중의 유동성은 넘쳐나는데 규제로 인해서 대출이 녹록하지 않으니, 투자를 계속해야 하는 상황에서 매력도가 올라간 것입니다. 그러다 보니 투자 수요가 서울 접경 지역과 지방의 비조정지역으로 이동한 것입니다. 아마 뉴스를 주의 깊게 본 사람들이라면 '수용성의 질주'라는 말을 한 번쯤 들어 봤을 겁니다.

작년에는 '마용성' 그러니까 마포, 용산, 성동이었다면 현재는 수용성을 이야기하고 있습니다. 수용성의 질주가 어느 정도인지 살펴보면, 30평대 기준으로 수원의 화서역 파크 푸르지오의 호가가 10억 원을 초과했고, 용인 수지 성복역의 롯데캐슬골드타운이 네이버 기준 13~14억 원의 호가를 형성, 성남시의 산성역 포레스티아 신축은 10억을 훌쩍 넘어 네이버 기준 호가가 12억

산성역 포레스티아 조감도

경기도 성남시 수정구에 위치한 산성역 포레스티아. 북쪽으로 송파구와 위례신도시, 남쪽으로 판교신도시가 위치하고 있어 잠실, 분당으로의 접근성이 좋다.
(출처: 포스코 홈페이지)

원 선입니다. 산성역 포레스티아의 경우 전매가 풀릴 당시에 8억 선이었던 것을 생각해 보면 말 그대로 신축의 인기가 '질주하고' 있는 것입니다.

2020년 2월 중순, 수용성 이후 눈에 띄는 곳은 인천입니다. 인천의 택지와 재개발지의 분양뿐 아니라 그렇게 집값이 꿈쩍하지 않았던 논현지구도 들썩이고 있습니다. 논현지구는 송도 건너편으로 옛날 인천의 부자들이 살았던 동네입니다. 요즘 투자자들에게서 잊혔던 논현지구의 준신축에 갭투자자들이 몰리면서 가격 상승이 발생했습니다. 인천 구월동 같은 곳 또한 연식만 양호하다면 투자자들이 유입되고 있습니다.

이러한 흐름은 그동안 소외되어 시세가 따라 오르지 못했던 제2동탄의 남동탄, 외곽 동탄, 심지어 비인기로 한동안 시세 변화가 없었고 33평과 가격 차이가 거의 나지 않았던 병점, 죽전, 구성의 대형 아파트들도 거래가 되기 시작했습니다. 투자자들은 왜 이곳들을 다시 주목하고 투자하기 시작한 것일까요? 바로 '갭 1억'을 찾으러 간 것입니다.

그래서 지금 어떤 일이 벌어졌을까요? 앞에서 수용성의 대표 신축 단지들의 가격을 살펴보면 비교 사례법을 통해 놀랍게도 '서울이 싸 보이는' 착시 현상을 느낄 수 있을 것입니다. 대표적인 사례로 장위뉴타운에 신규 입주한 래미안장위퍼스트하이를 들수 있습니다. 이 아파트는 현재 30평대가 10억 원을 넘었습니다. 장위뉴타운의 10억 원 거래는 상징적인 의미가 있는데, 우선 위치를 살펴보겠습니다. 돌곶이역에서 북서울꿈의숲까지 포괄합니다. 예전만 해도 돈암동이나 길음역에 거주하는 사람들은 미아리고개를 넘어가면 큰일 나는 줄 알았습니다. 생활권이 달랐기 때문입니다. 그래서 장위뉴타운이 재정비 사업을 시작한다고 했을 때 많이 안 오를 것이라는 평가가 많았습니다. 그런데 2019년 1월경, 7억 원 초반까지 내렸던 30평대 분양권이 입주가 시작되자 대량 공급되는 신축의 인기에 힘입어 10억 원이 넘는 거래가 나왔습니다.

경기도 내에서 이렇게 비교해 보면 '어? 싸 보이네' 하고 느끼실 지역들이 있으니 잘 살펴볼 필요가 있습니다. 예를 들면 서판교의 가격은 성복역 신축과 광교의 단지들보다 더러는 저렴합니다. 뭔가 가격의 균형이 깨진 것 같아 보일 겁니다. 왜 이런 현상이 벌어지는 것일까요?

규제의 역설 때문에 비조정지역에서 조정지역으로 관심이 이동했고, 신축 입주, 카카오톡 단톡방을 중심으로 정보 공유가 활발해지면서 자주 입에 오르내리고 주목을 받았던 단지가 인기를 끈 것입니다. 그래서 '가는 놈이 더' 갔습니다. 이 책을 읽는 몇몇 독자들은 이런 생각을 할 겁니다. '다른 집은 다 오르는데 우리 집만 안 오르네.' '우리 집은 살기 좋은데 구축이라 진짜 안 오르네.' 대체 왜 그런 것인지 알아보겠습니다.

앞서 서울이 싸 보이는 착시 현상이 있다고 했지만, 사실 서울의 주택을 구매하기는 녹록지 않습니다. 대출은 더 막혔고, 15억 원을 초과하는 고가 아파트를 구입하는 경우 주택 담보 대출은 '원천 금지' 아예 안 해 준다고도 얘기합니다. 나쁜 소식만 있는 건 아닙니다. 반가운 양도세 중과 완화 소식도 떴습니다. 그렇지만 10년을 보유해야 된다는 조건이 붙어 있습니다. 그런데 현재 투자자들은 다 언제 진입했을까요? 대부분 서울 수도권에서 2015년 전후였습니다. 그러니 10년을 어떻게 보유할 수 있었겠습니까? 다주택자에게 퇴로를 마련해 주어 보유 주택을 매도하게끔 하고 이를 통해 매물을 증가시키겠다는 의도였지만 베이비부머가 장기 보유한 잉여 주택 외에는 매도하기가 어렵습니다.

12·16 대책에서 주택 가격 9억 원에서 15억 원 미만은 대출이 20%밖에 안 된다고 했을 때 많은 실수요자들이 분노했습니다. '지금까지도 집을 못 샀는데 사다리까지 걷어찬다'는 소리가 나올 정도였습니다. 사다리를 걷어찬다는 것은 대출 40%를 염

두에 두고 집을 살까 말까 고민하던 실수요자들의 이야기입니다. 서울은 집값이 다 9~10억 원이 넘습니다. 그런데 20%만 해 준다고 하니 듣자마자 열이 오를 수밖에 없는 겁니다.

하지만 그게 바로 정부가 12·16 대책을 발표한 의도입니다. 여러분들이 놀라서 겁먹기를 바란 것이지요. 실상을 살펴보면, 9억까지는 40%를 내주고, 9억 초과되는 부분에 대해서만 20%입니다. 그러니까 약 35%는 대출이 나온다는 이야기입니다. 만약 2019년 초 상반기에 망설이지 말고 집을 샀으면 좋았을 것입니다. 하지만 이미 집값이 재상승하고 난 뒤 조정이 오기를 바라며 기다렸던 분들에게는 날벼락 같은 소식이었을 겁니다.

사실 더 무서운 것은 대출이 20%로 줄어든 게 아닙니다. 실상 줄어든 건 약 5% 정도뿐입니다. 우리가 주목해야 하는 것은 DSR이 40%로 축소된 겁니다. DSR이란 총부채원리금상환비율을 말합니다. 쉽게 얘기하면 대출을 받은 사람이 소득 대비 전체 금융 부채의 원리금을 상환 가능한지를 비율로 보겠다는 것입니다. 이 대책이 발표되기 전에는 연봉 5000만 원인 분이 송파 헬리오시티를 구매할 경우, 제2금융권을 통한다면 6억 원까지 담보 대출을 잡아 줬습니다. 그런데 지금은 주택 담보 대출과 신용 대출 모두 합쳐서 연봉의 40% 내만 받을 수 있습니다.

우리가 이에 대비해 가장 쉽게 떠올릴 수 있는 답은 바로 '복직' '맞벌이'입니다. DSR이 축소되었기 때문에 부부 중 한 사람의 연봉이 1억, 한 사람은 8000만 원, 그래서 총 1억 8000만 원이라고 할 때 대출을 6~7억 원까지 받을 수 있습니다. 그런데 외벌이라 남편 혼자 연봉 1억 원일 경우는 대출 총 한도가 4억으로 낮아집니다. 현실적으로 서울의 30평대 이상 집을 사는 게 요원한 일이 되어 버리는 겁니다. 많은 실수요자들이 대출을 받으려고 알아보다가 여기서 현실에 부딪히고 있습니다.

다행인 건 서울에는 맞벌이 부부가 비교적 많다는 겁니다. 앞으로도 맞벌이 부부들이 선호하는 직주근접지의 15억 이하 주거지의 경우에는 매수세가 풀렸을 때 다시 거래가 재개될 것입니다. 이분들이 서울에 살기로 결정하는 것은 '직주근접', 즉 직장과 주거지가 가깝기 때문입니다. 아내가 맞벌이를 계속하는 것도 좋은 직장을 그만두기에는 경력이 아깝거나 혹은 서울 거주를 유지하기 위한 높은 생활비와 교육비를 감당하기 위해서입니다. 그리고 맞벌이를 하다 보니 퇴근하면 어린이집이나 보육원에 있는 아이를 최대한 빨리 데리러 가야 합니다. 엄마의 직주근접은 교통 소요 시간이 40분을 넘지 않는 곳을 선호합니다. 즉 도어 투 도어, 회사에서 집까지 1시간 이내여야 합니다. 지금 이 책을 읽는 독자 중에서 이러한 이유로 서울 거주를 유지한 분이 있다면, 서울과 경기의 양극화가 심화된 현재 상황에서 좋은 선택이었다고 이야기해 주고 싶습니다.

정리하면, DSR이 40%로 축소되면서 집을 구매할 예산이 작년보다 많이 줄어들었습니다. 개인적으로 저는 이 포인트가 주택시장에 영향을 미칠 것으로 예상하고 있습니다. 가계 소득이 높지 않은 곳, 규제지역인 곳, 이 두 가지 요소의 교집합 지역이라면 급격한 가격 상승을 기대하기 어려울 것 같습니다.

12·16 대책의 가장 큰 문제 중 하나는 바로 15억 초과 시장이었습니다. 그런데 여러 부동산 현장 중 몇몇은 "우리는 큰 영향을 받지 않을 겁니다. 이 지역에는 원래 대출받아 집 사는 사람이 많지 않으니까요"라고 이야기하는 곳도 있습니다. 하지만 그 외에 대부분은 주택 담보 대출을 받아서 구매를 하는 지역입니다. 대표적으로 최근 몇 해 동안 인기가 높았던 마포구, 성동구 등을 예로 들어 보겠습니다. 이 지역에 신축 공급이 많이 되면서 그 인기에 힘입어 평균 신축 가격이 약 15억 원이었던 단지 중에 20억원을 향해 달려가는 곳이 있습니다. 신촌 그랑자이가 그 예인데 네이버 매물에 18억 원대의 물건이 등록되었습니다. 그럼 딱 1년 전인, 2019년 상반기로 한번 돌아가 볼까요? 마포에 사는 맞벌

이 부부가 2~3년 전에 운 좋게 6~10억 원대의 마포 집을 구매했습니다. 이들은 투자자가 아니라 실수요자였습니다. 그럼 이들은 대출을 얼마나 받았을까요? 실수요자는 보통 대출을 집값의 30~40% 정도 받습니다. 실수요자는 대출을 빚으로 생각하는 경우가 많기 때문에 두려움을 가집니다.

그런데 마포 거주자 분들의 이야기를 들어 보면 자녀의 학교 친구들로 미루어 봤을 때 체감상 70~80% 정도가 맞벌이인 것 같다고 합니다. 이 지역을 거주지로 선택한 부부들의 직장은 어디일까요? 여의도 또는 서울 시내가 많을 것입니다. 초등학교 이상 학령기 자녀를 둔 가정의 경우 인근 직장의 임금 수준을 고려하면 대략 부부 맞벌이 합산 소득이 1.5~2억 원 가까이 됩니다. 이들 중 대출을 무서워하는 분들은 상환도 빠릅니다. 빚을 갚기 위해 잠시 허리띠를 졸라매고 소비를 줄입니다.

제가 상담한 마포권 주택 소유자들 중에서 투자 목적이 아닌 실거주 목적인 분들은 놀랍게도 주택 담보 대출을 이미 다 상환하였거나 남아 있더라도 1~2억 원대로 낮았습니다. 혹자는 아직 학군이 발달하지 않아서 학비가 많이 들지 않기 때문에 생활비를 줄여 빚부터 갚았다고 했습니다. 지금 와서 보면 이건 결국 갈아타기라는 행운의 씨앗이 됩니다.

대출이 없는 경우 집을 매도하면 그 자금은 오롯이 내 구매 비용이 됩니다. 2019년 초 마포의 30평대 신축의 가격은 약 12~14억 원 정도였고, 투기지역의 주택 담보 대출은 40%였습니다. 눈앞에 18~20억 원짜리 집이 있다고 가정해 봅시다. 여러분이라면 학원가가 많은 강남으로 이사를 안 하시겠습니까? 실제로 당시에 마포구와 성동구에서 역삼동으로 이사한 가정이 많았습니다. 왜일까요? 대치 학원가 권역에서 비교적 연식이 양호하고 20억 원이 넘지 않는 곳은 역삼동 권역이었습니다. 이분들은 이미 부동산으로 돈을 벌어 본, 소위 부동산에 관심이 있는 분들이었기 때문에 시세를 면밀히 모니터링하고 있었을 것입니다. 여기에 더해 대출 상환도 이미 경험한 적이 있기 때문에 대출을 그렇게 겁내지 않았다고 합니다.

그런데 아이러니하게도 2019년 상반기에 과대낙폭지인 상급지로의 이동 결과로 마포의 집값이 떨어졌습니다. 아니, 떨어진 것처럼 보였습니다. 이분들은 과대낙폭으로 시세가 바닥일 때 강남 집을 계약했습니다. 그런데 당시는 매수세가 없던 조정기였기 때문에(하락기가 시작되었다는 뉴스도 심심치 않게 등장하던 때입니다) 보유하던 집을 싸게라도 빨리 팔아야 잔금을 치를 수 있었습니다. 게다가 계약하려는 집 대부분이 급매성이어서 잔금을 빨리 치러야 했습니다. 결국 내가 이사를 갈 집도 급매이기 때문에 내 집도 싸게 팔아야 제때 잔금을 치를 수 있다는 판단이었습니다. 그래서 마포, 성동에 진입하려는 분들에게 기회가 온 것입니다.

뉴스를 본 사람들은 '마래푸 폭락'이라는 말을 꽤 들어 봤을 겁니다. 우리는 뉴스보다 현장에 더 집중해야 합니다. 현장에서 이 매물이 왜, 어떤 이유와 조건으로 이 가격에 나왔는지 파악하는 일은 매우 중요합니다. 사연은 항상 현장에서만 상세히 파악할 수 있고 그곳에서부터 기회가 옵니다.

이 동네의 주요 구매 수요자가 누구인지 파악하는 것도 살 사람들의 수요만큼 중요한 요소입니다. 대표적인 주거 인기 지역인 성동구는 2019년에 또 다른 이유가 추가되어 주춤했습니다. 바로 자금 출처 조사라는 요소 때문입니다. 성동맘, 중구맘, '성중맘'으로 대표되는 이 지역은 행정구역상 강북이지만 강남의 색채가 짙습니다. 강남구와 맞붙어 있어 '뒷구정동'이라는 애칭도 있습니다. 오고가기 용이한 강 건너편 동네에 자녀의 집을 종종 마련해 주던 강남 분들의 구매가 자금 출처 조사로 인해 주춤해졌습니다. 반등 이후 2019년 하반기에 마포는 가격이 회복되어 15억 원을 넘어서며 급등할 때 성동구는 기대보다 덜 오른 이유가 바로 이 때문이지 않을까, 부동산 현장에서는 이런 분석을 내놓았습니다. 이런 의견에 저도 어느 정도 동의하고 있습니다.

2020년 현재, 주택 담보 대출은 더욱 어려워진 반면 전세는 슬금슬금 계속 오르고 있습니다. 그렇다면 이 상황을 타개할 솔루션이 있을까요? 우리는 지금 그것을 고민해 봐야 할 때입니다.

실거주의 족쇄를 벗어야
돈 되는 투자가 가능하다

15억 초과 대출이 막혔으니 이제 우리는 집을 못 사는 걸까요? 어차피 지금까지 집을 못 샀는데 대출까지 막혔으니 '쿨내' 나게 안 사지 뭐, 이렇게 생각하는 사람도 있을 겁니다. 하지만 그런 생각이라면 이 책을 구입하지 않았을 것입니다. 애초에 이 책을 읽겠다고 결심한 것은 주택 구입을 위해서니까요.

2020년부터 15억 원 초과 주택을 구입할 분들은 몇 가지를 유념하시면 좋겠습니다. 우선 투자와 실거주를 분리해야 합니다. 서울에 사는 실수요자로서 대출이 거의 없어서 매도하면 자금이 확보되고, 여기에 신용 대출을 활용할 수 있다면 투자와 실거주

분리를 고민할 때입니다. 쉽게 말하면 "집 사세요. 그런데 살 집 (Live) 말고 살 집(Buy)이요"입니다. 여기서 집은 살 집이 아니라 세 줄 집을 말합니다. 집값은 계속 오르기만 하는데 집을 못 사게 될까 봐 걱정이 많아진다면 대출이 막혔다고 포기하지 말고, LTV 40%, DSR 40%가 아니라 전세가 레버리지를 활용하면 살고 싶은 집보다, 고민하던 집보다 훨씬 좋은 집을 소유할 수 있습니다. 다만 세 살이를 조금 더 해야 합니다. 그렇지만 올라타지 못했던 아쉬움은 해소할 수 있습니다. 집값이 하락할 것 같거나 조정될 것 같아서 조금 더 기다리고 싶다면 당장 집을 팔지 말고 유지하면 됩니다.

실거주할 집을 구매할 때는 현실의 많은 조건을 고려해야 합니다. 아이가 다닐 학교, 부부의 직주근접성, 어머니와 같이 살 경우 어머니의 종교 생활까지, 중요한 게 너무 많습니다. 그러면 가족의 만족을 다 반영할 수 있는 곳, 내가 살고 싶은 곳, 이사 가고 싶은 곳만 찾게 되고 그 반경에서 벗어나지 못합니다. 이런 경우 실거주와 투자를 분리할 때도 또 한 가지 실수를 저지릅니다. 예를 들어 아래와 같은 상담을 해 오는 분들이 있습니다.

"제가 잠실에 집을 하나 사서 한두 바퀴만 전세를 돌린 뒤에 들어가 살려고 합니다. 이 방법을 어떻게 생각하세요?"

이때 우선 냉철하게 따져 보아야 할 사항이 있습니다. 향후 전세금을 빼 줄 돈이 2~4년 안에 마련될 수 있을지를 최우선으로 고려해야 합니다. 대출이 가능한 15억 원 미만 주택이라면 모르지만, 우리는 15억 원 초과 주택에 대해 이야기하고 있기 때문에 일단 전세를 빼 준 뒤에는 대출이 불가합니다. 물론 대출 규제가 완화된다면 좋겠지만 그렇게 되지 않을 것에 대비해 중기적 플랜도 세워 두어야 합니다. 신용 대출과 전세 자금을 활용하여 집을 구매해 둔 경우 몇 해 안에 수입이 갑자기 늘어나거나 하늘에서 돈이 뚝 떨어지지 않는 한 전세금을 빼 줄 방도가 없기 때문입니다.

일단 실거주 목적이 아니라 투자 목적으로 집을 구매한다면 족쇄를 다 벗을수록 좋습니다. 여기서 말하는 족쇄란 무엇일까요? 바로 비과세의 족쇄, 실거주의 족쇄입니다. 이 책을 읽고 이 것만 깨달아도 완전히 새로운 세상을 보게 될 겁니다. 특히 소득이 안정적이고 평소 저축을 많이 하던 가구라면 집 구매에 대해 다 배운 것이나 마찬가지입니다. 책장을 지금 덮어도 될 만큼 말입니다. 저는 이러한 과정을 투자자의 뇌로 '뇌 세탁'을 해야 한다고 강력하게 말씀드리고 있습니다. 그런데 이게 말처럼 되면 좋으련만 이런 전환은 쉽게 이루어지지 않습니다.

12·16 대책이 나오면서 고가 재건축 시장에 문제가 생겼습니다. 바로 대출 규제에 이주비 대출이 포함되면서 감정가의 40%까지 나오던 이주비 대출이 나오지 않게 되었습니다. 한시적 거래 가능으로 인기가 있었던 개포 주공의 경우 이주비 대출이 가능했을 때는 초기투자금(이하 초투 혹은 실투)이 15~16억 원이었는데 이제는 21억 원 이상이 된 것입니다. 전세와 월세금이 낮아서 대출을 활용하여 구매했던 잠실 주공도 초투가 올라갔습니다. 초투가 상승하면 피 같은 내 돈이 더 들어가게 됩니다. 그러므로 이제는 이 물건들을 구매할 때 재건축 완료 후 얼마의 시세차익을 볼 수 있을지 다시 한 번 고려해야 할 것 같습니다.

비과세의 족쇄를 벗으라고 조언하는 또 하나의 이유는 설상가상 12·16 대책으로 실거주 요건이 강화되면서 일시적 2주택인 경우에 구매 후 1년 뒤 전입을 해야 한다는 정책이 추가되었기 때문입니다.

예를 들어 신축 아파트에 살던 분이 잠실 주공5단지에 들어가 살 수 있을까요? 아직 저평가되어 지분 가치가 높은 초기 재건축 물건에 직접 들어가 살면서 시세 차익을 기대하는 이른바 '몸테크'를 하기는 힘들 겁니다. 아내분들의 반대도 심할 겁니다.

사실 고가 주택들은 투기지역 내 주택 담보 대출은 1건뿐이라는 대출 강화로 인해서 1가구 1주택으로 많이 움직였습니다. 원래 재건축은 투자용 구매가 보편적이었습니다. 고가 주택지에서는 신축지의 급매부터 팔리기 시작했는데 2019년에 많이 오르지 못한 성동구 신축, 왕십리뉴타운 그리고 그사이 전세 가격이 많이 오른 개포의 루첸하임과 헬리오시티 같은 경우 입주가 가능한 급매물부터 먼저 소진됐습니다. 특히 전세가가 올라서 세입자를 바꾸고 갭을 올릴 수 있는 곳이 선호되었습니다.

제가 우려하는 또 다른 상황은 세가 오래 남은 주택의 주인이 절세 방안으로 좋은 가격에 매매를 하는 경우입니다. 그러면 세입자들은 '재수 없어서 내가 계약한 전셋집을 집주인이 팔아 버렸다' '집주인이 바뀌는 바람에 1년 뒤에 나가게 생겼다. 전셋값도 오른다는데'라며 한탄하는 입장이 될 수 있습니다. 15억 원 미만 주택의 경우 이런 상황도 발생할 수 있다는 점을 염두에 두면 좋겠습니다.

그다음에 잠실5단지가 드디어 2020년 2월 첫째 주 수요일부터 심상치 않은 움직임을 보였습니다. 잠실5단지는 너무 좋은 곳이라는 데 이의가 없고 저도 좋아하지만 그럼에도 불구하고 2019년에는 한 번도 잠실5단지를 권유하지 않았습니다. 기왕에 보유하신 분들은 괜찮지만 지금 구입하려는 분들에게는 '재건축

잠실 주공5단지 위치

잠실 주공1~5단지는 교통·교육·생활 인프라 수준이 높고 대기 수요가 끊이지 않아 강남권 최대 아파트촌이다.

초과이익환수제(재초환)'를 피한 단지, '관리처분인가(관처)'를 받은 단지들을 우선으로 구매하는 것이 어떻겠느냐고 조언했습니다. 그런데 이주비 대출이 막히면서 투자자로서의 계산법이 조금은 달라졌습니다.

지금 '관처'를 앞두고 곧 입주하는 고가의 재건축들은 이미 프리미엄이 주변 시세와 비슷한 곳들도 많습니다. 2019년에 인기가 좋았던 것은 원 플러스 원(1+1)입니다. 투자금이 무겁다는 단점이 있었지만 프리미엄이 낮아서 조금 더 시세 차익을 누려볼 수 있기 때문입니다. 재건축에서 조합원의 기존 1주택을 두 채로 쪼개서 주는 1+1의 경우, 자금력이 있는 분들에게 선호되는데 방배5구역과 반포 주공124주구가 대표적입니다.

그런데 잠실 주공5단지는 지분이 높습니다. 34평을 소유하더라도 무상으로 받는 평수가 큽니다. 34평과 36평이 있는데 현재 잠실 주변 준신축 40평대의 시세가 25억 원 전후입니다. 잠실5단지 위치에 신축이 들어선다면 40평대는 얼마가 될까요? 30억 원을 넘지 않을까 생각하고 있습니다. 2020년 2월 첫째 주에 18억 원대의 34평 매물이 있었습니다. 현재는 20억이 넘습니다. 대출이 막힌 것 때문에 오히려 갑자기 잠실 주공5단지가 투자처로서 메리트가 높아졌습니다. 그래도 많은 사람이 아직 사업시행인가가 남아 있고 시간이 좀 남아 있다고 생각했습니다.

2020년 2월 첫째 주 토요일에 잠실 주공5단지를 거래한 분의 이야기를 직접 들어 보니 당시 상황은 더욱 급박했었습니다. 그분은 불이 붙었다는 것을 확인하자마자 현장으로 달려갔지만 계좌 하나를 놓치고, 그날 저녁 9시까지 기다려서 계좌 하나를 받아 간신히 계약했습니다. 일요일까지는 거래가 가능했던 34평 물건 하나와 36평 물건 두 개도 월요일이 되니 주인이 물건을 거둬 갔습니다. 다른 분에게도 이야기를 들으니 그 주말에만 물건 여섯 개가 거래됐다고 합니다. 이렇게 빠르게 돌아갔던 이유를 저도 차주 목요일에 뉴스를 보고서야 알게 되었습니다. 서울시에서 잠실 주공5단지 50층 개발 허용을 긍정적으로 보고 있다는 이야기가 모락모락 나오기 시작한 것입니다. 지금은 소유자들도 이 뉴스를 다 받았기 때문에 이제 잠실 주공5단지로 뛰어갈 경우 2억 원은 더 내야 하는 상황이 됐습니다. 이러한 형국이기 때문에 처음에 제가 장이 풀렸다는 이야기로 시작한 겁니다. 2월 초와 달리 책을 준비하는 3월에 코로나19 바이러스 위협이 생각보다 장기화되면서 시장의 주춤세가 이어지고 있습니다.

장이 풀렸지만 2019년처럼 장이 풀리자마자 실수요자들이 막 달리지는 않을 겁니다. 왜일까요? 지금 이 책을 읽는 사람들은 제가 지금까지 했던 말의 메시지를 이해했을 겁니다. 이제 실거주를 포기하고 집을 사면 됩니다. 전세를 끼고 사는 겁니다. 그렇지만 이 책을 못 본 사람들은 한숨을 쉬면서 정부 욕을 하거나 '내가 대출이 안 되기 때문에' '내가 직업은 좋지만' 이러면서 고민만 거듭할 것입니다. 그러면서 여전히 집은 사지 않을 겁니다. 이런 실수요자들은 청약을 바라보기 시작합니다. 둔촌 주공, 그리고 가점이 낮은 분들은 추첨제를 노리며 서울의 대형 평수, 위례 대형 평수를 바라봅니다. 이들은 15억 초과 아파트 대출이 아예 불가가 되었으니, 앞으로 내가 집을 구매할 길은 없다고 결론을 내렸기 때문에 그쪽을 택하는 겁니다. '아는 것이 힘'이란 말을 절감하는 요즘입니다.

집값이 오르는
동네의 비밀

여윳돈으로
투자의 과감성을 높여라

부동산에 관심이 조금이라도 있는 무주택자라면 첫 번째로 뭘 해야 하는지 알 겁니다. 바로 청약입니다. 2020년 분양 상황은 작년에 비해 아주 좋습니다. 2019년부터 분양 물량이 연기되어서 정말 괜찮은 재정비 지역의 알짜배기 분양이 많이 남아 있습니다. 올해 서울의 경우 강남 권역의 분양이 거의 끝나 가고 있는데, 만약 남은 게 있다면 무조건 청약해야 합니다. 대망의 둔촌 주공이 있고 북위례도 조금 남아 있습니다. 과천 지식정보타운, 이른바 '지정타'도 분양을 시작했습니다. 수원도 분양 물량이 많기 때문에 뜨겁습니다. 멈춰 있던 광명도 주목해야 합니다. 다시 분양을 재개하면 뉴스에 많이 들릴 거고 곧 인기를 끌게 될 것입니다.

과천 지식정보타운 위치도

2020년 2월 21일 첫 분양을 시작한 과천 지식정보타운. 우수한 입지와 저렴한 분양가로 예비 청약자들 사이에서 1순위 청약지로 꼽힌다.

그런데 일반분양 청약 당첨은 정말 어렵습니다. 이런 '로또 청약'을 해야 하는데 가점이 충분히 높은 사람은 많지 않습니다. 가점이 낮다면 어떻게 해야 될까요? 명의와 대출을 활용해서 입주권과 분양권을 구매하는 방법이 있습니다. 2020년 분양 예정 물량이 신문이나 블로그에 뜨면 그게 입주권으로 보여야 합니다. 아직 집이 완공되기 전까지는 그래도 쌉니다. 되도록 사전 점검하기 전에 사야 합니다. 다들 집을 '보고' 사려고 합니다. 입주권 상태에서는 도면만 봐야 하는데 향도 궁금하고 뷰도 궁금하고 구조도 궁금하니 선뜻 선택을 못 합니다.

그러나 사전 점검하고 나면 집값이 오릅니다. 그러므로 준공 승인 전에 구입을 결정해야 합니다. 그러려면 사전 준비와 예행 연습이 필수입니다. 미리미리 모델하우스도 방문해 보고 새집 구조에도 익숙해질 필요가 있습니다. 입주권의 경우 동호수가 배정되었다고 해도 마음에 꼭 드는 것을 골라 구입하기가 어렵습니다. 그나마 매물로 나와야 구입이 가능하기 때문입니다. 그러므로 우선 적당한 곳에서 살다가 2년 뒤 '손바뀜'이 일어날 때 마음에 드는 층과 향으로 갈아타는 것도 방법 중 하나입니다.

2019년 상반기를 돌아봅시다. 강남과 잠실에서 과대낙폭이 있었습니다. 새로운 아파트에 입주하려는 분들이 살던 집을 처분하는 경우가 많았는데 그러면서 갈아타기 좋은 환경이 된 것입니다. 다만 이때가 조정장이었기 때문에 집은 쉬이 팔리지 않았습니다.

마포 신축 아파트 중 호가를 유지한 채 가격만 조금 조정해 주려던 분들의 집은 팔리지 않았습니다. 하지만 급매로 시원하게 조정한 분들의 집은 잘 팔렸습니다. 덕분에 이분들은 역삼동과 같은 더 상급지로 이사가 가능했습니다. 당시 역삼동 시세는 18억 전후였고, 마포는 가격이 좀 떨어져서 15억 전후였는데 12~13억 원대에도 거래가 되곤 했습니다. 그래서 4~5억 원을 보태면 역삼동 이사가 가능했고, 실제로 많은 이동이 있었습니다.

대치동 학원가에 위치한 신축들은 20억 원이 훌쩍 넘었지만 상대적으로 역삼동은 가격도 좋았습니다. 하지만 그러던 것이 2019년 하반기 들어서는 23억 언저리로 더 올랐습니다. 마포도 다시 제값을 찾았지만 역삼동으로 이사를 하기 위해서는 2억 원 이상이 더 필요한 상황이 된 것입니다. 여기에 12·16 대책으로 15억 초과 주택에 대출이 안 나오게 되었습니다. 결국 더욱 이사가 어려워졌습니다.

이를 통해 교훈을 얻을 수 있습니다. 바로 "과감할 때는 아주 과감해져라!"라는 교훈입니다. 그리고 과감해지기 위해서는 반드시 여윳돈이 필요합니다. 하지만 많은 사람들이 자산을 부동산으로 소유하고 있기 때문에 여윳돈이 부족합니다. 상급지의 가격이 조정되어 갈아타려고 하면, 내 집도 팔리지 않아 움직일 수 없게 되는 경우가 많습니다. 매수세는 항상 상급지에 먼저 생기고 차근차근 하급지로 이동하기 때문에 엇박자가 발생하는 경우가 많습니다. 내 집이 늦게 팔리거나 구입하고 싶은 집이 먼저 팔리는 바람에 이사 갈 타이밍을 놓치는 경우가 많은 것입니다. 그 타이밍을 놓치지 않으려면 여윳돈이 필요한 것입니다.

그런데 2020년에 똑같은 일이 또 벌어지고 있습니다. 2019년 이사 갈 곳을 정하지 못한 사람들, 슬금슬금 집값이 계속 올라서 가을에 매도하지 않았던 사람들, 가을에 매도는 했으나 망설이다가 갈 곳을 놓치는 바람에 전세로 살기 시작했지만 이자가 아까워서 전세금 대출을 받지 않은 사람들, 이들은 이번 조정장에서도 갈아타기 어려울 수 있습니다. 하지만 공부를 한다면 기회가 올 것을 미리 알고 준비할 수 있습니다. 매수세가 왔을 때 집을 팔고 월세나 전세를 살면서 여윳돈을 준비해 둘 수 있습니다. '선거 직전이니까 한 번 더 조정될 거고 기회가 더 나에게 올 거야'라는 데까지 생각이 미칠 수 있습니다. 그러므로 항상 관심을 가지고 공부하는 자세가 중요합니다. 이럴 때 대출 이자를 무서워하면 안 됩니다. 대출 이자에 대한 두려움이 우리를 소극적으로 만들고 기회를 빼앗기 때문입니다.

2019년 하반기를 예로 들어 볼까요? 경기도나 강북에 있는 내 집이 드디어 팔리게 되었습니다. 그런데 이사 가고 싶은 집의 가격이 너무 올라서 내 집을 팔아도 그 집을 살 수 없게 되었습니다. 결국 내 집을 파는 것도, 이사도 포기하게 되었습니다. 혹은 결단을 내려서 내 집을 팔았더니 어떤 일이 벌어졌나요? 내가 산 집은 잔금을 치를 때 가격이 안 올랐는데, 내가 판 집은 잔금을 치를 때 1억 원이 올랐습니다. 아쉽고 분한 마음이 듭니다. 하지만 이것은 당연한 현상입니다. 앞서 설명한 것처럼 상급지의 매수세가 먼저 풀리고 하급지로 이동하기 때문입니다. 그러므로 집값이 오르지 않았다는 사실에 아쉬워하지 말고 상급지로 이사했다는 것에 만족할 수 있어야 합니다.

아마 지금까지 이야기한 것 중에 분명 자신의 사례가 있을 겁니다. 이번에도 같은 실수를 반복하고 싶지 않다면 과감할 땐 과감하게 행동해야 합니다. 급매 물건을 잡았다면 내 집도 급매로 신속하게 팔아야 합니다. 하지만 손해 안 보고 갈아타고 싶다면 답은 여윳돈뿐입니다.

2020년을 뜨겁게 달굴
부동산 키워드

2020년을 뜨겁게 달굴 키워드를 정리하면 아래와 같습니다.

1. 서울 입주 물량의 감소

2. 노후도 이전 장은 잊어라

3. 보유세 강화

4. 대출 규제 강화

5. 풍선 효과: 경기도와 지방으로 투자 수요가 몰려 다시 서울이
   싸 보이는 효과가 발생한다

6. 실거주 수요자들의 방향성에 주목하라

　　이사는 왜 중요할까요? 그것은 내가 사는 집이 3대에 영향을 미치기 때문입니다. 예를 들어 내가 육아 도움을 받기 위해서는 어머니 옆에서 살아야 합니다. 그러면 내 자식은 그 지역의 학교에 다니게 되겠지요. 즉 여러분이 어디에 터를 닦느냐에 따라 손자의 거주지나 생활권까지 결정되는 겁니다. 여러분은 다음번 인플레이션을 어디서 맞이하고 싶은가요?

3대까지 영향을 미치는 이사를 잘 하려면 2배의 법칙을 기억해야 합니다. 그래야 앞서 설명한 것처럼 새집으로 이사를 가면서 잔금을 치를 때, 내가 판 하급지는 1억 원이 오르고 내가 산 상급지는 오르지 않더라도 배가 안 아플 수 있습니다. 나는 상급지로 업그레이드했기 때문입니다. 실거주 목적인 분들은 절대 '옆그레이드' 하면 안 됩니다. 그러려면 차라리 가지 않는 게 낫습니다. 무조건 업그레이드해야 합니다.

그런데 집값이 2억씩, 5억씩 균등하게 오른 게 아니고 2배가 올랐습니다. 3억은 6억, 6억은 12억, 12억은 24억, 강남은 30억이 되었습니다. 2015~2016년 분양가 곱하기 2가 현재 그 동네의 신축 가격이라고 보면 됩니다. 마포의 경우 분양가가 7~8억이었는데 지금은 약 16~18억 원까지 올랐습니다. 강남의 경우 분양가가 9~10억이었는데 지금은 25~30억으로 2.5~3배 뛰었습니다. 전부 그렇습니다. 부천의 경우 4~6억 미만에 분양되었던 것들이 지금은 8억 원대를 훌쩍 넘습니다. 모두 곱하기 2씩 올랐기 때문에 업그레이드가 중요한 것입니다. 투자용이 아니라 실거주 목적이라서 조금 길게 가져갈 물건일수록, 깔고 앉아 살 곳일수록, 자산을 안전한 곳에 오래 묻어 놓는 것이 좋습니다. 이 경우는 투자와 다른 이야기입니다.

도대체 집값이 왜 이런 걸까요? 유동성이 세기 때문입니다. '아~ 쎄네!'라고 표현해도 될 정도로 센 것입니다. 서울 시내에 거주하는 부부 중에는 맞벌이 10년 차 이상이 꽤 많습니다. 특히 계속 서울에 거주한 베이비부머의 경우 자산을 충분히 모아 두었습니다. 덕분에 대출을 모두 갚은 내 집 한 채가 있고, 여윳돈으로 자녀가 결혼할 때 살 집을 한 채 마련해 줄 수 있습니다. 그분들은 집을 사면 결국 오른다는 것도 알고 있고, 초기에 돈을 적게 들이면서 집을 소유하는 방법도 알고 있습니다.

지금부터 이야기할 것은 사실 '천기누설'입니다. 이 부분을 책에 써야 할지 굉장히 고민이 많았어요. 그래도 2020년 상반기부터 국가적으로 안 좋은 일이 겹치고 있는데도 이 책을 사고, 읽고, 또 앞으로 좋은 아파트를 사려고 꿈을 키우는 여러분께 너무 고마운 마음이 들어서 넣기로 결정했습니다. 이제부터 제 이야기에 '뼈를 맞는 느낌'이 들 겁니다. 진짜로 아파야 합니다. 그래야 뼛속 깊이 새길 수 있습니다. 지금부터 다음의 사항들을 체크해 보십시오.

당신은 맞벌이입니까? 물론 요즘 대부분 맞벌이일 겁니다. 그렇지 않고서는 살기가 팍팍하니까요. 그럼 부부가 모두 대기업에 다닙니까? 많은 사람이 비슷한 경제 수준, 생활 수준의 사람과 만나 연애하고 결혼합니다. 고향이나 거주지도 마찬가지입니다. 지방에서 서울로 상경한 사람들은 서로 통하는 코드가 있습니다. 그런데 독립생활을 하면 돈을 모으는 게 쉽지 않습니다. 부모님과 함께 사는 사람은 비교적 돈을 모으기도 쉽습니다. 여기서부터 자산 형성의 차이가 생기기 시작합니다. 그리고 결혼 전부터 신혼 생활을 할 때 격차가 벌어집니다. 지방은 집이 상대적으로 훨씬 저렴하지만 그렇다고 지방에 사는 부모가 서울에 집을 마련해서 자녀에게 주기는 결코 쉽지 않습니다. 결혼부터 스타트가 달라진다고 볼 수 있습니다.

둘째, 여러분은 서울 상위 6개 구, 서초구, 강남구, 송파구, 마포구, 성동구, 용산구에 '거주'하고 있습니까? 혹은 서울에 자가로 살고 있습니까? 서울에 내 집이 있고, 하나 이상 더 투자했습니까? 이것에 따라서 똑같이 10년을 산 부부가 각 집안에서 한 푼도 안 받고 자력으로 처음에 5000만 원, 1억 원으로 시작했어도 10년 뒤 총 자산에서 엄청나게 차이가 납니다.

결혼 10년 차 이상이면 상황은 많이 달라집니다. 결혼 이후에도 맞벌이를 계속 유지하는 사람들이 있고, 한 사람이 그만두는 경우가 있고, 아이가 태어나는 가정이 있습니다. 서울에 계속 사는 경우도 있고, 살다가 집을 구입하는 사람도 있습니다. 아니면 집 살 겨를도 없이 바빠서 전세로 계속 살 수도 있어요. 그러다가 경기도로 이사를 가는 사람도 생깁니다. 그런데 경기도는 전세가 싸니까 거기서도 전세를 삽니다. 그러면 자산을 모을 겨를이 없습니다. 아이들 공부시키느라 바빠서 돈을 많이 모으지 못합니다. 물론 저축은 한 달에 100만 원씩 꼬박꼬박했지만 서울에 집을 살 정도는 되지 못합니다.

사실 어떤 회사에 다니느냐에 따라서도 많이 달라집니다. 좋은 회사에 다니는 사람들은 동료들 대부분이 집을 가지고 있으므로 이른바 '배아파리즘' 때문에 덩달아 집을 구입합니다. 아까 수용성의 질주를 이야기했습니다. 천안의 불당, 동탄, 광교, 수지, 분당, 판교, 잠실 등을 죽 봤을 때 공통적으로 한 가지가 떠오릅니다.

이 지역에는 삼성 계열사의 셔틀버스라는 공통 코드가 있습니다. 삼성의 고용 인구는 전자 계열만 해도 10만 명이 넘는, 대기업 중의 최대 규모입니다. 그들의 임금은 어느 사업장에 있거나 비슷합니다. 그 사람들은 직주근접성 때문에 천안, 동탄, 수원을 벗어나지 못한 채 그 근처에서 살아야 합니다. 잠실에 집을 살 수 있는 분들과 부부 맞벌이라면, 더욱이 사내 커플이라면 그들의 자산과 자금 여력은 대단합니다. 그게 바로 그 동네 집값의 비밀입니다.

광명 역세권이 오르는 이유가 오롯이 개발 호재 때문만은 아닙니다. 행정 고시를 패스해서 세종시에 출퇴근하는 사람들의 남편 혹은 아내의 직장은 서울에 있습니다. 그러므로 그들이

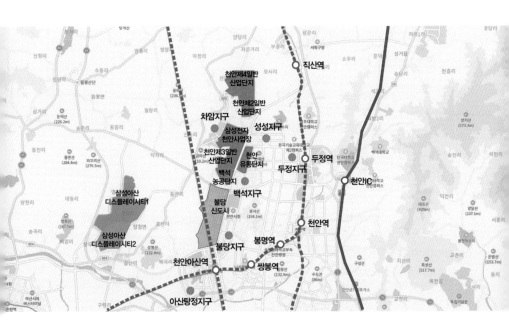

천안 불당신도시 입지

천안·아산 지역의 새로운 중심지로 부상하고 있는 불당신도시. 백석산업단지, 삼성아산디스플레이시티 1, 2와의 접근성이 높아 이곳 근무자들의 많은 관심을 받고 있다.

가족과 함께 살기 위해서는 KTX 역세권을 떠날 수가 없습니다. 이제 집값 상승의 퍼즐이 맞춰지나요? 집값을 단순하게 보면 안 됩니다. 인터넷 블로그나 뉴스를 보면 '광명 호재' '광명뉴타운 발전'이라는 얘기들이 널려 있습니다. 하지만 겉으로 드러나는 요소들만으로는 천안의 신불당과 불당이 왜 그렇게 오르는지 이해할 수 없습니다. 어느 지역의 집값을 파악하기 위해서는 그곳에 사는 사람들의 생활 수준이나 요구 등을 파악하는 것이 중요합니다.

비교적 자산이 적은 이유는 제각각입니다. 누군가는 맞벌이를 하지 않아서, 혹은 서울에 집을 사지 않았거나 투자를 하지 않았기 때문일 수 있습니다. 하지만 또 늦었다고 포기할 건 아닙니다. 지금부터 10년 동안 노력하면 되기 때문입니다. 제 수업에 오는 30대 후반~40대 어머니들의 가정을 살펴보면 이런 경우가 많습니다. 상환할 대출은 없지만 지금 집을 팔고 상급지로 이사를 가려니 다시 대출을 받아야 하는 것을 부담스러워합니다. 게다가 자녀의 학비 등으로 생활비는 빠듯하게 운용되고 있기 때문에 이자와 원금 상환이 어려운 상황입니다. 이 경우 무리한 주택 구매를 권장하지 않습니다.

하지만 그분들에게 방법이 아예 없는 것은 아닙니다. 자녀가 고학년이라면 적은 월급이라도 받을 수 있는 직장 생활을 다시 시작하는 것입니다. 물론 경력이 단절되었기 때문에 원하는 분야로의 재취업은 쉽지 않을 것입니다. 하지만 최저 시급도 높기 때문에 어떤 일이든 괜찮습니다. 동네 아이들을 대상으로 간식이나 숙제를 챙겨 주는 공부방을 운영하는 것도 좋은 방법 중 하나입니다. 적은 금액이라도 일단 가게 소득을 높이는 활동은 집을 업그레이드하는 데 중요한 요소입니다. 그렇게 이자를 낼 여윳돈이 생기면 대출을 받아 집을 늘려 나갈 수 있는 것입니다.

사실 서울 집값은 PIR(가구소득 대비 주택가격 비율) 대비, 소득 분위 대비 비싸지 않습니다. 마포 ○○억 원, 강남 ○○억 원이라지만 큰 어려움 없이 구입하곤 합니다. 서울에 살고 있는 맞벌이 부부의 가게 소득은 상상을 초월할 정도로 매우 높습니다. 게다가 좋은 동네일수록 전문직 부부들의 비율도 높습니다. 상위 6개 구에 거주하는 부부 중 상당수가 합산 월 소득이 1500~2000만 원을 넘습니다. 평범한 서민들에게는 놀라운 이야기일 것입니다. 그래서 제가 앞서 천기누설이라고 한 것이고, 이것을 말하면 논란이 많이 될 것이기에 써야 하나 말아야 하나 고민을 많이 한 겁니다. 이처럼 자산 차이는 다양한 요소에 따라 결정됩니다.

호재들의
교집합 지역에 집중하라

그렇다면 서울에서도 어디에 집을 사야 할까요? 콕 집어 말씀드 린다면 서울은 여기만 사면 됩니다. '서울의 일자리 3핵'과 '강남 구 노른자' 거기에 또 한 가지 기억할 것은 앞서 말한 2배의 법칙 입니다. 상위구로 가면 갈수록, 또 시간이 지나면 지날수록 2배 가 벌어지기 때문에 평당 2억이 나올 만한 곳은 한남, 반포, 강남 구일 겁니다. 그러므로 그 인근 지역의 수요가 상승할 것입니다.

일자리 3핵, 그러니까 종로, 여의도, 강남을 연결하는 일자리 가 충분한 곳, 월급을 많이 주는 곳을 주목해야 합니다. 앞에서 부터 계속 소득 이야기를 한 이유는 이 때문입니다. 재건축과 재 개발, 정비사업이 있는 곳, 신축이 있는 곳을 파악하고 그다음 이 런 곳들을 교집합하면 투자처를 발견할 수 있습니다. 제가 운영 하는 '월천 재테크'의 정규 수업에서는 이 활동을 반드시 숙제로 내줍니다. '대장주 찾기'와 2015년부터 현재까지의 가격 변동을 통해 2배의 법칙을 이해한 뒤 3핵, 정비사업지역, 신축까지 다 합 쳐서 그린 다음 여기에 호재 예정인 교통 노선을 플러스하여 그 리면 교집합이 되는 곳이 있습니다. 그 지역에서 자기 자본에 맞

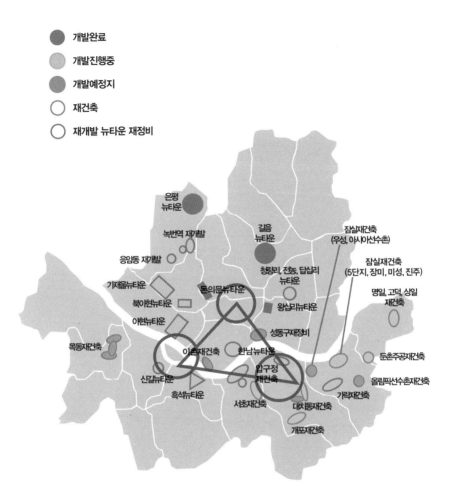

개발완료
개발진행중
개발예정지
재건축
재개발 뉴타운 재정비

은평
뉴타운

녹번역 재개발

응암동 재개발

가재울뉴타운

북아현뉴타운

아현뉴타운

목동재건축

이촌재건축

신길뉴타운

흑석뉴타운

돈의문뉴타운

길음
뉴타운

청량리, 전농, 답십리
뉴타운

왕십리뉴타운

성동구재정비

한남뉴타운

압구정
재건축

서초재건축

대치동재건축

개포재건축

잠실재건축
(우성, 아시아선수촌)

잠실재건축
(5단지, 장미, 미성, 진주)

명일, 고덕, 상일
재건축

둔촌주공재건축

올림픽선수촌재건축

가락재건축

서울 3대 일자리 지역

서울에서 일자리가 가장 많은 지역은 종로(CBD), 여의도(YBD), 강남(GBD)이다. 이 지역과 주변 지역은 수요가 끊이지 않기 때문에 서울 투자의 핵심이며, 2배의 법칙이 적용되지 않을 수 없다.

쳐 최대한 좋은 곳을 구입하면 되겠습니다.

그럼 서울을 먼저 점검해 봅시다. 더 이상 확장할 곳이 없어 보입니다. 도심인데 산도 많고, 한강도 있고, 그린벨트도 있습니다. 하지만 그렇기 때문에 서울이 좋은 겁니다. 확장을 못 하니까요. 그런 의미에서 부산도 좋습니다. 앞은 바다, 뒤는 산으로 되어 있기 때문입니다.

현재 서울의 신축 공급은 오롯이 재정비 물량인 구도심 정비에서만 나옵니다. 재개발·재건축을 통해서만 나오는 것입니다. 물론 신도시도 있지만 도심과는 거리가 상당합니다. 누군가는 "아니에요, 선생님. GTX가 들어오잖아요"라고 말할 겁니다. A, B, C 노선에 지금 D노선 이야기까지 나오고 있고, BRT(간선급행버스체계)를 포함한 대도시권광역교통위원회 추진 이야기도 있어서 기대가 커지고 있습니다. 그런데 과연 언제쯤 개통되어 이를 이용한 출퇴근이 가능해질까요? 물론 거주 위치에 따라 개통 시기가 다르겠지만 분명한 것은 아직 GTX가 삼성역에도 도달하지 못했다는 사실입니다. 한강을 건너야 용산, 서울역, 구파발을 모두 연결해 줄 수 있습니다. 결국 개통은 물론이고 활성화되는 시기도 중요한 것입니다.

2018년 〈머니쇼〉와 〈부동산 트렌드 쇼〉에서 제가 강연을 하면서 이렇게 말한 적이 있습니다. "서울의 신축 또는 신축이 될 것, 또 되도록 서울 핵심지에 주목하라"고 강조하면서 강남 위치에 노른자가 올라간 사진을 보여 줬습니다. 무조건 노른자 혹은 노른자 근처를 사라는 의미였습니다. 하지만 다들 뻔한 이야기를 한다면서 웃고 말았습니다.

그런데 그 세미나를 듣고 정말 입주권, 분양권, 준신축 아파트를 구입했다면 어떻게 됐을까요? 아마 인생의 많은 부분이 달라졌을 겁니다. 제가 2018년부터 2년 동안 목이 터져라 강조한 이야기가 바로 이런 의미입니다. 그리고 결코 지금도 늦지 않았습니다. 다만 어중간한 것보다는 일명 '썩다리', 그러니까 30년 넘은 구축 아니면 신축을 노려야 합니다.

왜 이런 이야기를 하느냐면 2019년 하반기 기대와 달리 서울의 모든 곳이 다 오르지 않았기 때문입니다. 재건축·재개발 이슈가 있는 곳, 브랜드 대단지 신축, 그러니까 흔히 속된 말로 '뽀대'가 나는 곳만 올랐습니다. 예컨대 이런 상황인 겁니다.

"어머, 김 과장 집 샀다며?"

"뭐 샀어?"

"대조1구역."

"응?"

실거주자들은 이런 상황을 싫어합니다. 사실 투자자들은 능곡, 대조1구역이라고만 말해도 다 압니다. 하지만 동료들은 아무리 설명해 줘도 모릅니다.

"김 과장, 너 집 샀어?"

"응, 샀어."

"뭐?"

"마래푸."

"와…… 정말?"

실거주자들은 이런 상황을 원합니다. 그래서 말하면 딱 아는 곳의 수요가 많은 것입니다. 왜일까요? '지금도 집을 안 샀는데 남이 알지도 못하고 뽀대도 안 나는 곳을 살 바에는 그냥 안 사고 말겠다'는 심리가 반영된 것입니다. 실거주자들은 돈이 있지만 호불호가 강합니다. 그런데 투자자들은 이미 모든 자금을 투자에 쏟았기 때문에 상대적으로 여윳돈이 부족합니다. 여담이지만 이런 투자자들도 곧 전세금이 오를 테니 2020년에는 좀 숨통이 트일 겁니다.

다시 본론으로 돌아가서, 2019년에 구매력이 있었던 사람들은 바로 부동산에 신규 진입한 사람들이었습니다. 이들은 '마래푸' '헬리오시티'처럼 수요와 인기가 많은 곳을 원했기 때문에 그

것을 제외하고는 팔리지가 않았습니다. 2018년에 분당에서 전세로 사는 지인들이 저에게 어디가 좋으냐고 물어보면, 저는 주로 강동구의 신축을 권했습니다. "강동구에 신축이 현재 9~10억밖에 안 하니까 빨리 사라. 분당에 있는 전세금을 빼서 대출 40%와 신용 대출 조금 받아서 더하면 살 수 있다." 이렇게 이야기하면 다들 고개를 저었어요. 다들 "분당은 상권도 좋은데 강동구는 외지고 시골 같아"라고 말하면서 사지 않았습니다. 하지만 1년 뒤 고덕 그라시움이 사전 점검을 하고, 고덕 아르테온까지 뉴스에서 언급되는 2019년이 되어서야 이제 다시 강동구를 찾기 시작하더군요. 하지만 강동구는 2018년이나 2019년이나 계속 서울이었습니다. 2018년에는 경기도 변두리 시골이었다가 2019년에 갑자기 서울이 된 게 아니란 얘깁니다. 왜 이런 현상이 벌어졌을까요?

이들이 투자자가 아니고 실거주자들이기 때문입니다. 그러므로 눈앞의 메리트가 보이지 않고, 가격이 증명해 주지 않으면 미래의 가치를 보고 들어가는 걸 두려워합니다. 이런 이야기는 지금도 많이 나오고 있습니다. 신축 단지의 경우 '슈퍼가 없다, 제대로 된 상가가 없다, 인프라가 부족하다'라고 하지만 이제 입주를 시작한 곳은 없는 게 당연합니다. 그나마 강동구이기 때문에 기존 인프라 활용이 가능해서 단지에 벌써 슈퍼마켓과 편의점이 있는 것입니다. 신도시 첫 입주 시범 단지의 경우 6개월~1년이 지날 동안 빵집은커녕 슈퍼마켓 하나 들어오지 않습니다. 그저 부동산만 쭉 늘어서 있을 뿐입니다.

고덕 아르테온 조감도

서울 강동구 상일동에 위치한 4066세대의 고덕 아르테온. 2017년 59㎡형의 분양가는 5억 9000만 원~6억 3000만 원이었지만 2020년 2월 시세는 약 11~12억 원 사이에 거래되고 있다. 강동구 신축도 2배의 법칙이 적용되고 있는 셈이다. (출처: 현대건설)

2019년의 구축 상황을 살펴보면, 구축은 학군지 위주로 올랐습니다. 목동, 대치동, 광장동 이런 곳이 상승세였습니다. 2019년에 왜 그런 곳이 올랐을까요? 플레이어가 바뀌었기 때문입니다. 2017년까지는 투자자가 집을 계속 구매할 수 있었지만 2018년에는 여러 대책이 시행되면서 투자자들의 손발이 묶였습니다. 거기에다가 입주할 곳도 많은 상황이었습니다. 그전에 투자를 많이 해 놔서 2018년 하반기부터 2019년까지 입주금을 치러야 하는 상황인데, 2017년 8·2 대책이 발표되면서 다주택자가 분양받은 경우는 잔금 대출 여부가 불투명해졌습니다. 그래서 투자자들이 투자를 잠시 멈추고 돈을 쓰지 않으면서 여웃돈을 모으는 것으로 전략을 수정한 겁니다. 투자를 이어 가야 하는 몇몇 투자자들은 경기도나 지방처럼 비조정지역으로 이동했습니다.

이런 현상과 더불어 2018년 하반기부터 2019년에는 완벽하게 실수요장이 되면서 실거주자가 드디어 집을 구매하기 시작했습니다. 2018년에 기다렸던 대폭락이 없었던 탓에 상실감이 컸기 때문입니다. 그리고 갈아타고 싶다는 이유도 있었습니다. 2018~2019년에는 앞으로 집값이 오를 걸 아는데, 아직 덜 오른 상황이니 더 오를 집을 사고 싶어서 이동하는 매수세가 많았습니다. 그래서 실수요가 강한 상급 지역과 신축 위주로 가격이 상승했습니다. 실수요자들의 구매 패턴이 투자자와 사뭇 달랐기 때문에 오를 곳만 올랐던 것입니다. 투자자는 수익률을 중요하게 여기는 반면 실수요자는 본인과 가족이 살기 좋은 환경을 중요하게 여깁니다. 이처럼 투자자와 실수요자가 보는 시각은 서로 다를 수밖에 없습니다.

투자든 실거주든
학세권이 답이다

학군, 엄마의 눈으로 보는
부동산의 가치

2019년 말부터 부동산 관련 뉴스 기사에서 가장 많이 등장한 이슈는 무엇이었을까요? 상품성이 좋은 서울의 아파트, 이른바 '똘똘한 한 채' 그리고 '인서울 정시 확대' 때문에 바로 '학군'이 다시 화두에 올랐습니다. 실제로도 학군 지역이 상승세였습니다. 구축인데도 불구하고 제값을 받고 오른 지역 중 많은 곳이 바로 학군지입니다. 이를테면 광장동의 경우 신축 호재와 같은 이슈

서울 대표 학군

서울을 대표하는 학군으로 대치동, 목동, 중계동이 있다. 그리고 이 학군에 위치한 구축 아파트들은 신축이 아닌데도 2배의 법칙이 적용된다. 이것이 바로 학세권 프리미엄의 효과다.

도 없었고, 대부분 20년이 넘은 구축인데도 상승기 전체 동안 거의 신축만큼 2배 올랐습니다. 구축인데 신축만큼 2배의 법칙으로 오른 곳은 몇 군데 없습니다. 신축만 2배 오르는 와중에 신축이 아닌데도 2배가 오른 곳은 학군지밖에 없었다는 이야기입니다. 전작 《나는 부동산으로 아이 학비 번다》에서도 그렇고 세미나나 인터뷰에서도 제가 자주 쓰는 말이 있습니다. '현재 학군' '미래 학군'이라는 용어입니다. 지금까지 했던 설명은 바로 이 주제를 이야기하기 위한 배경 지식이었다고 해도 과언이 아닙니다.

그렇다면 '학군'이란 무엇일까요? 한마디로 '엄마의 눈으로 보는 부동산의 가치'라 할 수 있습니다. 우리는 학군을 언제부터 따지기 시작할까요? 학군은 언제부터 중요해질까요? 물론 빠른 사람들은 아이가 유치원에 갈 나이가 되고 영어 유치원을 찾으면서부터 학군을 신경 쓰기 시작합니다. 그다음은 아이가 초등학교에 입학할 때쯤 시작합니다. 초등학교 입학할 때 신경 쓰는 것은 찻길 안 건너고 갈 수 있는 '통학 안전' 명문 초등학교입니다. 그러다가 시간이 지나서 주변을 둘러보면 근처에 학원도 없고, 아이에게 붙일 괜찮은 과외 선생님 구하기도 하늘에 별 따기라는 현실과 맞닥뜨립니다. 그리고 결국 아이를 데리고 학원가로 이른바 '라이딩'을 하게 됩니다. 왜냐하면 우리 동네에 아이가 다닐 만

한 레벨의 학원이 없기 때문입니다. 어쩔 수 없이 멀고먼 목동으로, 대치동으로 가게 되는 겁니다.

워킹맘을 가정해 봅시다. 아이 레벨은 자꾸 높아져만 가는데 워킹맘은 주중에는 일하고 주말에는 아이를 데리고 라이딩을 하느라 주말을 즐길 새가 없습니다. 주차 시설도 적은 목동과 대치동 커피숍에서 하루 종일 앉아 기다리는 것, 은마아파트에 가서 반찬 사는 것도 하루 이틀이지, 점점 학군지로 이사하고 싶다는 생각을 하게 됩니다. 주말에 쉬지 못하니 엄마도 지치고 장거리를 왔다갔다하느라 아이도 지칩니다. 게다가 차에서 허비하는 아이의 시간도 아깝게 느껴집니다. 그렇게 학군지로 이사하고 싶은 생각이 강해집니다.

아이가 초등학교 5~6학년이 되면 여러 고민을 하다가 초등학교 6학년 때 드디어 학군지에 입성합니다. 같은 학군지, 같은 동네의 초등학교 수준은 비슷비슷하지만 중학교 때부터는 이야기가 달라집니다. 다들 더 좋은 중학교로 배정될 수 있는 단지로 이사를 가게 되고, 중학교 때부터는 학원을 찾아서 이사를 하기 시작합니다.

학군은 실거주에서 놓칠 수 없는 부분입니다. 2020년은 실거주자들이 집을 사러 움직이는 시기이기 때문에 마지막 상승기에는 바로 학군이 꽃을 피울 것이라고 생각합니다.

그러면 학군을 볼 때는 어떤 지표를 봐야 할까요? 2017년에 책을 쓸 때는 객관적인 자료로써 학업성취도, 특목고 진학률, 서울대 진학률, 의치한(의대, 치대, 한의대) 진학률을 제시했었습니다. 그런데 학업성취도는 더 이상 치르지 않으니 데이터 업데이트가 되지 않습니다. 특목고 축소와 이과 선호로 인해 외고 인기가 주춤하면서 특목고 진학률도 과학고와 영재고만 봐야 할지 애매합니다. 서울대 진학률과 의치한 진학률은 여전히 중요한 지표입니다. 그런데 2020년 현재 이런 게 얼마나 의미가 있을까요?

또 명문 학교지만 학업성취도가 낮은 학교들도 있습니다. 그런데 이 경우 자세히 들여다봐야 합니다. 운동부가 있어서 평균을 깎아 먹는 경우도 있기 때문입니다. 이런 게 '평균의 오류' '평균의 함정'입니다. 학업성취도만 보면 이런 곳을 놓칠 수 있습니다. 물론 성취도가 높으면 무조건 기본적으로 좋은 동네라고 보면 됩니다. 특히 수학을 봐야 합니다. 성패는 수학에서 나거든요. 그중에서도 초상위가 두터워야 되는데 그런 곳이 바로 대치동입니다.

과연 학군은 정량적으로 계량이 가능할까요? 사실 지표만으로 설명하기에는 모호한 현상들이 있습니다. 객관적인 지표만 놓고 보면 톱Top이 아닌데 동네 사람들은 다들 좋다고 하는 학교가 있습니다. 그것을 어떻게 설명할 것이냐는 고민에 부딪힌 것입니다. 예를 들어 분당에 사는 어머니들에게 어느 중학교가 좋으냐고 물으면 학업성취도가 높은 수내중학교, 내정중학교가 좋다고 할 겁니다. 하지만 인근의 ○○중학교가 좋다고 하는 어머니도 많습니다. 학업성취도로만 보면 앞의 두 중학교에 비해 떨어집니다. 그럼에도 불구하고 어머니들 사이에서 그 학교의 호감도는 꽤 높습니다. 왜일까요?

아이가 수내중, 내정중에 진학하면 상대적으로 큰 스트레스를 받게 되기 때문입니다. 수내중에서 톱을 유지하는 학생의 경우 유치원 때부터 온갖 스포트라이트를 받고 컸다고 해도 과언이 아닙니다. 그 아이가 어느 학교에 갔느냐, 바꾼 과외 선생이 누구냐 등등 비밀이 있을 수가 없습니다. 그러면 아이는 학년이 올라갈수록 스트레스를 받을 수밖에 없습니다 목동도 이런 현상이 심각합니다. 오죽하면 목동 주상복합에 살면 밥그릇, 숟가락 개수까지 다 알게 된다고들 합니다. 학군을 판단할 때에는 객관적인 지표보다 이런 것들이 더 크게 작용합니다.

그래서 저는 정량적으로 계량화한 객관적인 지표가 현실을 설명하거나 적용하는 데 어렵기 때문에 그 동네 엄마들한테 듣는 정보, 그 동네의 잘나가는 학원의 상담 선생님한테 듣는 정보가 최고라고 생각합니다. 실제로 지표만으로 판단하기 어려운 동네들이 있습니다. 예를 들어 잠실의 경우 학군이 좋다, 나쁘다를 두고 다양한 의견이 나오는 곳입니다. 하지만 잠실은 학군이 좋은 곳입니다. 다만 중학교 이상으로는 초상위가 대치동으로 빠져나가기 때문에 대입 실적만 놓고 보면 학군이 안 좋아 보이는 효과가 있습니다.

그렇다고 잠실에 위치한 고등학교가 좋지 않다고 할 수 없습니다. 여전히 상위권이 존재하기 때문입니다. 그리고 상위권 학생들이 많은 이유는 잠실에 중산층이 많이 거주하기 때문입니다. 잠실은 직주근접성이 좋고, 집값과 전셋값이 받쳐 주는 지역이어서 중산층에게 인기가 많습니다. 이처럼 학군은 정량적으로 계량하는 것이 어렵기 때문에 더욱더 '구전 효과'에 매달릴 수밖에 없다고 봅니다.

입시 제도의 변화를 따라
새로운 학세권을 발견하다

이번에는 입시 제도의 변화를 살펴보겠습니다. 2017년에 제가 책을 냈을 때와 많이 바뀌었는데, 특히 특목고의 진학률 변화가 큽니다. 이과 선호도가 높아지면서 외고의 인기는 시들해졌습니다. 특목고는 나라에서 자꾸 줄이고 있습니다. 오히려 수시가 강화되고 학생부종합전형이 중요해지면서 높은 내신 등급을 받기 위해 초상위 지역은 아니지만 면학 분위기가 좋은 동네의 일반고 인기가 부활했습니다. 그리고 수시 때문에 기존 학군이 더 공고해졌습니다. 원래는 대치동, 목동으로 쏠렸던 학군에 대한 관심이 수시 때문에 기존 동네들, 예컨대 광남 학군 같은 곳이 부상했습니다. 그러다가 또다시 정시가 확대된다고 하니 다시 수능을 받쳐 줄 수 있는 대치동, 목동으로 관심이 쏠렸습니다. 수능 점수는 공부를 잘하는 동네가 유리합니다. 어릴 때부터 선행 학습을 착실히 해야 과목별로 1등급이 나오고, 그래야 정시로 좋은 학교 진학이 유리합니다. 그래서 2019년에는 목동, 대치동 등 대형 학원가를 보유한 학군지가 다시 주목받는다는 뉴스가 많이 보도되었습니다.

최근 대학가 문화도 많이 달라졌습니다. 옛날처럼 선후배, 동아리 문화가 아니라 동네 친구끼리 뭉치는 문화가 됐다고, 예전에 가르치던 학생들에게 들었습니다. 과거 캠퍼스 풍경은 어땠나요? 과방에 가서 "선배님, 안녕하십니까" 하고 인사하면 선배들이 밥도 사 주고 그랬지만 지금은 이런 문화가 거의 없습니다. 바로 학부제 때문입니다. 경제학과의 경우 한 학번에 300명씩 입학을 하기 때문에 누가 내 후배인지 알지도 못하고 알 필요도 없게 되었습니다. 게다가 N수생의 증가로 재수, 3수도 많습니다.

그러니까 학생들이 졸업해서 대학에 가도 동네 친구들끼리 놀고, 재수 학원 학생들끼리 놀고, 특목고 학생들끼리 놉니다. 그래서 동네가 더욱더 중요해지는 겁니다. 이게 요즘 학생들의 달라진 부분입니다. '상위 그룹 동네 학생들이 좋은 대학교에 진학을 많이 하기 때문에 대학교에 가서도 당연히 동네 애들을 만난다.' 또 특목고의 경우에는 다양한 동아리 활동을 3년씩 하기 때문에 고등학교 때부터 끈끈한 선후배 관계와 인맥이 형성됩니다. 그리고 특목고는 상위 대학에 압도적으로 많은 인원이 합격합니다. 이런 것들을 못 쫓아가는 것이지요.

2019년 11월 28일, 교육부에서 '대입 제도 공정성 강화 방안'을 발표하면서 입시 제도에 조금 변화가 생겼습니다. 전부 다 알아볼 필요는 없지만 이것만큼은 기억해야 합니다. 2019년 기준으로 기술하자면 중3부터는 큰 변화가 있고, 고2부터는 영향을 받고, 고3은 변화가 없습니다. 고3은 수학능력시험을 칠 거니까 큰 변화가 없는 것입니다. 바뀐 내용을 간단하게 설명하면 중학교 2학년부터 대입에서 수상 경력은 학기당 1개만 기재, 개인 봉사 활동은 실적만 기록, 자율 동아리는 연간 1개만 기재, 소논

	2021학년도 (2019년 고2)	2022 (2019년 고1)	2023 (2019년 중3)	2024 (2019년 중2)
학생부 비교과영역	기재 금지사항 검증 강화	학생부 기재항목 축소 (소논문 기재 금지, 수상경력 대입 제공 제한, 자율동아리 기재 제한 등)		정규 교육과정 외 비교과 활동 대입 반영 폐지
자기소개서		문항 및 글자 수 축소		폐지
교사 추천서		폐지		
정시		전체 대학 30% 이상	서울 상위 16개대 40% (2022학년도 조기달성 유도)	
사회통합 전형		사회적배려대상자 선발 10% 이상 의무화 지역균형 선발 10% 이상 권고		
논술·특기자 전형	재정지원사업과 연계해 폐지 유도			

대입 제도 공정성 강화 방안 주요 내용
2019년 11월 28일 교육부는 대입 제도 공정성 강화 방안을 발표했다. 특히 서울 소재 16개 대학의 정시 확대 방침을 밝혔는데, 이에 따른 정시 확대 기조가 다른 대학으로 이어질 가능성이 크다. (자료: 교육부)

문과 방과 후 활동은 미기재, 독서는 제목과 저자만 기재하는 것
으로 바뀌었습니다.

그리고 정시 확대가 가장 큰 특징입니다. 2019년 기준 고등
학교 1학년부터 서울 16개 대학이 40% 이상 정시로 선발하게
됐습니다. 가나다순으로 건국대, 경희대, 고려대, 광운대, 동국
대, 서강대, 서울시립대, 서울대, 서울여대, 성균관대, 숙명여대,
숭실대, 연세대, 중앙대, 한국외대, 한양대 등 총 16개 학교입니
다. 고1부터는 자소서도 4개 항목에서 3개 항목으로 축소되고
분량도 5000자에서 3100자로 줄었습니다. 논술과 특기자 전
형도 폐지를 유도하고 있고, 출신 고교의 후광 효과를 차단하기
위해서 블라인드 평가를 대입 전형 전체로 확대하기로 했습니다.
즉, 출신 고교 정보를 대학에 제공하지 않는 겁니다.

입시 제도가 바뀌었으니 이제 입시 설명회에 가 봐야 할 시기
가 왔습니다. 많은 사람이 입시 설명회는 언제부터 가면 좋으냐
고 묻는데, 초등학교 6학년 정도면 고입 설명회를 듣기 시작하는
게 좋습니다. 좀 더 발 빠르게 준비하고 싶은 학부모라면 초등학
교 1~3학년 때부터 고입 설명회를 미리 가 보면 더 좋겠습니다.
중학교에 입학하면 무조건 대입 설명회에 가야 합니다.

사실 빠르게 움직이는 학부모들은 아이가 초등학교 5~6학

년이 되면 대입 설명회를 듣고 옵니다. 5년 정도 미리 들어야 고등학교 3년 로드맵 관리를 하면서 대응할 수 있기 때문입니다. 물론 입시 컨설턴트의 도움을 받을 수도 있겠지만 그 외에도 논문, 수상 기록, 독서 기록 등을 관리해야 합니다. 결국 아이가 공부에 전념하기 위해서는 엄마의 도움이 절대적입니다. 그래서 아이의 입시를 위해 많은 엄마들이 열심히 공부하고 발 빠르게 움직입니다. 어떤 엄마는 아이의 입시를 준비하는 과정을 두고 다시 대학교에 가는 심정이라고도 하더군요.

현재 학군과 미래 학군으로 학세권 선점하기

대치동 학원가는 말 그대로 특별한 상위 1%를 위한 곳입니다. 돈 많은 집 자녀만 다녀서가 아니라 초상위를 받아 줄 수 있는 선생님이 그 동네에만 있기 때문입니다. 예컨대 목동에서 CMS에듀 상위권에 있었던 학생이 똑같은 CMS에듀 대치관으로 옮긴다고 가정해 봅시다. 그럼 이 학생이 대치관 CMS에듀에서 처음으로 받는 등수는 목동관보다는 낮게 나옵니다. 아무래도 대치동 점의 초상위군이 좀 더 두터운지라 등수가 잘 나오지 못합니다. 물론 거기에 가서도 저력이 있는 학생들은 1년 내지 2년 안에 쫓아 올라갑니다. 하지만 사교육으로 만들어진 뒷심이 약한 학생들은 뒤처지고 맙니다. 이 현상은 특목고에 가서도 똑같이 일어납니다. 그러니까 특목고 입학이 중요한 게 아닙니다. 거기 들어가서 공부 잘하는 학생들과 붙었을 때 치고 나가는 학생들이 있는가 하면, 포기하는 학생도 있을 수 있습니다.

2019년에 엄청난 화제를 일으킨 〈스카이캐슬〉이란 드라마를 떠올려 볼까요? 이른바 '쓰앵님' 그러니까 입시 코디네이터가 왜 필요할까요? 입시가 너무 복잡해서입니다. 이 말의 정확한 뜻을 아이 입시를 치러 본 엄마들은 알 겁니다. 무슨 의대, 무슨 과정, 무슨 전형으로 합격시켜 본 엄마만 압니다. 학부모들은 제게 이렇게 하소연합니다. "우리 애가 올해 수시에서 떨어졌거든요. 그런데 왜 떨어졌는지 도통 이유를 알 수가 없어요." 아무리 생각하고 분석해도 떨어진 이유를 알 수 없으니까 내년에 또 수시를 준비할 수도 없습니다. 그래서 재수하면 정시 준비를 하는 겁니다. 어떤 학생들은 잠도 안 자고 입시 컨설팅도 받으면서 정말 열심히 준비했는데 수시에서 계속 떨어집니다. 그런데 그 이유를 몰라 답답해합니다. 그래서 결국 이렇게 생각하게 됩니다. 그냥 입학사정관 마음에 안 들었나? 사람에 따라서 케이스 바이 케이스니까 그래서 떨어졌나? 이런 생각 때문에 어느 정도 성적이 되는 학생은 재수를 하면서 보수적이 되어 많이들 정시로 돌아섭니다.

제가 입시 제도, 입시 코디 이야기를 하는 이유는 학군을 나누는 정의를 설명하기 위해서입니다. 사실 현장에서는 '코디'라는 용어는 쓰지 않습니다.

제가 말하는 현재 학군, 미래 학군은 모두 대치동 같은 학군, 성적이 좋은 학군만을 뜻하는 것이 아닙니다. 학군에는 두 종류가 있기 때문입니다. 그런데 어떤 사람들은 전체적인 맥락은 보지 않고 제가 학군으로 꼽은 지역만 보고서는 '저 여자가 학군 전문가냐?' '저 선생이 미사에 학군이 있다고 했다'는 식의 댓글을 달기도 합니다. 맥락을 보면 제가 그런 의미에서 학군을 말한 게 아니란 걸 알게 될 겁니다. 그분들이 생각하는 학군과 제가 언급한 미래 학군의 학군은 다소 괴리가 있습니다. 미래 학군이란 목동이나 대치동 급을 말하는 것이 아니기 때문입니다.

현재 학군을 파악할 때는 당연히 학원가의 유무가 중요한데 이때 기준이 있습니다. 첫째, 학원에도 등급이 있습니다. 입시 정보를 가지고 있는 곳, 입시 진학 지도 상담과 관리가 가능한 곳이 중요합니다. 이런 서비스를 제공하는 곳은 대치동, 목동, 중계동입니다. 이곳에 가야 입시 컨설턴트와 소위 인기 있는 입학 설명회, 입시 설명회, 대학 설명회가 있습니다. 물론 동네마다 선행 학습, 심화 학습이 가능한 학원들도 있습니다. 하지만 여기에 더해 상위 1%까지 관리할 수 있는 학원들은 주로 대형 학원가에 위치하고 있습니다.

그럼 현재 학군부터 살펴보겠습니다. 우리나라에서 학군으로 대표적인 곳이 대치 학원가인데 대치동, 역삼동, 도곡동을 아우르고 있습니다. 지도를 한번 펼쳐 볼까요? 지하철 2호선을 중심으로 테헤란로 북쪽, 이른바 '테북'이라 불리는 지역은 압구정동, 청담동, 삼성동, 논현동입니다. 이쪽은 압구정에 학원들이 조금 있긴 하지만 학원가라고 불릴 만큼 형성되어 있지는 않습니다. 강남에서도 학군이라고 불리는 곳은 테헤란로 남쪽, 이른바 '테남', 거기서도 대치동 북쪽인 '대북', 그러니까 대치동, 역삼동, 도곡동까지를 학군으로 봅니다.

예전에는 양재천을 기준으로 양재천 북쪽까지 '양북'을 학군이라고 부르기도 했습니다. 기존의 대치동 학원가는 은마아파트를 중심으로 열 십(十)자 모양으로 형성되어 있고, 대치역 근처에도 예전 청실아파트를 재건축한 래미안 대치 팰리스, 이른바 '래

대펠'을 중심으로 형성되어 있습니다. 그리고 학원가들이 밀집되고 포화되기 시작하면서 '우쌍쌍(우성, 쌍용1차, 쌍용2차 아파트)' 맞은편에도 새롭게 학원들이 생겼는데 위치상으로는 학여울역과 대치 우성아파트 사거리까지입니다.

그다음에 주목해야 할 곳은 한티역을 중심으로 한 역삼 지역입니다. 이곳에 위치한 도성초등학교 등은 기존 학원가에서는 좀

대치동 학원가

반포, 압구정과 더불어 '강남 3대 학군' 중 하나인 대치동. 3000개가 넘는 학원이 위치하고 있어 '대한민국 학원 1번지'라는 별명을 가지고 있다.

멀지만 재건축이 되면서 신축을 찾는 젊은 엄마들로부터 선호도가 높아졌습니다. 그래서 차차 한티역을 중심으로 초등학생 대상 학원이 생겼습니다. 단국사대부속고등학교 근처에 인근 상가와 도곡렉슬아파트 상가에도 학원들이 빼곡히 들어서며 학원가가 확장 중입니다. 그리고 대치4동 주민 센터를 중심으로도 계속해서 뻗어 나가고 있습니다. 현장을 찾으면 골목마다 작은 학원,

중계동 학원가

중계동 학원가가 위치한 은행사거리 일대는 서울 내에서도 교통 소외지로 분류되어 상대적으로 시세가 높지 않았다. 하지만 2025년 개통 예정인 경전철 동북선이 교통 호재로 작용하고 있다.

교습소, 공부방이 몰려 있는 것을 확인할 수 있습니다.

목동, 중계동에도 입시 정보를 가진 학원가가 있고, 광장동도 전통적인 학군이 있는 곳입니다. 하지만 초상위 학생들이 결국 대치동으로 가는 바람에 초상위는 약해졌습니다. 잠실, 반포도 재건축으로 인한 신축 공급 이후 학원가가 생기면서 엄마들에게 인기 많은 주거지가 되었습니다. 하지만 위치상 대치동과 가깝다 보니 대형 학원가가 자리를 잡기는 쉽지 않습니다. 초상위 학생들의 경우 엄마의 라이딩 도움을 받아 대치동 학원가로 다니기 때문입니다.

그렇다고 해서 잠실과 반포의 학군이 나쁜 것은 아닙니다. 서울의 다른 지역이나 경기권보다는 좋은 곳이라는 것을 다들 알 겁니다. 우리가 집중해야 할 것은 잠실과 반포가 좋은 학군인지 아닌지 시시비비를 가리는 것이 아니라 '신축 아파트가 대량 공급되면 그 동네의 학교는 예전보다 좋아지고, 없었던 학원들도 충원된다'는 사실을 확인하는 것입니다.

분당은 엄마들이 선호하는 학군지입니다. 학원들도 산발적이지만 충분한 수가 위치하고 있습니다. 바로 옆 지역인 판교는 학원 수가 넉넉하지 못했고 초기에는 보평초등학교 외에 유명한 학교가 없었습니다. 그래서 새집을 찾아 판교로 이사를 했다가 자녀가 중학교에 진학할 즈음이 되면 분당 수내 인근으로 이사를 가는 경우도 종종 있었습니다. 하지만 10년의 시간이 흐른 지금 동판교와 서판교는 많이 달라졌습니다. 다수의 중학교가 좋은 성과를 보여 주고 있으며, 엄마들 사이에서도 판교가 아이 키우기 좋고 학교도 좋다는 이야기가 자주 나오고 있습니다. 심지어 공부와는 거리가 멀다고 불만이 많았던 혁신학교에도 진학률 좋은 학생들이 많습니다. 이는 혁신학교 학생들의 부모들이 아이를 마냥 자유로운 영혼으로 두지 않고, 따로 사교육을 시키기 때문이라고 합니다.

평촌과 일산은 전통적인 학군지로서 학원가가 형성되어 있습니다. 물론 외고가 약해지면서 예전과 같지 않지만, 그래도 학원가 인프라가 쉽게 없어지는 것이 아니기 때문에 '가성비가 좋다'는 평을 받고 있습니다. 이렇게 가성비가 좋은 대표적인 지역이 평촌, 일산, 중계동입니다. 만약 대치동, 목동이 아이를 키우면서 살기에 부담스럽다면 이 지역들로 눈을 돌리는 것도 좋은 선택입니다. 이 세 지역의 상승세가 이번 장에서 주춤했던 이유는 노후도와 재건축 진행이 없었다는 점 때문이지만 향후 리모델링이 가시화되고 유행이 찾아오면 다시 주목을 받을 지역들입니다.

그렇다면 미래 학군이 될 지역은 어디인지 살펴보겠습니다.

시간은 좀 걸리겠지만 잠실과 반포처럼 커질 수 있는 지역으로 마포구, 성동구, 강동구가 있습니다. 그 외에 규모가 큰 뉴타운들은 명문 사학이 생기거나 대형 학원가가 들어설 정도는 아니지만 그래도 10년 정도 지나면 살고 싶은 단지, 진학하고 싶은 학교가 생기고 그 지역의 학군이 될 것입니다. 물론 초상위 학생들을 감당하기는 힘들겠지만 선행 학습과 심화 학습은 충분히 지

마포구 학원가

6호선 대흥역 일대에 형성된 마포구 학원가는 대표적인 미래 학군 중 하나다. 많은 학원 원장들이 머지않아 '제2의 대치동'이 될 곳으로 꼽았다.

도할 수 있는 동네 학원가도 생길 것입니다. 예컨대 잠실의 '엘리트레(엘스, 리센츠, 트리지움, 레이크팰리스의 약칭)'와 반포 일대, 길음뉴타운의 길음초등학교, 길음중학교, 가재울뉴타운의 가재울초등학교, 우장산역 인근 정도, 혹은 그 이상의 학교 선호지가 생길 가능성이 있습니다. 이렇게 미래 학군 가능성이 있는 동네들은 앞으로 점점 살기 좋아질 겁니다.

이번에는 신도시 중 어디에 학군이 생길지 들여다볼까요? 대표적으로 광교, 위례, 미사, 동탄을 들 수 있습니다. 만약 청약 당첨이 아닌, 프리미엄을 주고 집을 구입해 장기 보유, 실거주할 목적이라면 미래에 그 동네에서 가장 선호될 학군 예정지를 찾는 것이 좋습니다. 이 신도시들은 대부분 아직 완성되지 않았으니 학원가가 생길 만한 곳을 찾아야 합니다. 임대 아파트가 없는 단지, 중대형 아파트가 포진한 단지와 근린상가지 근처는 10~15년 뒤 그 택지에서 가장 비싼 동네가 될 것입니다.

이는 분당, 일산, 평촌의 케이스를 보면 알 수 있습니다. 현재 분당 수내동, 정자동, 이매동의 집값은 분당의 다른 지역 마을과 꽤 차이가 납니다. 분양 당시만 해도 어디든 인기가 많았고, 분양 시기에 따라 가격이 책정됐지만 지금은 이렇게 차이가 생긴 것입니다. 그 이유는 무엇일까요? 일산에서도 정발, 후곡은 다른 동네에 비해 시세가 높습니다. 이처럼 신도시에서 비싼 마을들의 공통점은 교통이 편리하거나 학군이 좋기 때문입니다. 정리하면, 신도시가 생기고 10~15년이 지나 자리를 잡으면, 학원가가 있는 곳이나 선호하는 학교가 있는 단지의 시세는 더 높아집니다. 저

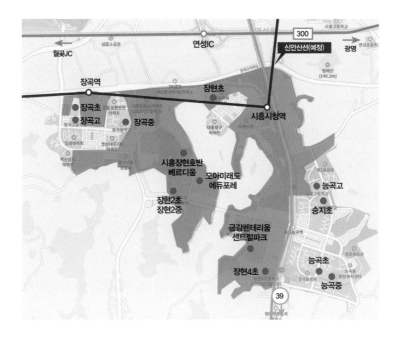

시흥 장현지구

시흥 장현지구는 약 1만 8940세대가 들어올 대규모 수도권 공공택지지구다. 시흥, 광명, 안양, 판교 등 수도권 주요 도심을 지나는 월곶-판교선과 신안산선이 개통하게 되면 교통 편의성이 더욱 좋아질 전망이다.

는 이왕 실거주를 할 거라면 그런 곳을 예측하고 선택하는 것이 유리하다는 결론을 내리고 학원가 공식을 만들었습니다. 신도시에서는 교통과 학군, 이 두 가지를 꼭 기억해야 합니다.

다시 광교, 위례, 미사, 동탄 등 미래 학군 이야기로 돌아갑시다. 이 지역들은 모두 거의 자리를 잡았습니다. 광교는 이미 명품 도시로 인정받고 있습니다. 미사의 경우 학원가가 자리를 잡았고, 2020년에 5호선 전철이 개통될 예정이며 남미사의 남은 입주만 완료되면 더욱 확고해질 것입니다. 제2동탄도 11자 학원가와 항아리 상권의 학원가 등이 자리를 잘 잡았고 많던 분양도 거의 마무리가 되었습니다. 위례신도시에도 두 곳에 큰 학원가가 생겼습니다. 게다가 북위례에는 한 차례 더 입주를 치러야 하고 위신선 개통이라는 호재도 남아 있습니다. 또한 8호선 위례 추가역 개통 준비가 마무리 단계라고 합니다. 앞에서 언급한 지역 외에 대규모 입주가 시작되고 있는 택지지구로는 시흥 장현지구가 있습니다.

제가 시흥시에 학군이 생길 것이라고 이야기하면 어떤 사람들은 월천대사가 시흥 장현지구에 목동 같은 학군이 생긴다고 했다면서 웃을지도 모릅니다. 하지만 앞에서부터 설명한 내용을 쭉 들었다면 현재 학군과 미래 학군을 확실히 분리해서 이해할 수 있을 것입니다. 시흥 장현지구의 입주가 시작되면 단지 내에서도 엄마들이 살고 싶은 이른바 '욕망 단지' '인기 단지'가 생길 것입니다. 송도에서 그랬던 것처럼 말입니다. 아직까지는 프리미엄이 비슷비슷하거나 비싸도 크게 차이가 나지 않는 상황입니다. 그러므로 그런 단지를 미리 선점해야 합니다. 앞에서도 강조한 것처럼 교통과 학군, 두 가지만 주목한다면 신도시는 '장화 신고 들어가서 구두 신고 나오는' 훌륭한 투자처가 될 것입니다.

사실 투자보다 어려운 것이 실거주할 곳을 사는 일입니다. 집을 사는 이유는 바로 '내 가족'이 살 곳을 찾는 일이기 때문입니다. 여기에 학령기 자녀가 있다면 학군도 무시할 수 없습니다. 그래서 실거주 목적인 집을 찾을 때에는 신혼 때에도 보지 않았던 '생애 주기'를 활용한 투자가 필요합니다. 특히 33평 이상, 내가 거주하면서 오랫동안 가져갈 자산을 찾는다면 지금까지 설명한 내용들을 반드시 명심해야 합니다. 이런 노력이 뒷받침된다면 지금 당장의 실거주 생활은 물론이고 훗날 내 집을 팔거나 상급지로 업그레이드할 때에도 충분히 만족스러울 수 있습니다.

전략적인 엄마만이
부동산과 교육을 모두 잡는다

풋풋 • 월천대사

요새 학세권이라는 말이 뜨던데요. 그런데 학세권은 거의 고정되어 있지 않나요?

네, 보통 학세권들은 고정되어 있지요. 저는 그런 학군을 두고 현재 학군이라고 부릅니다. 그런데 없던 학군이 생기기도 해요. 이런 경우 저는 미래 학군이라고 부르지요.

현재 학군이라면 흔히 말하는 대치동이나 목동을 가리키는 건가요?

그렇죠. 대치, 목동, 중계 등 전통적인 학원가를 말합니다. 경기도에서는 평촌, 일산, 분당이 해당되겠고요. 그런데 분당의 경우는 학원가가 좋긴 하지만 생각보다 작습니다. 도시가 길쭉하다보니 학원가가 밀집되지 않고 산발적으로 있습니다. 이매에 조금, 수내에 조금, 정자에 조금, 돌고래상가에 조금 있죠. 밀집이 안 되니까 크게 발달하지는 못했습니다. 그래도 학군 자체는 정말 좋습니다.

좋은 학군의 기준은 학생들을 SKY에 많이 진학시키는 건가요?
좋은 학군을 결정하는 정량화된 기준이 있어요. 학업성취도, 특목고 진학률, 대학 입시 결과, SKY 진학률, 의치한 진학률 등이에요. 그런데 요즘 논란이 많습니다. 과연 학군을 정량화할 수 있느냐 하는 문제가 그것이죠. 2016년까지 시행되었던 학업성취도가 대표적인 예입니다. 상위 학생들은 국어, 영어, 수학 중 국어는 대부분 90점을 넘습니다. 차이는 수학에서 갈리지요. 대치, 목동 외의 학군 지역은 수학에서 90점보다 낮은 경우가 많습니다.

학군이 센 곳들이라고 해도 지역별로 차이가 존재하네요?
상위권 학생의 비중을 보면 되는데, 그중에서도 초상위가 있는 지역이 좋습니다. 그리고 그 초상위를 받쳐 줄 수 있는 학원가가 있는 동네가 더 좋죠.

제가 학생일 때만 해도 유명한 학교가 전국 방방곡곡에 있었는데 어느 순간부터 조금씩 사라졌다고 하더라고요.

요즘은 학군, 그러니까 교육 특구가 생각보다 많지 않습니다. 지방 대도시 중에서도 학군이 특화된 대구 수성구 같은 곳을 찾아보기 어렵지요. 초상위권 학생들을 받쳐 줄 수 있는 시스템이 있어야 하는데, 그런 시스템을 갖춘 기관들이 옛날처럼 여기저기 생기기 어렵기 때문입니다. 초상위를 상대로 하는 선생님들은 대치동 등에 집중되어 있습니다. 사실 요즘은 공부하는 데에도 돈이 많이 듭니다. 그래서 부모의 노력도 중요하고요. 영어 유치원 비율만 하더라도 그 지역의 소득과 연관이 있습니다.

옛날에는 약간의 선행 학습만으로도 학교 공부 잘하고, 충분히 심화 학습을 하면 수능도 잘 볼 수 있었습니다. 하지만 지금은 입시 제도가 복잡해져서 단순히 공부만 잘하는 것으로는 부족합니다. 수시가 강화되고 학생부종합전형(학종)이 시행되면서 학교 선생님들은 긍정적인 요인이 많아졌다고 하죠. 학생들의 공부 분위기가 좋아졌으니까요. 반면에 입시를 치르는 학부모들은 정보의 부재로 더욱 애가 타게 됐습니다. 그래서 그 정보를 받으려고 대치동을 찾는 것입니다. 이 동네는 설명회 시즌에도 붐비지만 입시 시즌에는 상담을 잡는 것조차 매우 어렵습니다.

입시가 복잡해질수록 정보 싸움이 되는 거군요?

수시로 입학한 학생들은 졸업 후 대학원에 진학하는 경우가 많기 때문에 대학에서는 수시로 뽑는 학생들을 더 선호한다고 합니다. 해마다 다른 학교에 학생들을 뺏기고 편입으로 다시 뽑아야 하는 과정이 학교 입장에서는 손실이니까요. 그래서 처음부터 학생의 진로 적성을 중점으로 보고 해당 학교에 관심을 가진 학생들을 뽑는 데 주력한다고 합니다.

그런 학생들을 선별할 수 있나요?

입학사정관들은 하도 학생들을 만나다 보니 몇 마디 이야기를 나눠 보면 알게 된다고 하더군요. 그렇게 입학사정관제를 통해 수시로 뽑은 학생들이 학교에 더 많이 남는다고 합니다. 그래서 몇 해 전에는 아예 대학 측에서 수시 정원을 늘려 달라고 했었죠.

그래서 수시랑 학종을 선호하는군요.

학생부종합전형은 전 과목에 대한 선생님의 코멘트와 1~3학년 총합 6학기의 모든 성적이 다 기록되어야 하기 때문에, 한 학기라도 삐끗하면 진학이 어렵습니다. 학교생활에 충실해야 되므로 자연스럽게 수업 태도도 좋아진다고 하죠.

확실히 공교육이 무너졌다는 이야기는 없어진 것 같아요.

수시가 강화되면서 학교 분위기가 많이 좋아졌습니다. 그런데 수시로 진학할 수 있는 학생은 소수이다 보니, 어떤 면에서는 소수에게 몰아주는 상황이 형성되기도 했습니다. 상위권이 아닌 학생에게는 수시 문턱이 너무 높습니다. 그래서 입시 정보가 많은 엄마는 대치동에서 내신으로 불리할 것 같으면 발 빠르게 인근 타지역 명문고로 배정받기 위해 이사를 합니다. 거기에서 1~2등을 할 수 있도록 말이지요. 그렇다고 너무 엉뚱한 데로는 가지 않습니다. 면학 분위기도 중요하니까요.

더 빨리, 더 높은 곳으로, 심해지는 교육 양극화

학원가마다 차이가 있나요?

학원가의 레벨은 입시 정보의 유무로 결정됩니다. 입시 전문가를 보유하고 입시 컨설팅을 해 줄 수 있는 곳은 진성 학원가가 되지만, 교과 선행 학습과 심화 학습이 위주인 학원가는 동네 학원가가 되는 거죠.

정확히 어떻게 다른가요?

사실 학원가는 동네마다 있습니다. 광장동에도, 수원 영통에도 꽤 큰 학원가가 있지요. 그런데 중계동, 목동, 대치동과 비교했을 때 다른 점은 초상위 학생들의 비율, 그리고 입시 정보 상담 기관의 유무를 꼽을 수 있겠습니다.

초상위 학생은 어떤 학생들인가요?

특목고에 진학하는 학생들, 그중에서도 요즘은 과학고와 영재고에 진학하는 학생들이죠. 대학으로 치면 SKY와 의치한에 진학할 수 있는 학생들입니다. 처음 진로를 설정할 때 아이비리그 유학을 목표로 특목고에 진학하는 학생들도 여기에 해당합니다.

그런데 이제는 특목고를 없앤다고 하는데 그러면 하향평준화가 되는 건가요?

점점 축소되는 방향으로 가고 있습니다. 귀족 학교와 평민 학교로 나뉜다는 말도 나오고 있어요.

교육에도 양극화가 진행되는 거군요.

소위 코스를 거쳐서 유학을 가는 학생들, 혹은 명문대에 진학한 뒤 로스쿨과 의전 코스를 밟는 학생들이 너무 많아지면 안 되기 때문인지 그 루트를 차단하는 것 같아요.

어떤 양상으로 진행되고 있나요?

언젠가 제가 이런 이야기를 한 적이 있습니다. 요즘은 '부'가 교육을 통해 대물림된다고 말이죠. 교육 뒷바라지를 해 줘서 자녀가 좋은 직업을 갖게 해 주는 겁니다. TESOL(영어 전문 교사 자격증)이 처음 등장했을 때 그 자격증을 따면 교직을 이수하지 않아도, 교대를 졸업하지 않아도 학교에 선생님으로 취업이 가능했습니다. 정식 교사는 아니지만 그래도 교직원인지라, 유학을 다녀왔거나 영어가 익숙한 가정의 자녀들에게 유리한 제도였습니다. 당시만 해도 영어를 잘하는 사람이 흔하지 않은 시절이었습니다. 정말 어려운 임용고시에 틈새가 생긴 격이었죠.

로스쿨 같은 경우에는 시험도 중요하지만 면접이 무척 중요해요. 그래서 출신 학교를 많이 본다고 합니다. 예전의 사법 시험은 내가 아무리 금수저라고 해도 '엉덩이 힘이 좋지 않으면' 붙을 수가 없는 로열 과정이었습니다. 하지만 지금은 같은 로스쿨 출신이어도 이름 있는 로펌 입사의 길이 모두에게 열려 있는 것이 아닙니다. 특목고 입시, 대학 입시에서도 면접이 강화되면서 개천에서

용 나는 게 더 어려워졌습니다.

개천에서 나온 용을 받쳐 줄 수 있는 집안도 한계가 있을 테니까요.

저는 사교육 현장에서 10년 정도 일했습니다. 당시에는 이해를 못 했지만 한창 현업에 종사하고 있을 때 모 외고의 국제반에 가칭 '자부회'라는 게 있었습니다. 엄마가 아닌 아빠들이 입시 정보를 알아보고, 아이들의 포트폴리오를 관리하는 모임이었죠. 결과는 대단했습니다. 높은 합격률로 아이비리그에 진학시킨다는 소문이 자자했으니까요. 전문직 아빠들이 나서서 외국 대학 입시를 서포트하고, 정보의 한계가 있는 엄마는 다른 뒷바라지를 하는 분업 시스템이었습니다. 요즘 이런 우스갯소리가 있습니다. 아이가 공부를 잘하기 위해서는 할아버지의 재력, 할머니의 라이딩, 엄마의 정보력, 아빠의 인맥이라는 4가지 조건이 필요하다고요. 예전에는 아빠의 무관심이었는데 말이죠.

저도 10년 전에 그런 생각을 했었습니다. 계층을 올라갈 수 있는 사다리가 없어지는 것 같다고 말이죠.

부는 부를 통해서 대물림되기도 하지만 교육을 통해서 대물림되기도 하는 것 같습니다.

학세권은 결국 학원가와 학군이군요. 학군은 변할 수도 있을 것 같은데 학원가는 어떤가요?

대치동, 중계동, 목동 중심의 학원가는 바뀌기 힘들 겁니다. 애초에 학원이 옮겨 가고 그 수가 늘어날 때까지 시간이 오래 걸립니다. 하지만 초상위는 어려워도 교과목 정도는 담당할 수 있는 신흥 동네 학원가는 많이 생깁니다. 새로운 아파트가 밀집된 지역이나 뉴타운 지역에 말이죠. 대표적으로 반포, 길음뉴타운이 있습니다. 잠실에는 엘스, 리센츠, 트리지움이 들어오면서 삼전동과 해당 아파트 상가에 학원이 많이 생겼습니다. 방이동 학원가도 굉장히 큽니다. 경기가 안 좋아지면서 빼곡했던 레스토랑과 커피숍 자리에 학원이 들어왔습니다. 강동구 고덕동도 대규모 재건축으로 새 아파트가 들어온 만큼 학원이 더 충원될 겁니다. 마포도 재개발이 진행되면서 신축 아파트가 대규모로 공급됨에 따라 대흥역을 중심으로 학원가가 확충될 겁니다. 웨딩 거리 쪽에 생길 가능성이 큰데, 인근 지역의 개발사업이 활발하기 때문에 학원가가 생기는 데 유리합니다.

온라인 시대에 학원가도 부침이 있지 않을까 했는데 예상과 다르네요.

온라인 학원은 아직 어린 학생들에게는 어렵습니다. 그리고 자기주도학습이 가능한 학생도 많지 않습니다. 그래서 아동과 청소년을 대상으로 하는 오프라인 학원은 지속될 것 같습니다.

보통 자녀가 몇 세가 되면 장기 계획을 세운다고 보시나요?

방향은 크게 둘로 나뉩니다. 우리 아이가 향후 대치동 학원가에 입성할 마음이 있느냐, 없느냐를 살피는 것입니다. 전자라면 영어는 5세부터, 수학은 미취학 전부터 시키는 추세입니다. 레벨을 맞춰 놓지 않으면 대치동으로 이사를 해도 아이가 들어갈 학원이 없어 당황할 겁니다. 〈한글이 야호〉만 보고서도 3~4세 때 혼자서 한글을 떼는 아이들도 있습니다. 영어는 초등학교 6학년 전에 거의 끝내는데 그 이유는 중학교에 가서 수학에 좀 더 집중하기 위해서입니다.

그렇지 않아도 요새는 비싼 영어 유치원 말고 보급형 영어 유치원도 생기고 있습니다.

그건 어린이집이나 유치원이 부족한 신도시, 혹은 새로 입주하기 시작한 지역에서 많이 보이는 현상입니다. 학원은 허가제가 아니라 신고제입니다. 최근 상담한 어머니에게 들은 바에 의하면, 광교의 경우 단지마다 구립 어린이집 위주로 있고 사설은 거의 없다고 합니다. 그래서 6~7세가 되면 원하지 않아도 유치원이나 영어 유치원에 보내야 한다고 하더군요. 미사나 위례에서도 입주 초기에는 어린이집이 부족해 자녀를 영어 유치원이나 놀이학교에 보냈다고 합니다. 택지지구 특성상 초기에 젊은 부부들이 많이 거주하니 아이들의 비율도 높을 수밖에 없습니다.

'잘하는' 아이 엄마가 대치동으로 갈 수밖에 없는 이유

대치동은 외부 사람들도 많이 들어오나요?
대치동은 외지 사람들이 많이 들어옵니다. 입시가 끝나고도 대치동 학원가 도보권에 계속 사는 사람은 거의 없습니다.

그럼 그 사람들은 살던 대치동 집을 팔고 나가나요?
아뇨, 대치동은 전입하려는 수요가 꾸준하기 때문에 세를 주고 자신들은 인근의 편의성 좋은 곳이나 자연환경이 쾌적한 곳으로 이사를 갑니다.

'뉴타운 분양을 받아서 아이를 키우며 살다 보면 학군이 좋아질 것이다. 거기서 가능성이 보이면 대치동으로 보내라.' 이런 이야기가 있던데 어떻게 생각하시나요?

아이가 공부를 잘하면 결국 대치동으로 갈 수밖에 없습니다. 극성맞게 왜 그러나 싶다가도, 우리 아이가 전교권이고 동네에서 레벨에 맞는 선생님을 찾지 못하면 결국 아이를 위해 가게 되는 겁니다.

자녀를 공부시키기 위해 좋은 지역으로 가는 것과 학군을 보고 투자 목적으로 가는 것은 어떻게 다른가요?

전자는 기존 학원가로 이사를 가는 것인데 맹모들의 방법입니다. 후자는 새 아파트가 밀집되니까 동네의 학교가 좋아지는 겁니다. 최근 많이 생기고 있는, 이른바 미래 학군이지요.

새 아파트나 학원이 많이 생기는 지역에 들어가면 어떨까요?

무조건 과거보다는 좋아집니다. 하지만 결코 착각하면 안 되는 것이, 좋아져도 대치동이나 목동처럼 된다는 것은 아닙니다. 예를 들어 마포는 신생 학원가로서 좋은 동네입니다. 그리고 여의도가 아직 재건축이 안 되기 때문에 직주근접이 좋으면서 신축 아파트가 대량으로 공급되는 선호도 높은 동네가 마포입니다. 마포 거주자들은 잠실로도 잘 안 오려고 합니다.

어째서죠? 시세는 잠실이 더 높잖아요.

마포에는 고소득자, 맞벌이 부부들이 많습니다. 이들은 명문 학원가 인근으로 갈 게 아니라면 굳이 직주근접이 나빠지는 잠실로 가지 않겠다고 합니다. 동남권이 베이스인 제게는 놀라운 답변이었습니다. 마포도 대흥동에 학원가가 생깁니다. 목동, 대치동 학원가와 비교할 정도는 아니지만 그래도 더 늘어날 겁니다. 아직 아파트 입주가 완료되지 않았고, 아현뉴타운은 완성 단계, 북아현뉴타운은 진행 중, 북쪽으로 은평구와 서대문구도 모두 재개발 중입니다. 학원가가 생기기 위한 배후 수요가 좋은 것입니다.

배후 수요가 중요한가요?

학원가는 사통팔달한 곳에 배후 수요를 많이 가져야 생깁니다. 대치동만 해도 동네 학생들만이 아니라 인근의 학생들이 모두 찾습니다. 평촌 학원가가 큰 이유도 마찬가지로 인근의 위성도시

덕분입니다. 안양, 인덕원, 의왕, 산본, 군포, 과천 등 꽤 넓은 지역이 평촌 학원가를 받쳐 줍니다.

자녀의 미래, 교육으로 답을 찾다

이 정도면 차라리 내 아이가 공부를 못하는 게 낫겠다는 생각까지 듭니다. 그냥 네가 하고 싶은 일을 찾으라고 말이죠.

사실 아이러니한 것이 번듯한 삶을 위한 가장 쉽고 저렴한 수단이 공부입니다. 요새는 명문대를 졸업하고 대기업에 다니는 분들도 고민이 많다고 합니다. 열심히 공부해 봤자 결국 회사원이라는 생각 때문입니다. 그래서 경제적 자유를 꿈꾸는 분도 많고, 퇴사 관련 교육도 인기를 끌고 있습니다. 하지만 회사를 그만두고 창업을 하게 되면 모든 것을 직접, 스스로 해야 합니다. 회사에서는 시스템이 받쳐 주기 때문에 마케팅이면 마케팅, 기획이면 기획, 한 가지 업무만 하면 되지만 회사를 나와서는 버틸 수 있는 여력이 필요합니다.

공부를 잘한다는 것은 성실함과 연결됩니다. 성실하고 끈기와 도전 의식이 있고 틀리는 걸 못 참는 아이들이 100점을 맞습니다. 똑같이 틀려도 헤헤 웃는 아이들이 있고, 틀리면 우는 아이들이 있습니다. 요즘에는 이것을 그릿Grit이라는 기질로 분류합니다. 새벽 3시까지 공부하는 학생들이 학교에서 잠만 자는 학생보다 기본적으로 성실하고, 완주율과 성취감도 높습니다. 물론 공부'만' 잘하는 경우도 있지만요.

점점 양극화가 심해질 것 같습니다.
물론 더 심해지지요. 교육에서는 이미 양극화가 시작됐습니다. 저는 항상 엄마들에게 손을 놓을 때가 아니라고 조언합니다. 요즘은 결혼도 늦고 출산과 육아도 늦기 때문에 부모의 은퇴 준비도 늦습니다. 베이비부머 세대는 일찍 결혼했기 때문에 50대에 자녀가 대학생이 되었습니다. 그럼 10년 정도 더 회사를 다니면서 은퇴 준비가 가능했습니다. 하지만 지금의 부모 세대는 그게 어렵습니다. 한창 번 돈이 자녀들의 교육비로 들어가기 때문입니다.

그러면 어떻게 해야 할까요?
우리 아이의 진로를 잘 판단해야 합니다. 공부에 집중할 것인지 아닌지 판가름해야 됩니다. 그렇게 살펴보고 고민하면서 안 될 것 같으면 동네 학원에만 보내 기본만 시키면 어떨까 합니다. 대신 아낀 교육비를 자녀 앞으로 우량 주식 ETF나 선도 기업 20위 안 배당주에 넣어 주는 겁니다. 조그만 재개발 아파트를 하나 구입해 10년이 지나 새 아파트로 돌아오는 것을 기다리는 것도 한 방법입니다. 어쨌든 결국에는 아이가 직업을 가질 수 있도록 만들어 줘야 합니다. 그러기 위해서는 길게 보고 대비해야 합니다. 대기업에 다니는 사람들의 가장 큰 착오는, 그렇게 열심히 공부했는데도 고작 대기업 월급쟁이밖에 안 된다고 푸념하는 겁니다. 하지만 대기업에 다니기 때문에 연봉 수준도 높고, 신용 대출도 잘 나오고, 자산도 좀 모을 수 있는 겁니다. 그렇게 시드 머니 Seed Money를 마련할 수 있기 때문에 부동산 투자에서도 남들보다 우위에 있을 수 있는 겁니다. 젊은 사람들이 왜 중소기업에 안 들어가겠어요? 게다가 자영업의 세계는 정말 정글이죠. 이런 부분을 감안하면 자녀에게 직업을 갖게 만들어 주는 데 있어 공부가 가장 만만하고 쉬울 겁니다.

질문: **최기영**(ㅍㅍㅅㅅ 본부장)

memo